Carsten Peter Thiede

Der PETRUS Report

Carsten Peter Thiede

Der PETRUS Report

Der Felsen der Kirche in neuem Licht

SANKT ULRICH VERLAG GmbH

Den Freunden und Kollegen
in Jerusalem und Rom

Die Deutsche Bibliothek – CIP-Einheitsaufnahme

Thiede, Carsten Peter:
Der Petrus-Report : der Felsen der Kirche in neuem Licht /
Carsten Peter Thiede. - Augsburg : Sankt Ulrich Verl., 2002
ISBN 3-929246-85-6

Umschlaggestaltung: UV Werbung, Mediengruppe Sankt Ulrich Verlag, Augsburg
Titelbild: Sankt Ulrich Verlag GmbH, Augsburg
Druck und Bindung: Ludwig Auer GmbH, Donauwörth
Printed in Germany
ISBN 3-929246-85-6

Inhalt

Warum Petrus?

Einleitung

Wer den Petersdom betritt, stößt am Beginn des Langhauses, beim nordöstlichen Vierungspfeiler, auf eine Statue des sitzenden Apostels Petrus. Sie wird Arnolfo di Cambio zugeschrieben, entstand einige Jahre vor 1300 und gilt als eine der ersten figürlichen Bronzestatuen seit der Antike. Doch nicht ihr herausragender kunstgeschichtlicher Rang beeindruckt vor allem, nicht das würdevolle Haupt, der elegante Wurf der Senatorentoga, die nobel segnende rechte Hand, und auch nicht die mächtigen Schlüssel in der linken. Es sind die beiden Füße, besonders der vorgestreckte rechte, der von den Küssen und Berührungen der Pilger seit vielen Jahrhunderten so gründlich poliert wurde, daß statt der Zehen nur noch eine glatte Fläche zu erkennen ist. Petrusverehrung kommt hier zum Ausdruck, die nicht das große Kunstwerk respektiert, sondern in dessen äußerlicher Beschädigung, im Verschwinden des Materials, geradezu hinter die Materie zur Substanz vordringen will. Aber, so mag man fragen, was ist die Substanz hinter der spektakulären Darstellung eines Arnolfo di Cambio? Welche Person verbirgt sich hinter diesem großen Sitzenden, dessen künstlerisches Vorbild wir am Ausgang der vatikanischen Nekropole betrachten können, im Marmor eines unbekannten Philosophen aus dem 3. Jahrhundert, dem später ein Petruskopf und eine neue Hand mit den Schlüsseln angefügt wurden?

Gegen die spätantike und frühmittelalterliche Pracht der Petrusdarstellungen wird in neuerer Zeit gern das andere Modell gesetzt: der arme, ungebildete Fischer, der schwache, wankelmütige Versager, der seinen Herrn verriet und dem noch Paulus in Antiochia ins Angesicht widersprechen mußte, ein Mann, von dem man wenig weiß, der – ganz anders als Paulus – wenig bewirkte und der auch die beiden Briefe nicht schrieb, die unter seinem Namen im Neuen Testament stehen. Ist also der „neue“ Petrus eine vage Gestalt, die so gar nichts mehr mit dem verehrten, mit blankgeküßten Füßen im Petersdom zu sehenden Apostelfürsten zu tun hat, der seit frühester Zeit an der ersten Stelle der Papstlisten steht?

Dieses Buch will nicht die Wirkungsgeschichte des Petrus in Welt- und Kirchengeschichte darstellen. In aller Bescheidenheit sollen vielmehr die Spuren gezeigt werden, die uns heute noch zum historischen Petrus zurückführen, zum Fischer, Jünger, Apostel und Briefautor, der kein Mythos war, sondern ein Mensch in einer wirklichen Welt, ein Jude, der als Nachfolger seines Herrn, des Juden Jesus, die Welt veränderte. Erst so wird sich dann auch aus heutiger Sicht begreifen lassen, welche Wirkung er entwickelte.

Aus der Sicht des Historikers fällt auf, daß wir über Petrus mehr wissen als über jede andere Gestalt des Urchristentums. Mit Sicherheit wissen wir mehr über ihn als über irgendeinen der anderen Jünger und Apostel. Von Anfang an steht er im Mittelpunkt des Interesses: Einhundertfünfzig Mal wird er in den Evangelien und der Apostelgeschichte genannt, die andere bedeutende Gestalt aus der engen, von Jesus gelegentlich bevorzugt unterrichteten Dreiergruppe Petrus-Johannes-Jakobus, der Zebedäus-Sohn Johannes, bringt es auf ganze neunundzwanzig Nennungen. Wir wissen auch erheblich mehr über Petrus als über Paulus. Und, so seltsam es klingen mag: Obwohl der historische Jesus weitaus besser dokumentiert ist als die meisten anderen Persönlichkeiten der Spätantike, so gut immerhin, daß umfassende historische Studien über ihn geschrieben werden können, wissen wir über den historischen Petrus noch einiges mehr. Das liegt natürlich auch daran, daß Petrus rund fünfunddreißig Jahre länger lebte als Jesus. Es hat aber auch mit der Vielzahl der Quellen zu tun, die wir besitzen, von den vier Evangelien und der Apostelgeschichte, deren historischer Rang zumindest von Geschichtswissenschaftlern nicht mehr ernsthaft bestritten wird, über die teils legendär überlagerten späteren Texte außerhalb des Neuen Testaments – deren historischer Kern sich allerdings gut herausschälen läßt – bis hin zu Kirchenhistorikern wie Euseb von Caesarea, die uns wichtige Informationen aus inzwischen längst verschollenen Quellen erhalten haben. Auch die Schriftrollen von Qumran haben wertvolle Indizien geliefert – zum Beispiel den Beleg, daß aramäischsprachige Juden zu dieser Zeit den griechischen Personennamen „Petros" kannten. Und die Archäologie hat in den vergangenen Jahrzehnten einige zum Teil inzwischen publizierte, in der Öffentlichkeit aber weitgehend noch völlig unbekannte Ergebnisse zutage gebracht, von der geradezu spannenden, immer noch fortdauernden Wiederentdeckung Betsaidas über die Rekonstruktion des Fischerdorfes Kapernaum bis zu den möglichen Aufenthaltsorten des Petrus in Rom und seinem Grab bei Neros Gärten auf dem vatikanischen Hügel.

Sogar die frühchristliche Kunstgeschichte hilft uns und liefert Stoff zum Nachdenken. In der Anfangszeit fehlen Hinweise auf die Physiognomie der neutestamentlichen Personen. An keiner Stelle der Evangelien wird uns beschrieben, wie Jesus aussah. Das ist verständlich, denn schon die Evangelisten nahmen ernst, daß Jesus als der Sohn Gottes einbezogen war in das Gebot, sich von Gott kein Bildnis zu machen. Die ältesten erhaltenen Darstellungen auf Sarkophagen des 3. Jahrhunderts und noch die späteren Meisterwerke auf der Außentür von Santa Sabina in Rom oder der Elfenbein-Passionsszene im Britischen Museum London, beide aus dem späten 4., frühen 5. Jahrhundert, zeigen Jesus nicht „realistisch", sondern als jungen, bartlosen Mann, wie ein Philosoph gekleidet, oder, in Kreuzigungsszenen, eher heroisch als leidend, eher römisch als jüdisch, ohne Anspruch auf die Abbildung eines wirklichen Porträts. Doch auch das Aussehen des Petrus wird im Neuen Testament nicht beschrieben. Sobald Darstellungen auf Sarkophagen, in Stein geritzte Zeichnungen (wie in der Katakombe von Sant'Agnese fuori le Mura in Rom) oder Porträts in Mosaiken einsetzen, ist allerdings ein ziemlich fester „Typus" zu beobachten. Petrus wird erstaunlicherweise nie als junger Mann gezeigt. Auch der Fischer am See Genezareth, der doch kaum älter als 30 Jahre gewesen sein dürfte, ist da schon der gereifte, gealterte Apostel. Volles Haar (was ihn vom Halbglatze tragenden Paulus unterscheidet), länglich-ovales Gesicht, stets mit Vollbart – das sind die typischen Kennzeichen der ältesten Darstellungen.

Und noch etwas fällt auf, vor allem in den zahlreichen erhaltenen Darstellungen der Sarkophage, von Anfang an: Diesem Petrus der frühen christlichen Kunst sind noch nicht die Schlüssel beigegeben, die ja immerhin nach Matthäus 16,19 bildlich zu ihm gehören. Sofern ihm überhaupt etwas beigegeben wird, ist es ein Hahn zu seinen Füßen. Die älteste christliche Kunst erinnert also an eine Szene, von der alle vier Evangelien berichten, an die Verleugnung Jesu durch den Jünger Petrus, auf die das von Jesus vorhergesagte Krähen des Hahns folgt. Die meisten Darstellungen zeigen Petrus dementsprechend mit dem auf sein Gesicht weisenden Zeigefinger: Schuldbewußt wird er gezeigt, nicht triumphierend. Und dies immerhin zu einer Zeit, als sich zumindest im Westen des Römischen Reichs, also dort, wo diese Darstellungen entstanden, längst die Auffassung vom Primat des Petrus durchgesetzt hatte: Der erste Bischof von Rom, der Fels der Kirche, muß sich nicht mit den Insignien der Macht ausweisen, er überzeugt gerade dadurch, daß er aus der Schwäche, aus dem eingestandenen und mit Tränen bereuten Versagen, dank der Vergebung durch seinen Herrn Jesus Christus herauswächst und zum wahren Hirten der Herde wird (Lukas 22,62; Johannes 21,15–17). So jedenfalls zeigen es uns die ältesten erhaltenen Petrus-Szenen. Könnte es also sein, daß in den Anfängen der Kirche dieser Petrus doch vielschichtiger gesehen wurde, als es heute oft der Fall ist, weder nur als der sichere Fels, noch auch nur als der unsichere Kantonist, der von Paulus zur Ordnung gerufen werden mußte? Tatsächlich vermitteln uns die erhaltenen Quellen ein faszinierend vielschichtiges Bild. Schritt für Schritt erkennen wir, wie nahe uns dieser Petrus ist, dessen Schwächen und Stärken nicht in die edle Starre von Statuen münden, sondern in die höchst lebendige, kraftvolle Verwirklichung der Aufforderung, die Jesus an ihn richtete: „Folge mir nach!" (Johannes 21,19).

Im ersten Kapitel geht es um Hintergründe und Zusammenhänge: Wo wuchs Petrus auf, wo und wie lebte er, wie kam er zu seinen beiden Namen, was wissen wir über die Kultur und Lebensumstände jener Zeit? Für Leser, die am liebsten gleich von den Taten und Worten des Jüngers und Apostels lesen wollen, mag das wie ein weiter Umweg aussehen. Doch es ist schon so, daß wir den wirklichen Petrus, den Mann aus Fleisch und Blut, diesen in keine Schublade passenden Juden und Christusnachfolger, erst dann richtig verstehen, wenn wir wissen, wo er herkam, was er von zu Hause mitbrachte, und wie die Menschen um ihn herum lebten. Manches, das bei der Lektüre der Evangelien, der Apostelgeschichte und auch der beiden Petrusbriefe oft mißverstanden wird, verliert das Rätselhafte, das Umstrittene, wenn wir es vor diesem historischen Hintergrund sehen. Denn auch dies ist wichtig: So sehr wir zu Recht danach fragen, was uns dieser Petrus heute noch zu sagen hat, so wenig dürfen wir ihn allein aus der späten Perspektive unserer heutigen Geschichtsbetrachtung und unserer heutigen Theologie sehen. Die Schriften des Neuen Testaments erwarten von uns, als Dokumente ihrer Zeit ernstgenommen zu werden. Erst dann fällt der Blick auch auf die verborgenen Nuancen der darin beschriebenen Ereignisse. Und nicht selten sind gerade sie es, die uns die Menschen und ihr Handeln in allen ihren Dimensionen erkennen lassen.

Netze, Münzen, Synagogen

Der Alltag eines Fischers und Jüngers

Im heutigen Israel gibt es zwei Gegenden, die den Besucher noch etwas von der alten, biblischen Landschaft zur Zeit des historischen Petrus ahnen lassen: Zum einen die Wüsten, die östlich und südlich von Jerusalem beginnen, und die über das Tote Meer oder den Ramon-Krater bis hinunter zum Roten Meer führen. Und zum anderen Galiläa, die Heimat Jesu und der meisten seiner Jünger, jenes umkämpfte „Galiläa der Heiden" (Jesaja 8,23), in dem seit dem Untergang des Nordreichs 721 v. Chr. nur noch wenige Juden lebten, ehe es 103 v. Chr. vom hasmonäischen Herrscher Aristobul I. erobert wurde. Aristobul zwang die nicht-jüdische Bevölkerung, also die große Mehrzahl der Bewohner, zum Judentum überzutreten. Doch das änderte nicht viel an der längst überall spürbaren Prägung Galiläas durch griechische Kultur und Sprache. Der Römerfreund, Großbaumeister und vielfache Mörder Herodes, den die Geschichtsschreibung später zum „Großen" machte, führte Galiläa zu einer ersten kulturellen Blüte. Beeindruckende Spuren sind noch heute vor allem in Caesarea am Meer zu sehen. Nach seinem Tod kam es 4 v. Chr. in der galiläischen Haupstadt Zippori (Sepphoris) zu einem Aufstand gegen die Römer, der von Varus – jenem Varus, der fünf Jahre später beim Teutoburger Wald von den Cheruskern vernichtend geschlagen wurde und Selbstmord beging – niedergeschlagen wurde. Sepphoris wurde zerstört, die Einwohner wurden versklavt. Doch der Sohn des Herodes, Antipas, durfte die Stadt wieder aufbauen. Und hier sind wir mitten in der Kulturepoche, in der Jesus, Petrus und die anderen aufwuchsen.

Viele Historiker nehmen heute an, daß der Bauhandwerker Joseph und sein Adoptivsohn Jesus als „Pendler" aus dem nur rund 6 km entfernten Nazareth zu dieser einzigen Großbaustelle Galiläas gingen und am Wiederaufbau der Stadt mitwirkten. Hier kamen sie mit Menschen unterschiedlichster gesellschaftlicher Stellung und Religion zusammen. Fromme Juden, griechisch geprägte Heiden, arme Handwerker und reiche Großgrundbesitzer, Schauspieler am neu gegründeten Theater mit seinen 5.000 Sitzplätzen, sie alle lebten in Sepphoris und vermittelten dem heranwachsenden Jesus handfeste Erfahrungen im Umgang mit Menschen, Sprachen und Kulturen. Zur gleichen Zeit wuchsen Petrus und sein Bruder Andreas in Betsaida auf, das am Nordrand des Sees Genezareth lag, östlich der Einmündung des Jordans. Die heutige Forschung debattiert noch darüber, wo genau sie wohl lebten, denn es gab das große, jetzt weitgehend wieder ausgegrabene Betsaida auf einem Hügel, rund 2 km vom heutigen Seeufer entfernt, und das andere Betsaida, die Fischersiedlung unmittelbar am Seeufer, deren beeindruckende, aber noch immer nicht ernsthaft ausgegrabene Ruinen heute unter dem Namen Chirbet El Aradsch (Ruine des Lahmen) bekannt sind.

Man könnte das Verhältnis der beiden Siedlungen wie das zwischen Ort und Vorort bezeichnen und es dabei belassen, wenn nicht eine politische Komponente hinzukäme: Die Stadt auf dem Hügel gehörte nämlich zur Gaulanitis, die dem Herodes-Sohn und Vierfürsten (Tetrarchen) Philippus unterstand, während die Fischersiedlung am See zu Galiläa gehörte, also ebenso wie Sepphoris oder Tiberias, das seit 20 n. Chr. Landeshauptstadt war, nach dem Tode Herodes des Großen von seinem Sohn Herodes Antipas beherrscht wurde. Da auch in Betsaida auf dem Hügel, das von Philippus im Jahre 30 n. Chr. zu Ehren der Julia Augusta, der Frau des Augustus und Mutter des späteren Kaisers Tiberius, den Beinamen „Julias" erhielt, einiges Fischereizubehör ausgegraben wurde, ist die Frage aber doch eher theoretisch. Offensichtlich kümmerte die „Landesgrenze" die Bewohner der Gegend nur wenig. Die Fischer und andere Arbeiter verkehrten frei zwischen der Stadt oben und der Fischersiedlung unten; die geringe Entfernung zwischen beiden war nicht der Rede wert. Die Begriffe „Oberstadt" und „Unterstadt" benutzen wir auch heute noch, und daß Landes- oder Verwaltungsgrenzen mitten durch einen solchen Siedlungsbereich gehen können, wissen wir auch aus moderner Erfahrung mitten in

Deutschland. Johannes jedenfalls konnte sogar das auf galiläischem Gebiet liegende Fischerdorf ebenfalls als Stadt bezeichnen (Johannes 1,44) – es gehörte einfach dazu. Wichtig sind diese Überlegungen noch aus einem anderen Grund: Der Tetrarch Philippus war ein großer Freund griechischer Sprache und Kultur. Was Jesus und anderen in der Gegend von Nazareth und Sepphoris geboten wurde, das mehrsprachige, vielkulturelle Umfeld, lieferte Philippus den Bewohnern seines Herrschaftsgebiets aufgrund seiner exzellenten Beziehungen zur griechischen Umwelt und zu den Römern, deren Verwaltungssprache zwar überall das Lateinische war, deren kulturelle Aktivitäten sich aber im Osten des Reichs nahezu ausschließlich in griechischer Sprache abspielten. Auch die Sprache der römischen Soldaten untereinander war vorwiegend griechisch, nicht lateinisch, denn mit Ausnahme der obersten Offiziersschicht wurden die Truppen aus den umliegenden, nichtjüdischen Landesteilen rekrutiert, und hier war die verbindende Sprache zu dieser Zeit zweifellos griechisch.

Wie normal das alles zur Zeit des Petrus bereits war, läßt sich nicht nur an archäologischen Funden ablesen. Auch die Namen verraten es uns. Andreas, der Bruder des Petrus, trägt einen ganz und gar griechischen Namen, „der Mannhafte". Ein anderer, späterer Jünger aus Betsaida, Philippus, hieß wie der Tetrarch „der Pferdefreund". Es war offenbar kein Geheimnis, daß es im Kreis um Jesus Jünger gab, die fließend griechisch sprachen und etwas von griechischer Mentalität verstanden: Als beim Pesachfest in Jerusalem einige griechische Jerusalempilger zu Jesus wollten, hatten sie zuvor herausgefunden, welcher „Mitarbeiter" Jesu sinnvollerweise anzusprechen war. Sie wandten sich erst an Philippus und dann mit diesem an Andreas (Johannes 12,20–22).

Und was wissen wir von Petrus selbst? Sein Geburtsname war Simon bzw. hebräisch „Schim(e)on", oder, wie er selbst es am Anfang seines zweiten Briefs in griechischer Umschrift schreibt, „Symeôn". Das klang und wirkte bewußt jüdisch, und Jesus betonte dieses Jüdische noch: Er sprach ihn ausdrücklich als „Simon Bar Jona" an, als Simon Sohn des Jona (Matthäus 16,11).

Gelegentlich liest man zu Matthäus 16,17 von einem angeblichen Widerspruch zu Johannes 1,42; 21,15–17, denn da wird Petrus als „Simon, Sohn des Johannes" bezeichnet. Zwei Lösungen werden dafür meist angeboten:

1) Das aramäische „Bariôna" bei Matthäus ist die Kurzform der Langfassung, deren Aramäisch wir hinter dem griechischen Text bei Johannes annehmen können: „Bariôanan". Und beides heißt „Sohn des Johanan", also Sohn des Johannes. Die vorchristliche griechische Fassung des Alten Testaments, die *Septuaginta,* rechtfertigt das: In 2. Könige 25,23 (Septuaginta = 4. Könige) steht „Iôna" statt des hebräischen „Johanan". Eine Reihe griechischer Handschriften des Johannes-Evangeliums – vor allem der Codex Alexandrinus und die Handschriften des sogenannten Mehrheitstextes – haben das dann auch einfach harmonisiert, indem sie die Schreibweise des Matthäustextes übernahmen.

2) Jesus hat in der Szene bei Caesarea Philippi die Kurzform bewußt gewählt, weil er damit auf den Prophetennamen Jona anspielen wollte. Auch dieser Jona war ein Galiläer (aus Gat-Hefer bei Nazareth), und für die Verkündigung Jesu besaß er größte Bedeutung (Matthäus 12,39–40; 16,4). So könnte Jesus dem Petrus gezeigt haben, daß er nicht nur der leibliche Sohn eines Johanan, kurz Jona war, sondern auch mit seinem künftigen Leben als Jünger und Apostel „das Zeichen des Jona" verkörpern sollte, als Nachfolger Jesu, als Lehrer der Urkirche und als Märtyrer, dem Jesus die Auferstehung zugesagt hatte. Denn dieses „Zeichen", der eigene Tod und die eigene Auferstehung, war das einzige, das Jesus dem „bösen und abtrünnigen Geschlecht" angekündigt hatte. So erklärt Jesus, daß „Sohn des Jona" nicht nur ein Name ist, sondern auch eine besondere Verpflichtung zur Nachfolge.

Im jüdischen Kulturkreis begegnet uns ein Schim(e)on erstmals als der zweite Sohn Jakobs und Leas (Genesis 29,33), als Stammvater des Stammes Simeon (1. Chronik 4,24–43). Es war aber zugleich auch ein griechischer Name. Wir treffen einen griechischen Simon in der Literatur bereits bei Aristophanes und im Umfeld des Sokrates an. Aristophanes, wohl der einflußreichste griechische Komödienautor, erwähnte 423 v. Chr. in seinem Stück „Die Wolken“ (Vers 351), einen solchen Simon, der sicher kein Jude war, allerdings ein stadtbekannter Steuerhinterzieher. Ungefähr zeitgleich tritt ein gleichnamiger Freund des Philosophen Sokrates auf. Er war Schuhmacher von Beruf, und ein Becher mit seinem Namen, einige Gerätschaften und Schuhnägel wurden bei der Ausgrabung seines Ladens in der Nähe der Agora von Athen wiederentdeckt. Weithin bekannt war der Name auch dank des sagenumwobenen Stammes der halb göttergleichen, halb dämonischen Telchinen, die in der Tradition mit Kreta, Rhodos, Zypern und Athen in Verbindung gebracht wurden. Ihnen schrieb man die Erfindung der Metallverarbeitung zu, sie galten aber später als Zauberer und gefährliche Magier. Einer dieser Telchinen trug den Namen Simon. Kurz: Wohin auch immer die Assoziationen wanderten, zum von Aristophanes verspotteten Simon, zum honorigen Freund des Sokrates oder zu den eher zweifelhaften Telchinen, der griechische Name war überall geläufig.

Die Form „Symeôn“, die Petrus zu Beginn seines zweiten Briefs selbst benutzt und die auch Jakobus in seiner Rede vor dem Jerusalemer „Apostelkonzil“ verwendet (Apostelgeschichte 15,14), entspricht in griechischer Umschrift klassischem Hebräisch. Sie war zu Lebzeiten des Petrus gleichwertig mit der etwas kürzeren Form „Schimon/Simon“, wie er denn auch in den Evangelien meist genannt wird. Die Langform ist die ältere, und das macht ihre Benutzung zu Beginn des 2. Petrusbriefes noch auffälliger: Hier wird in der Tat ganz bewußt eine uralte Verbindung zu den Ursprüngen der israelitischen Stämme angesprochen. Für den späteren Missionar Petrus war es sicher überaus nützlich, sich je nach Zuhörerschaft auf die griechische oder die jüdische Wurzel seines Namens beziehen zu können: Es war, wenn man so will, ein perfekt multikultureller Geburtsname, der ihm in seiner multikulturellen Heimat Betsaida mit auf den Weg gegeben wurde.

Schon hier sehen wir, daß sich ganze Welten öffnen, wenn man etwas genauer auf die Details achtet, die uns in den Schriften des Neuen Testaments mitgeteilt werden. Und auch der

Name „Petrus“ hat eine ganz eigene Geschichte. Wir verstehen ihn meist als den Ehrentitel, den Simon Bar Jona von Jesus erhielt, in Anerkennung des messianischen Bekenntnisses: „Ich aber sage dir: Du bist Petrus, und auf diesen Felsen werde ich meine Kirche bauen, und die Mächte der Unterwelt werden sie nicht überwältigen“ (Matthäus 16,18). Auf dieses so entscheidende Ereignis in Caesarea Philippi werden wir in einem späteren Kapitel etwas näher eingehen. Hier interessiert uns nur der Name. Und der wirkt ganz unmittelbar: Jesus ernannte seinen Jünger zum Fels der Kirche, er machte ihn zum „Petrus“, er nahm das griechische Wort für Fels, „Petra“ und veränderte es zum männlichen Eigennamen „Petros“ (griechisch natürlich mit der Endung „-os“). Eine mit dem Anspruch der Kritik an diese Stelle herantretende Forschung hat das bezweifelt. Wie kann der Handwerker Jesus aus dem Zweihundertseelen-Dorf Nazareth mit der griechischen Sprache so virtuos umgegangen sein? Viele sind sich daher sicher, daß die ganze Stelle, mit Petrus, Kirche und Schlüsselgewalt, von Matthäus und seiner Gemeinde erfunden, also Jesus lange nach Ostern in den Mund gelegt wurde. Die jüngere, progressive Forschung weiß da allerdings mehr. Oder anders gesagt: Sie hat wiederentdeckt und durch neue Funde bestätigt, was bereits der unbefangene Leser der Evangelien – also auch ein erster Käufer der Schriftrolle des Matthäus oder alle, die beim ersten öffentlichen Vorlesen dabeiwaren – wissen konnte. Längst vor Kapitel 16 ist klar, daß dieser Simon auch „Petrus“ genannt wurde. Man muß da nur an Matthäus 4,18 oder 8,14 und 10,2 denken und an die Parallen bei Markus und Lukas.

Auch im Johannes-Evangelium ist schon im ersten Kapitel der Doppelname Simon Petrus eine Selbstverständlichkeit (Johannes 1,40). Johannes ergänzt das Bild, das wir uns vom frühen Petrus machen können, auch noch durch Ort und Zeitpunkt, an dem Jesus selbst ihn mit beiden Namen anspricht. Denn wenn wir Johannes ernst nehmen und keinen willkürlichen Widerspruch zwischen ihm und den anderen Evangelisten konstruieren, dann fand eine erste Begegnung mit ihm, Andreas, Philippus und einer ungenannten vierten Person schon einige Zeit vor den Berufungen am See Genezareth statt, im Umfeld Johannes des Täufers „in Betanien auf der anderen Seite des Jordans“ (Johannes 1,28). Wie Jesus selbst waren viele galiläische Juden zu den großen Festen regelmäßig in Jerusalem, um im Tempel zu beten und zu opfern. Der bequemste Weg war – damals wie heute – durch die Jordansenke, und südlich des Sees konnte man sich für die Route links oder rechts des Flusses entscheiden. Vieles sprach für den Weg „links“, also östlich, denn er machte weniger Umwege durch die Landschaft. Unmittelbar an der Stelle, an der man nach Westen, über Jericho in Richtung Jerusalem abbiegen mußte (und das galt auch dann, wenn man bereits westlich des Flusses gewandert war), war ein Fährbetrieb für Jerusalem-Pilger eingerichtet. Der alte Ortsname bezeugt das noch heute: Bet 'Aniyyah heißt „Haus des Bootes“; auch der andere Name, der in einigen Handschriften des Johannes-Evangeliums auftaucht, hebräisch „Bet 'Abarah“, weist in die gleiche Richtung, denn er bedeutet „Haus des Übergangs“. Seit einigen Jahren graben hier jordanische und internationale Archäologenteams und bestätigen mit ihren Funden, daß hier seit frühester Zeit die Erinnerung an eine der Taufstellen des Johannes bewahrt wurde. Wer von dem eigenartigen Bußprediger Johannes gehört hatte, der ein so noch nie gehörtes Heilsangebot verkündete und sich in seiner Taufhandlung zugleich noch radikal von der mehrfachen Selbst-„Taufe“ der südlich auf der anderen Jordanseite wirkenden Essener unterschied, der benötigte also noch nicht einmal einen Umweg, um sich auf dem Hin- oder Rückweg ein eigenes Bild zu machen. Für Jesus und die anderen geschah es auf dem Rückweg (Johannes 1,43); möglicherweise hatten sie erst von anderen Pilgern in Jerusalem erfahren, was sich auf der Ostseite des Jordans abspielte. Es ist daher sicher eine unbegründete Überteibung, wenn gelegentlich behauptet wird, daß Andreas, Petrus und vielleicht noch andere der späteren Jünger aus Galilaä Anhänger des Täufers Johannes waren, ehe sie sich Jesus zuwandten. Und Jesus selbst, ein Verwandter des Johannes (Lukas 1,36), hätte allein schon familiäre Gründe gehabt, um einmal nachzusehen, wie es dem „Vetter“ ging. Entscheidend ist, daß diese Stelle den Zusammenhang deutlich macht: Die schnelle Entscheidung des Petrus und seines Bruders, aber auch der anderen, die in Kapernaum zusammenlebten, dem Ruf Jesu zu folgen, hatte etwas mit der Bedenkzeit zu tun, die sie zwischen der ersten Begegnung und dem Wiedersehen hatten. Auch ein oft so spontan handelnder Mann wie Petrus war als gläubiger Jude kaum bereit, sich nach einer kurzen Begegnung endgültig dafür zu entscheiden, daß Jesus der eine, wahre Messias war. Aus der Begeisterung heraus war das zwar schnell gesagt, und Messias-Prätendenten gab es im Judentum auch vor Jesus viele. Gewißheit aber brauchte Zeit. „Du sollst (und der Evangelist lädt uns ein hinzuzudenken: tatsächlich) Kephas heißen", sagt Jesus zu Simon prophetisch, und im Johannes-Evangelium ist damit eine Spannung aufgebaut, die sich erst viel später in Kapernaum löst (6,66–71). Bei Matthäus werden wir dann erfahren, daß die vorösterliche Besiegelung dieses Auftrags bei einem dritten Anlaß stattfindet, in Caesarea Philippi.

Nun könnte man sich denken, daß diese Benennung des Simon einfach wiedergibt, was man spätestens nach Ostern endgültig wußte: Er war zum wirklichen Fels der Urgemeinde geworden, also konnte man ihn in den rückblickend verfaßten Texten auch von Anfang an so nennen. Doch ganz so einfach ist es nicht. Warum bleibt dann in diesen Schriften gerade Jesus beim Namen Simon? Matthäus selbst ist es, der die Trennung sorgfältig wiedergibt. So heißt es in Matthäus 17,24: „Als Jesus und die Jünger nach Kapernaum kamen, gingen die Männer, die die Tempelsteuer einzogen, zu Petrus"; doch als sich Jesus an Petrus wendet, nur einen Vers später, sagt er: „Was meinst du Simon, von wem erheben die Könige dieser Welt Zölle und Steuern?" Mit anderen Worten: „Petrus" war nicht der eigentliche Name, und er wurde auch für Jesus nach dem Messiasbekenntnis von Caesarea Philippi nicht zum neuen Eigennamen des Simon. Dazu machte ihn erst die spätere Entwicklung, so wie auch „Christus" erst langsam eine Art neuer Eigenname Jesu wurde, obwohl damals natürlich noch alle wußten, daß es ursprünglich kein Name, sondern ein Titel war: Der griechische Begriff „Christos" ist schon in der vorchristlichen Übersetzung des hebräischen Alten Testaments, in der Septuaginta, die griechische Wiedergabe von „Meschiach", Messias also, „Gesalbter" Gottes. Ähnlich vielschichtig, aber vielleicht noch ein bißchen spannender, verhält es sich bei genauerem Hinsehen mit „Petrus".

Schon 416 v. Chr. wird das aramäische Wort für Fels oder Stein, „kêphâ", als Personenname benutzt. Ein Papyrus von der Nilinsel Elephantine, auf der sich eine große jüdische Siedlung befand, erwähnt einen „Aqab Bar Kêphâ", Sohn des Kêphâ. Das soll uns nicht wundern (und wir müssen gar nicht so weit denken, daß „Stein" noch heute ein verbreiteter jüdischer Familienname ist). Der Gedanke, der einem solchen Namen zugrundeliegt, ist urbiblisch, denn Stein oder Fels waren immer schon Attribute gläubiger Juden. Man brauchte sich nur an Jesaja 51,1–2 zu erinnern, wo Abraham als der Fels bezeichnet wird, aus dem die Gläubigen „gehauen sind". Auch Gott selbst konnte als Fels bezeichnet werden – z. B. in 2 Samuel 22,3. Das sind natürlich hebräische Texte. In der alten griechischen Übersetzung dieser beiden Stellen haben wir hier das Wort „petra", aber auch die aramäische Form „kêphâ" ist dank der Schriftfunde von Qumran in mehreren Handschriften belegt. Für gläubige Juden war es daher kein weiter Weg, dieses Attribut zu benutzen und einer Person zuzuschreiben. Daß es sogar im 5. vorchristlichen Jahrhundert ein jüdischer Eigenname sein konnte, mag eine Ausnahme gewesen sein. Im Fall des Simon aus Betsaida handelt es sich aber wohl kaum um den eigentlichen ersten Personennamen – der war ja „Simon" –, sondern um einen Beinamen, oder, etwas lockerer formuliert, um einen Spitznamen. Sei es, daß der junge Simon auffallend gern auf Felsen kletterte oder mit Steinen warf, sei es, daß er schon sehr früh als besonders glaubensfest auffiel: Die Eltern, Spielkameraden oder Jugendfreunde können ihn ohne weiteres so genannt haben. Die Modelle dafür gab es, in der hebräischen Bibel, in der aramäischen Umgangssprache und in der griechischen Bibelübersetzung des 3./2. vorchristlichen Jahrhunderts. Wollte man aus „petra" ein männliches Attribut machen, einen Bei- oder Spitznamen, so reichte es, das weibliche Wort mit einer männlichen

Endung zu versehen. Paulus, der später am liebsten beim aramäischen Namen bleibt, hängt sicherheitshalber noch ein männliches End-s an das -a, um aus „kêphâ“ sein griechisch geschriebenes „Kêphas“ zu machen , aber er hätte das – wie wir das dank des Elephantine-Papyrus wissen – gar nicht zu tun brauchen. Immerhin: Die Handschriften des Johannes-Evangeliums überliefern das in gleicher Form, noch ohne eine weitergehende Interpretation. Ganz wörtlich steht da: „Du bist Simôn,“ sagt Jesus, „der Sohn des Joannês, du sollst Kêphas heißen, das ist übersetzt: Petros“ (Johannes 1,42).

Wir haben noch nicht einmal zu entscheiden, ob die ergänzende Erläuterung am Schluß dieses Satzes – „das ist übersetzt: Petros“ – eine Erklärung des Johannes für jene seiner Leser ist, die kein Aramäisch konnten. Matthäus verzichtet jedenfalls auf die aramäische Namensform und bringt nur die griechische. Für den mehrsprachigen Jüngerkreis um den gleichfalls des Griechischen mächtigen Jesus war es jedenfalls möglich, beide Formen zu benutzen und zu verstehen. Einen weiteren Schlüssel dazu liefert uns seit einigen Jahren ein Qumran-Fragment. Es wurde in der 4. Höhle gefunden und ist unter der Nummer 4QM130 bekannt. Allem Anschein nach handelt es bei diesem auf Leder, dem für Qumran typischen Beschreibmaterial, geschriebenen Text um eine Art Schreibübung. Jedenfalls sind mehrere Personennamen aufgezählt, darunter auch einige, die uns aus dem Alten und Neuen Testament bekannt sind: Aquila, Elim, Hyrcanus, Janni, Magnus, Malkiha, und noch einige andere. Das sind alte hebräische Namen, griechische und, in einem Fall, Magnus, sogar ein lateinischer. Natürlich, und das wissen wir ja bereits, konnten auch Juden solche nicht-hebräischen bzw. nicht-aramäischen Namen tragen. Überrraschend ist nur, daß in Qumran für die Zeit zwischen 40 vor bis 60 nach Christus, aus der dieses Fragment stammt (das wahrscheinliche Datum ist kurz nach der Zeitenwende), diese „Multikulturalität“ der Namensgebung dokumentiert ist. Die eigentliche Sensation schuf dann allerdings der weltweit respektierte Papyrologe James Charlesworth von der Universität Princeton. Ihm gelang der Nachweis, daß ein auf dem Fragment abgetrenntes Wort als

Personenname gelesen werden muß, und zwar als „Pytrws", und das ist in der für Qumran typischen Schreibung des Aramäischen die Umschrift des griechischen „Petros".

Damit ist wenigstens so viel klar: Orthodoxe Juden kannten nicht nur den aramäischen Namen „Kêphâ", sondern auch dessen griechische Form „Petros" – und zwar so gut, daß sie den griechischen Namen mit aramäischen Buchstaben wiedergeben konnten. Ohne hier schon näher auf die Bedeutung und die Folgen der Namensbestätigung in Caesarea Philippi einzugehen, auf das „Du *bist* Petrus", sind wir damit dem wirklichen Petrus, dem jungen Mann, der Jesus noch gar nicht begegnet war, bereits ein gutes Stück näher gekommen. Simon, Kêphâ, Petrus: So konnte er genannt werden, als Jude unter Juden, von seinen Eltern, seinen Freunden und Kollegen, ohne daß irgendein Zeitgenosse auf den Gedanken gekommen wäre, daß daran irgend etwas völlig neu, ungewöhnlich oder unglaubwürdig sein müßte.

Sicher hat Simon Bar Jona in Betsaida, dem Ort, wo er wohl auch bereits „Kêphâ" und Petrus genannt wurde, zusammen mit seinem Bruder Andreas als Fischer gearbeitet. Ob er ständig unten am See wohnte oder sein Haus oben in der Stadt hatte, wissen wir nicht mehr. Alte Traditionen scheinen auf die Unterstadt am Ufer hinzuweisen, denn dort, nicht oben auf dem Hügel, gab es schon im 4. Jahrhundert eine christliche Kirche, die noch im 7. Jahrhundert vom Pilger Willibald, dem späteren ersten Bischof von Eichstätt, besucht und beschrieben wurde, und in der zahlreiche Funde auf die feste Ansiedlung von Fischern und sogar auf eine gewisse städtische Infrastruktur hinweisen. Doch die Entscheidung der byzantinischen Kirche, dort zu bauen, könnte auch daran gelegen haben, daß man den zu dieser Zeit längst nicht mehr besiedelten Hügel, 2 km entfernt, als Oberstadt aus der Zeit des Petrus gar nicht mehr ernsthaft in Erwägung zog. Viel wichtiger ist für uns der Gesamtzusammenhang, der für beide Siedlungen gilt. Und das heißt: Der Fischer Simon und sein Bruder Andreas kamen aus einem Gebiet, in dem Mehrsprachigkeit und die Offenheit für internationalen Handel, unweit der bedeutenden Via Maris, die den Norden und Osten des Mittelmeerraums mit den Häfen des Mittelmeers bis nach Ägypten verband, eine alltägliche Selbstverständlichkeit waren. Der Blick auf Betsaida verabschiedet ein für alle Mal den Mythos, Petrus hätte als ungebildeter Fischer eine Weltmission ohne Paulus nie zuwege gebracht, hätte später auf seinen Missionsreisen Übersetzer ins Griechische gebraucht und sei natürlich auch nicht in der Lage gewesen, griechische Briefe zu schreiben, zu entwerfen oder zu diktieren. Die Wirklichkeit am Ort seiner Kindheit und Jugend sah anders aus. Schon von dort brachte er die „Mitgift" ein, auf die Jesus bauen konnte, als er ihn zum Felsen der Urkirche machte.

Es ist nicht bekannt, wann und warum Petrus und Andreas Betsaida verließen und einige Kilometer südlich ans Westufer des Sees nach Kapernaum zogen. Denkbare Gründe gäbe es manche, vielleicht zum Beispiel den, daß ihr Vater Jona/Joannes gestorben war (anders als Zebedäus, der Vater der Kollegen Johannes und Jakobus, wird er auffälligerweise in Kapernaum nicht genannt) und sich die Söhne daraufhin vom zu klein gewordenen Besitz in Betsaida lösten, um noch einen Schritt weiter in die große Welt von Handel und Wandel zu tun. Kapernaum lag immerhin nahe an einer bedeutenden Handelsgrenze, direkt an der Via Maris, außer Fischfang gab es umfangreiche Öl- und Getreideverarbeitung und, wie archäologische Funde nachwiesen, sogar Glaswerkstätten. Der Ort hatte eine römische Garnison, bot also direkten Zugang zur Welt der Römer. Zur Zeit des Petrus hatte Kapernaum höchstens 1500 Einwohner; in der kleinen römischen Garnison stand allem Anschein nach eine Kohorte mit der damals üblichen Stärke von 70 bis 100 Mann, die einem Centurio (Hauptmann) unterstand und die nahegelegene Grenze zwischen der Tetrarchie des Philippus und dem Galiläa des Herodes Antipas überwachte, an der auch das „Telonion" lag, die Zollstation, in der Levi-Matthäus tätig war. Fischlieferant nicht nur für den Handel entlang der Via Maris, sondern auch für eine Garnison zu werden, mit Offizieren und Soldaten ins Gespräch zu kommen, das mußte eine um so reizvollere berufliche Herausforderung sein, als die Römer in Galiläa zu dieser Zeit nicht als Feinde oder Unterdrücker gesehen wurden, sondern als kulturelle und wirtschaftliche Bereicherung. Auch die Römer selbst versuchten offenbar, nicht immer nur als Fremdkörper betrachtet zu werden. So trat der Garnisonskommandant von Kapernaum als Geldgeber für die kleine Synagoge auf, deren Basaltboden noch heute teilweise unter der rekonstruierten Großsynagoge des späten 4. Jahrhunderts zu erkennen ist (vgl. Lukas 7,5). Ein solches Verhalten war Juden gegenüber keineswegs die Regel, aber es gibt auch andere Belege dafür, daß die Römer nicht alle Juden ständig als potentielle Revolutionäre und das Judentum als eine zu behindernde Religion ansahen.

Noch vor der Begegnung mit Jesus brachten es Petrus, Andreas und die ebenfalls in Kapernaum ansässigen Brüder Johannes und Jakobus zu einigem Wohlstand. In der Forschung werden sie gelegentlich als Fischereiunternehmer bezeichnet. Sie gehörten im Rahmen der damaligen Gesellschaft dem unteren Mittelstand an. Sie waren Kleinunternehmer, und wie alle Unternehmer auch heute noch waren sie abhängig vom Absatz ihrer Produkte. Der Fischfang im Galiläischen Meer bot ein gesichertes Einkommen. Der archäologisch gesicherte, rund 700 m lange und 2 m breite, gemauerte Hafendamm spricht für einen bedeutenden Umschlagplatz. Fisch, der in der zentralen Pökelei von Migdal (dem Magdala, aus dem Maria Magdalena stammte) verarbeitet wurde, war im ganzen Römischen Reich bekannt. Es ging den Fischern unter den Jüngern jedenfalls gut genug, um für Jesus auch einmal einen Betriebsausflug zu organisieren. Lesen wir Markus 4,36: „Sie ließen die Leute gehen und fuhren mit ihm in einem Boot weg, in dem er saß. Einige andere Boote begleiteten ihn." Von Angestellten eines Großbetriebs ist auch in Markus 1,19–20 die Rede: „Als er [Jesus] ein Stück weiterging, sah er Jakobus, den Sohn des Zebedäus, und seinen Bruder Johannes; sie waren im Boot und richteten ihre Netze her. Sofort rief er sie, und sie ließen ihren Vater Zebedäus mit seinen Tagelöhnern im Boot zurück und folgten Jesus nach." Auch der Evangelist Lukas betont mindestens zwei nebeneinanderliegende Boote mit mehreren Fischern, unter denen Petrus, Jakobus und Johannes als Eigentümer bekannt waren (Lukas 5,1–11). Mehrere Boote im Umfeld der Jünger setzt auch Johannes 6,22 voraus. Und schließlich geben uns die Evangelien zahlreiche Hinweise auf die Selbstverständlichkeit, mit der die Jünger sich der damals gebräuchlichen Techniken des Fischfangs bedienten. Da war zum Beispiel der Fang mit dem Schleppnetz (Matthäus 13,47–50; Johannes 21,6–8).

Boote, die dafür geeignet waren, entsprachen dem sensationellen Fund, der Anfang 1986 bei Niedrigwasser in der Nähe des Kibbutz Nof Ginnosar gelang, nicht weit vom Fischverarbeitungszentrum Migdal/Magdala. Die typischen Merkmale antiker Schiffsbauweise sowie die Entdeckung einer charakteristischen Öllampe im Boot und eines Kochtopfs in unmittelbarer Nähe, sprachen von Anfang an für ein Datum in herodianischer Zeit (ca. 50 vor bis ca. 100 n. Chr.). Auch zwei Steinanker mit einem Gewicht von 19 kg und 31 kg wurden entdeckt, sowie eine Nadel zum Reparieren von Netzen. Nachdem das Boot aus dem Schlamm ausgegraben war und genauer untersucht werden konnte, maß man eine Länge von 8,5 m und eine Breite von 2,5 m. Einst war es mit einem Segel ausgestattet gewesen, das die Ruderer unterstützte. Eine provisorische C_{14} (Radiocarbon)-Datierung bestätigte den Ursprung aus herodianischer Zeit. Offenbar hatten die Fischer es nach jahrzehntelangem Gebrauch und vielfachen Reparaturen schließlich aufgegeben, nicht ohne vorher viele noch verwertbare Teile, vor allem die Sitzbänke, zu entfernen. Heute steht rund um diese einzigartige Entdeckung ein eigenes Museum auf Kibbutz-Gelände. Noch immer, auch im Kibbutz selbst, wird das Boot als „Jesus-Boot" oder doch wenigstens als Boot „aus der Zeit Jesu" bezeichnet. Das ist gute Werbung, aber doch eine mißverständliche Zuordnung. Es ist nicht sonderlich wahrscheinlich, daß die Fischer um Petrus, Andreas, Johannes und Jakobus eines ihrer vielen Boote ausgerechnet bei Migdal abwrackten statt bei Kapernaum. Doch immerhin: Die Zeit stimmt, und wer es sich heute genau ansieht, lernt viel über wenigstens eine der Bootsarten, in denen auch Jesus tatsächlich unterwegs war.

Dieses Boot aus der Zeit um Jesu Geburt hatte Platz für bis zu sechzehn Personen, von denen acht an vier Ruderpaaren eingesetzt waren, aber natürlich nicht ständig ruderten. Die anderen waren jederzeit frei für die Beobachtung der Netze. Wenn wir in den Evangelien lesen, daß die zwölf Jünger gemeinsam mit Jesus in einem Boot auf dem See waren, so war das nichts Ungewöhnliches. Noch größer angelegte Boote hatten Platz, die Netze im Bedarfsfall hineinzuholen (Lukas 5,6–7). Boote der Art, wie sie durch die Entdeckung von Nof Ginnosar bekannt geworden ist, hatten ein Heck mit einem Schutzdach. Hier konnten sich die Fischer auch einmal ausruhen. Jesus tat das jedenfalls, und das ist eines der vielen Details in den Evangelien, die auf präzise Sachkenntnis zurückgehen: „Er lag hinten im Boot auf einem Kissen und schlief" (Markus 4,38). Kleinere Boote waren für den Fang in Ufernähe gedacht, meist hatten nur zwei Personen darin Platz. Auf einem Siegel, das bei den Ausgrabungen von Betsaida entdeckt wurde, ist ein solches Kleinboot mit zwei Fischern zu sehen, die ihre beiden Netze auswerfen.

Exakt so dürfen wir uns die Szene vorstellen, die zur Berufung von Petrus und Andreas führte und unmittelbar anschließend zur Berufung von Jakobus und Johannes. Denn auch wenn die meisten Übersetzungen das nicht mehr sofort erkennen lassen, so ist bei genauerem Hinsehen doch klar, daß die Fischereitechnik und der Bootstyp genau beobachtet sind. Wer die „Einheitsübersetzung" liest oder fast alle anderen neueren Übersetzungen, begreift das nicht gleich. Denn da heißt es in Markus 1,18: „Als Jesus am See von Galiläa entlangging, sah er Simon und Andreas, die auf dem See ihr Netz auswarfen; sie waren nämlich Fischer. Da sagte er zu ihnen: ‚Kommt her, folgt mir nach! Ich werde euch zu Menschenfischern machen.' Sogleich ließen sie ihre Netze liegen und folgten ihm." Man kann sich die so beschriebene Szene schwer vorstellen. Wo waren sie auf dem See, so daß sie ihre Netze einfach liegenlassen konnten? Ohne Boot in Ufernähe? Noch rätselhafter wird dieser erste Berufungsbericht bei Markus in den nächsten Versen, die uns oben schon einmal begegneten: „Als er ein Stück weiterging, sah er Jakobus, den Sohn des Zebedäus, und seinen Bruder Johannes; sie waren im Boot und richteten ihre Netze her. Sofort rief er sie, und sie ließen ihren Vater Zebedäus mit seinen Tagelöhnern im Boot zurück und folgten Jesus nach." Natürlich war das kein radikaler Abschied, die Gruppe der ersten Jünger blieb ja vorerst mit Jesus in Kapernaum, und Jesus wohnte im Haus des Petrus. Aber die Betonung des großen Bootes, in dem sich zu diesem Zeitpunkt die Leitung und einige Mitarbeiter der Firma „Zebedäus und Söhne" befanden, steht nach den gängigen Übersetzungen in deutlichem Gegensatz zu Petrus und Andreas, bei denen kein Boot erwähnt wird und die ihre Netze einfach nur niederlegten. Das Rätsel löst sich, wenn der griechische Text richtig übersetzt wird. Denn da steht bei der Beschreibung von Johannes und Jakobus auf griechisch: „kai autoùs en tô ploíô", das heißt: „auch sie im Boot". Das „auch" ist entscheidend. Wir verstehen nun, daß auch Petrus und Andreas, wie diese beiden, in einem Boot waren, als Jesus zu ihnen hinüberief. Der vom Evangelisten genau wiedergebene Unterschied ist nun ebenfalls verständlich: Petrus und Andreas waren in einem der kleinen Zweierboote in Ufernähe. Ihre beiden Netze konnten sie tatsächlich schnell am Ufer niederlegen, nachdem sie das Boot festgemacht hatten. Jakobus und Johannes dagegen brauchten sich um Netze nicht zu kümmern, sie waren in einem der größeren Boote, eher vom Typ des bei Migdal gefundenen, das sich auch noch in Rufweite vom Ufer befand und nun den anderen Mitgliedern der Mannschaft überlassen werden konnte, während die beiden frisch Berufenen ausstiegen und ans Ufer wateten. Es ist eine Szene, die Johannes ganz ähnlich beschreibt, als Petrus aus dem großen Boot in den See springt, um vor allen anderen, die das Boot mit dem Netz dann ordnungsgemäß zum Ufer bringen, beim auferstandenen Jesus zu sein (Johannes 21,7–8).

Auch das Angeln vom Ufer aus gehörte zu den Techniken, mit denen die Jünger vertraut waren. So nämlich fing Petrus den Fisch, in dessen Maul er die Steuermünze fand: „Geh an den See", sagte Jesus zu ihm, „und wirf die Angel aus; den ersten Fisch, den du heraufholst, nimm, öffne ihm das Maul, und du wirst ein Vierdrachmenstück finden. Das gib den Männern als Steuer für mich und für dich" (Matthäus 17,27). Hier kommt Verschiedenes zusammen: Eine genau beobachtete Fischfangtechnik, und die Sachkenntnis, ohne die ein Fischer wie Petrus den Auftrag Jesu gar nicht erst verstanden hätte. Denn es gab und gibt im See Genezareth eine Fischart, die heute etwas touristisch eingefärbt „Petersfisch" genannt wird und bei der es sich um den „Ammenfisch" handelt, auf hebräisch „Amnun" (aus „am" = Amme und „nun" = Fisch). Vor allem im Winter, wenn er in Schwärmen auftritt, ist es nicht schwer, diesen Fisch zu fangen. In der Regel geschieht das mit Netzen vom Boot aus, aber im Frühjahr kann man diesen Fisch auch vom Ufer aus angeln, da er er nach dem Ablegen der Eier in unmittelbarer Ufernähe bleibt und die befruchteten Eier einige Wochen lang ins Maul nimmt. Das ist der historische Hintergrund der Geschichte. Denn ein solcher Fisch konnte aus Versehen – wie das noch heute gelegentlich beobachtet wird – auch einen Stein oder eben eine ins Wasser gefallene Münze ins Maul nehmen. So konnte Petrus vom Ufer aus einen „Amnun" mit dem Vierdrachmenstück fangen. Das macht das Wunder in dieser Geschichte – daß nämlich der erste gefangene Fisch an genau dieser Stelle die exakt richtige Münze bei sich hat – nicht kleiner, erklärt aber, in welchem ganz realistisch beobachteten Zusammenhang es steht.

Jesus selbst, der im Binnenland aufgewachsen war, hatte sich mit der Welt der Fischerei schnell vertraut gemacht. In einem seiner Gleichnisse griff er auf das Verfahren zurück, bei dem ein volles Netz vom Boot in Ufernähe gebracht, dann aber von Hand auf Land gezogen wurde: „Weiter ist es mit dem Himmelreich wie mit einem Netz, das man ins Meer warf, um Fische aller Art zu fangen. Als es voll war, zogen es die Fischer ans Ufer; sie setzten sich, lasen die guten Fische aus und legten sie in Körbe, die schlechten aber warfen sie weg" (Matthäus 13,47–48). Die gleiche Technik beschreibt Johannes am Ende seines Evangeliums, und diesmal ist Petrus wieder direkt beteiligt: „Dann kamen die anderen Jünger mit dem Boot – sie waren nämlich nicht weit vom Land entfernt, nur etwa zweihundert Ellen – und zogen das Netz mit den Fischen hinter sich her. ... Jesus sagte zu ihnen: ‚Bringt von den Fischen, die ihr gerade gefangen habt.' Da ging Simon Petrus und zog das Netz ans

Land. Es war mit hundertdreiundfünfzig großen Fischen gefüllt" (Johannes 21,8–11). Wir dürfen wohl voraussetzen, daß Petrus hier, wie das im Johannes-Evangelium bei Personenangaben auch an anderen Stellen vorkommt, nur stellvertretend für eine größere Zahl von Mitfischern genannt ist, denn einer allein hätte ein übervolles Netz mit großen Fischen nicht an Land ziehen können.

In dieser Szene erfahren wir auch noch etwas über die Gewissenhaftigkeit, mit der die Jünger um Petrus ihren Fischfang betrieben. Trotz der ungeheuren Anspannung der Situation – völlig unerwartet begegneten sie dem auferstandenen Jesus – vergessen sie nicht, erst einmal nachzuzählen, wie viele Fische sie gefangen hatten. Es waren nicht 152 oder 154, sondern 153: „Das Netz war mit hundertdreiundfünfzig großen Fischen gefüllt, und obwohl es so viele waren, zerriß das Netz nicht". Selbstverständlich hat man schon früh versucht, diese Zahl symbolisch zu deuten. So soll es beipielsweise die Zahl der damals weltweit bekannten Fischarten gewesen sein. Im See Genezareth selbst gab es aber nur achtzehn bis fünfundzwanzig Arten. Die waren zwar auch über Galiläa hinaus geschätzt, wurden durch das nördlich gelegene „Fischtor" zu den Privatkunden und auf die Märkte Jerusalems gebracht und, in Migdal gepökelt, bis nach Rom exportiert, doch kann man sich nur schwer vorstellen, daß Petrus und seine Kollegen oder der Evangelist Johannes – der ja nach Meinung nicht weniger Forscher mit dem Fischer, Jakobus-Bruder und Zebedäus-Sohn Johannes identisch ist – in Handbüchern über die Artenvielfalt im Römischen Reich nachgelesen hatten. Rund vierhundert Jahre später kam Augustinus auf den Gedanken, die Zahl 153 würde, als Punkte in sich jeweils um einen Punkt erweiternden, übereinanderstehenden Reihen dargestellt, ein trinitarisches Dreieck ergeben. Tatsächlich kommt bei diesem Verfahren ein gleichschenkliges Dreieck heraus (siehe C. P. Thiede, Bibelcode und Bibelwort. Die Suche nach verschlüsselten Botschaften in der Heiligen Schrift, 2. Auflage 1999, 74–81). Fraglich ist nur, ob die Fischer und der Evangelist das Trinitätsdogma, wie es sich aus 2. Korinther 13,13 und Matthäus 28,19 natürlich ohne weiteres ableiten läßt, schon in so subtiler Form vor Augen hatten, als sie das Netz an Land holten und später über das Ereignis berichteten. Kurz: Aus der Sicht des Historikers stellt sich die Frage, ob diese symbolischen Deutungen nicht erst dadurch möglich wurden, daß zuvor ein ganz unsymbolisches, faktisches Geschehen beobachtet wurde. Diese professionellen Fischer hatten zwei gute Gründe, ihren Fang sehr genau zu zählen. Einerseits wollten sie wissen, was sie da zum Weiterkauf gefangen hatten, und andererseits hatten sie eine Fischfangsteuer zu zahlen, die nach der Zahl der gefangenen Fische berechnet wurde. Petrus und die anderen konnten auch im Augenblick der Begegnung nicht aus ihrer Haut, aus steuerlichen Gründen durften sie es auch nicht, und das Johannes-Evangelium bietet uns hier einen Einblick in das, was Augenzeugen für berichtenswert hielten. Johannes selbst deutet eine symbolische Bedeutungsebene noch nicht einmal an.

An Symbolik mangelt es dennoch nicht. Und nicht jedes historische Wort, nicht jedes Ereignis in der Geschichte muß von denen, die dabei waren, sofort verstanden worden sein. Kann Jesus zu Petrus und Andreas gesagt haben „Ich werde euch zu Menschenfischern machen"? Selbstverständlich. Haben die beiden in diesem Augenblick sofort verstanden, was Jesus damit meinte? Da ist nicht sehr wahrscheinlich. Anders gesagt: Das historische Wort erhält seine ganze Bedeutung nicht unbedingt bereits in dem Augenblick, in dem es ausgesprochen wird.

Ein Jude unter Juden

Lernen, lehren, leiten

Simon Petrus war Fischer, er war gemeinsam mit seinem Bruder der Leiter eines kleinen Betriebs mit Angestellten, er lebte in einer mehrsprachigen, international geprägten Umgebung, er besaß, als er Jesus begegnete, in Kapernaum ein Haus mit Vorhof auf halbem Weg zwischen Synagoge und See, wenige hundert Meter von einer römischen Kaserne entfernt. Das sind, wie man heute sagt, „Eckdaten" aus einer wirklichen Welt um das Jahr 28 n. Chr. Denn auch daran besteht längst kein vernünftiger Zweifel mehr, daß die heute in modernistischer Architektur überbaute achteckige Struktur des 5. Jahrhunderts noch Elemente eines einfachen, aber solide gebauten Basaltsteinhauses aus dem 1. Jahrhundert enthält, mit genug Raum für eine Großfamilie und Vorratslagerung, kein begründeter Zweifel auch daran, daß die Ortstradition, die hier schon seit dem 1. Jahrhundert die Erinnerung an Petrus bewahrte, ohne Alternative glaubwürdig ist. Ebensowenig zweifelhaft ist die in den Grundmauern wieder freigelegte römische Kaserne nordöstlich der Mauer, die den heute franziskanischen Teil Kapernaums vom griechisch-orthodoxen trennt. So präzise läßt sich die Architektur an Garnisonsbauten anderswo im Römischen Reich messen, daß sogar exakt bestimmt werden kann, wo jener kommandierende Offizier, dessen Diener von Jesus geheilt wurde (Lukas 7,1–10), sein Quartier hatte.

Anderes zur Biographie und zum Umfeld des Petrus läßt sich erschließen. Jesus vollbringt sein erstes Heilungswunder, indem er die Schwiegermutter des Petrus heilt, die im gleichen Haus wohnte (Markus 1,29–31). Wo eine Schwiegermutter ist, da ist auch eine Ehefrau. Gelegentlich wird in der Forschung gefragt, ob Petrus vielleicht zu diesem Zeitpunkt verwitwet war, da die Frau weder hier noch später in den Evangelien auftritt. Aber das ist ein eher künstliches Problem. Paulus setzt voraus, daß mit seiner Ausnahme alle Apostel nach Ostern nicht nur verheiratet waren, sondern ihre Frauen sogar auf Reisen mitnahmen (1. Korinther 9,5). Und wer diese Stelle für umstritten hält oder sie sogar ein wenig anders übersetzt – wie das z.B. die Einheitsübersetzung versucht* –, um vielleicht den Gedanken nahezulegen, daß die Apostel zwar helfende, gläubige Reisebegleiterinnen dabei hatten, aber keine Ehefrauen, der stößt auf den Widerspruch des Kirchenhistorikers Euseb, der zugleich Bischof von Caesarea und Hofchronist Kaiser Konstantins des Großen war. Selbst nach dem Zeitpunkt, als der Bischof von Rom zumindest im Westen als Nachfolger des Petrus und als Papst anerkannt war, schreibt dieser Euseb, ohne Widerspruch zu erregen, von einer Frau des Petrus und sogar von einer Tochter. Was er berichtet, ist spannend zu lesen:

„Klemens (von Alexandria), den wir gerade zitierten, erwähnt im Anschluß an das Gesagte um derer willen, die die Ehe ablehnten, jene Apostel, die verheiratet waren. Er sagt (‚Teppiche' 3,52–53): ‚Werden sie auch die Apostel verurteilen? Denn Petrus und Philippus haben Kinder gezeugt. Philippus hat seine Töchter auch noch verheiratet. Und Paulus hatte keine Bedenken, in einem seiner Briefe seine Frau zu grüßen, die er, um in seinem Dienst ungehindert zu sein, nicht überallhin mitnahm.' Und da wir das nun schon zitiert haben, schadet es nicht, noch einen anderen bemerkenswerten Bericht des gleichen Autors (Klemens von Alexandria) anzufügen. Er schrieb ihn im siebten Buch seiner ‚Teppiche' auf (7,63–64), und er lautet wie folgt: ‚Als der selige Petrus, so berichtet man, zusah, wie seine Frau zur Tötung geführt wurde, da freute er sich über ihre Berufung und ihren Heimgang und rief ihr, ihren Namen nennend, ermutigend und tröstend zu: ‚Oh Du, gedenke des Herrn!' So sah die Ehe der Seligen aus, und so die vollkommene Gesinnung derer, die ihnen die Liebsten waren'" (Euseb, Kirchengeschichte 3,30,1–2).

---

* „Haben wir nicht das Recht, eine gläubige Frau mitzunehmen, wie die übrigen Apostel und die Brüder des Herrn und wie Kephas?", ergänzt durch die folgende Fußnote: „Wörtlich: Haben wir nicht das Recht, eine Schwester als Frau mitzunehmen". Wir fügen hinzu: Philologisch und im Zusammenhang heißt das: eine gläubige Frau als Ehefrau.

Euseb, der sich durchaus zu äußern wußte, wenn ihm eine seiner Quellen nicht paßte, gibt diese Äußerungen des Klemens ohne Kritik wieder. Daß er sie „bemerkenswert" nennt, dürfte allerdings eher als Kompliment verstanden werden. Klemens lebte von ca. 140 bis ca. 220 n.Chr., wurde also rund 120 Jahre vor Euseb geboren. Trotz seiner größeren Nähe zur apostolischen Generation und ihrer Schüler scheint ihm einiges durcheinander zu gehen. Wie es aussieht, verwechselt er den Jünger und Apostel Philippus aus Betsaida mit einem der sieben Hellenisten aus Jerusalem, dem späteren Missionar Philippus, der sich in Caesarea am Meer niederließ (Apostelgeschichte 6,5 mit 8,4–40 und 21,8). Dessen vier Töchter waren zur Zeit der Apostelgeschichte noch unverheiratet. Natürlich konnte Klemens aber auch ganz andere Quellen besessen haben und tatsächlich den Jünger und Apostel Philippus meinen, von dem wir zwar aus anderen Texten kaum etwas wissen, über dessen verheiratete Töchter er aber möglicherweise noch zuverlässig informiert war. Auffälliger ist der Widerspruch zu unserem heutigen Kenntnisstand da, wo Klemens von einer Frau des Apostels Paulus spricht. Denn so lesen wir 1. Korinther 9,5 wirklich nicht mehr. Dort scheint die Pointe ja gerade zu sein, daß Paulus sich bewußt und mit einer persönlichen Rechtfertigung von den anderen Aposteln unterscheiden will: nicht nur darin, daß er seine Frau nicht auf Reisen mitnimmt, sondern darin, daß er gar nicht erst verheiratet ist. Wußte Klemens mehr? Auch mit dem Blick auf 1. Korinther 7,8–9 ist wohl kaum zu bestreiten, daß Paulus zum Zeitpunkt seiner missionarischen Reisetätigkeit keine Frau hatte. Dennoch zieht sich durch die Forschung die gerade auf den 1. Korintherbrief gestützte These, daß er ein Witwer war, der das Recht in Anspruch nahm, nicht wieder zu heiraten. Klemens scheint allerdings an den Gruß des Paulus in Philipper 4,3 zu denken. Nun gehört es nicht zum Thema dieses Buchs, ob Klemens sich hier irrte oder ob er noch etwas wußte, was von allen anderen Kirchenautoren nach ihm ignoriert oder verneint wurde. Nehmen wir an, mit der Mehrheit der Forschung, daß Paulus nie verheiratet war: Dann ändert das nichts an dem hier entscheidenden Punkt, in dem sich Klemens und

Euseb einig sind: Noch bis zur Mitte des vierten Jahrhunderts war es nachweislich nicht anstößig, von den Aposteln zu sagen, daß sie verheiratet waren. Es war, anders formuliert, zumindest bei Euseb von Caesarea ein Bestandteil offizieller kirchlicher Literatur. Und gerade deswegen sollten wir auch heute keinen Anstoß daran nehmen, wenn wir etwas lesen, das weder die Juden der neutestamentlichen Epoche noch fast vierhundert Jahre lang die christliche Kirche störte: Petrus war verheiratet, er hatte eine Schwiegermutter, die von Jesus geheilt wurde, als Apostel reiste er mit seiner Frau, deren nicht näher begründetes Martyrium er laut Klemens und Euseb beobachtete, und er hatte, diesen beiden Autoren zufolge, auch eine Tochter. Zeitgleich mit Klemens, vielleicht etwas später, berichtet auch ein heute nur noch in koptischer Übersetzung erhaltener Teil der „Acta Petri", der um 180 n. Chr. entstandenen Petrus-Akten, von einer Tochter des Petrus. Und fragen wir, ob Klemens oder der Verfasser der Petrus-Akten das einfach so erfunden haben könnten, dann müssen wir auch fragen, warum sie das hätten tun sollen. Legendenhafte Ausschmückungen der Familiengeschichte (wie etwa die in den koptischen „Akten" erzählte, Petrus hätte seine gelähmte Tochter nicht geheilt, um ihr die ewige Jungfräulichkeit zu bewahren) müssen getrennt werden von der Frage nach einem harten historischen Kern. Von etwaigen Irrtümern im Detail abgesehen wäre die Grundaussage über verheiratete Apostel, allen voran Petrus, nie bis ins vierte Jahrhundert hinein akzeptiert worden, wenn die frühe Kirche es anders gewußt oder anders tradiert hätte. Sagen wir es so: Für die sich auch zu dieser Zeit schon abzeichnende und später verpflichtend werdende Ehelosigkeit der Priester, den sogenannten Zölibat, gibt es viele, auch heute noch nachvollziehbare Gründe, bis zurück zur zweifelsfrei feststehenden Ehelosigkeit Jesu. Zu diesen Gründen gehört allerdings nicht der Familienstand des Petrus.

Und damit berühren wir erneut einen Punkt, den wir nicht aus dem Blick verlieren dürfen: Petrus war auch ein frommer Jude. Jesus selbst betonte das, als er ihn bei seinem Vaternamen „Bar Jona" nannte. Er tat das nicht irgendwo, sondern offenbar bewußt gerade an einem Ort wie Caesarea Philippi, an dem ein

Tempel des Kaisers Augustus und ein Heiligtum des griechischen Hirten- und Fruchtbarkeitsgottes Pan standen, und an dem einer der Quellflüsse des Jordans aus dem Felsen kommt. Hier wollte er die jüdischen Wurzeln in den Mittelpunkt stellen. So sehr Jesus schon in dem historischen Moment des Messias-Bekenntnisses, das kein anderer als Petrus aussprach, andere Völker mit im Blick hatte – gerade dies betonte er ja auch mit dieser Ortswahl bei seiner Frage an die Jünger, für wen sie ihn hielten –, so sehr war er selbst Jude, der Gesalbte Gottes aus dem Judentum und für die Welt. Und so viel wußten dann auch noch die frühen Leser der Evangelien: Ein jüdischer Mann ist verheiratet, er und seine Frau haben Kinder – es war und ist eine der maßgeblichen „Mizvaot", der Gebote, die jüdisches Leben seit mosaischer Zeit prägen. Was Paulus im 1. Korintherbrief, was später Klemens und Euseb über Petrus und die anderen schrieben, war also der geradezu vorauszusetzende Normalfall, über den natürlich die von christusgläubigen Juden verfaßten Evangelien kein Wort zu verlieren brauchten. Im Judentum galt die Ehelosigkeit im Prinzip sogar als Schmach (Jesaja 4,1), und das biblische Hebräisch kennt noch nicht einmal ein Wort für „Junggeselle". Begründungspflichtig war allein die Ausnahme von dieser Regel. So konnte sich der Prophet Jeremia, der unverheiratet blieb, ausdrücklich auf seine göttliche Berufung beziehen (Jeremia 16,1–2). In einem solchen Zusammenhang dürfen wir auch verstehen, daß Jesus, dessen Rolle als Prophet unter den Zeitgenossen unumstritten war, offenbar mit seiner eigenen Ehelosigkeit keinen Anstoß erregte. Zumindest auf Jeremia konnte er sich jederzeit berufen, und tatsächlich wurde er von Juden für den wiedergekehrten Jeremia gehalten (Matthäus 16,14). Folglich mußte auch Paulus Gründe nennen, warum er selbst in seiner Wirkungszeit als Apostel ehelos blieb. Und er empfahl das den Korinthern als eine Möglichkeit der idealen Lebensform, ohne es zur Vorschrift zu machen. In der Tat nannte er für Judenchristen und Heidenchristen die Ehe als Normalfall (1. Korinther 7,2) und bezeichnete den Verzicht darauf als Gnadengabe (1. Korinther 7,7–9). Damit konnte er sich auf Jesus selbst berufen, der freiwillige Ehelosigkeit nicht als Auftrag für seine Nachfolger verstand, sondern ausdrücklich als individuelle Gnadengabe bezeichnete (Matthäus 19,10–12). Zwar verließen die Jünger ihre Familien, als sie sich ihm anschlossen, aber nach Ostern, nach dem Ende des irdischen Wirkens Jesu, kehrten sie wie selbstverständlich nach Hause, nach Galiläa zurück (Johannes 21,1), wozu sie immerhin ausdrücklich aufgefordert worden waren (Matthäus 28,7). Kurz: Es gibt keinen vernünftigen, historischen Grund, an den neutestamentlichen Textstellen zu zweifeln, die den frommen Juden Petrus als verheiratet und mit einer noch lebenden Schwiegermutter darstellen. Und die späteren Aussagen, die ihm zumindest ein Kind zuschreiben, sind aus der Sicht des Judentums, dem Petrus schon rund drei Jahrzente lang bewußt verpflichtet gewesen war, ehe er Jesus begegnete, durchaus plausibel. Mehr brauchen wir an dieser Stelle nicht festzuhalten, denn spätere kirchliche Entwicklungen, so gut sie sich begründen lassen, gehören nicht mehr zur Beschreibung der Lebensumstände des historischen Petrus.

Auch noch anderes läßt sich aus der unmittelbaren Umwelt erschließen. Für einen frommen Juden wie Petrus, der die Synagoge besuchte (Markus 1,21–29), verstand es sich von selbst, daß er die Elementarbildung besaß, die an den Synagogen und in ihrem Umfeld jungen Juden vermittelt wurde. Die Muttersprache war auch in Galiläa sicher das Aramäische. Dazu kam der Hebräisch-Unterricht, der bis zum 13. Lebensjahr jedes männliche Kind dazu befähigen mußte, aus der Torah, den Psalmen und anderen biblischen Büchern vorzulesen. Neben den Leseübungen standen die Schreibübungen. Sicher bildeten auch die männlichen Juden der Petrus-Zeit keine Elitegesellschaft, in der alle gleich gut lesen und schreiben konnten. Aber die Leistungskontrolle und der Leistungsnachweis fanden regelmäßig statt, spätestens am Sabbat in den Gottesdiensten, bei denen jeder Jude ab dem 13. Lebensjahr zur Lesung gebeten werden konnte. Daß natürlich auch Jesus solche Fähigkeiten besaß, wird uns im Neuen Testament ausdrücklich mitgeteilt: In Lukas 4,16–20 erfahren wir, daß er vorzulesen verstand, und in Johannes 8,8, daß er schreiben konnte. Bezeugt ist auch der Unterricht im Auswendiglernen. Es war keine Ausnahme, sondern eine weitverbreitete Fähigkeit, ganze Bücher der Bibel auswendig wiedergeben zu können. Der nächste Schritt war dann die Kunst, das wörtlich auswendig Gelernte auch zu verstehen und zu erklären. Bei diesem Schritt kam es dann nicht mehr darauf an, den Text buchstabengenau zu zitieren. Hier war nun die gedankliche Beherrschung des Stoffs gefragt, und die konnte sich auch darin zeigen, daß man die Textstelle ein wenig veränderte, um eine besondere Bedeutung um so deutlicher herauszustellen.

Ein Jude wurde mit dieser Art, die Heilige Schrift zu lesen, sie zu verstehen und zu erklären, früh vertraut. Besaß er auch nur durchschnittliche Intelligenz, dann verstand er auch, das schon früh Erlernte selbständig anzuwenden. Petrus, der in einem solchen Umfeld groß wurde, und der dann noch einige Jahre lang miterlebte, wie virtuos sein Lehrer Jesus dies alles beherrschte, überrascht uns also nicht, wenn er schließlich selbständig praktiziert, was er gelernt und beobachtet hatte. Denn unmittelbar nach der Auferstehung und Himmelfahrt Jesu bekommt er noch vor der Ausgießung des Heiligen Geistes die erste Gelegenheit, sich zu beweisen: die Nachwahl des neuen zwölften Apostels. Sie war nach der Selbsttötung des Judas erforderlich geworden, um die alte, von Jesus selbst eingesetzte Zahl der „Zwölf" wiederherzustellen, die nicht zuletzt die zwölf Stämme Israels und damit eine vollendete Gesamtheit symbolisieren sollte. Es war sein erster Auftritt als Leiter der Jerusalemer Urkirche, und sofort zeigte er sich der Aufgabe gewachsen. Keiner der „etwa hundertzwanzig", die dabei waren (Apostelgeschichte 1,15), kann darin etwas Ungewöhnliches oder gar Wundersames gesehen haben. Sehen wir uns die Szene etwas genauer an: Petrus spricht, wie es ein galiläischer Jude dieser Zeit ohne weiteres tun konnte. Es tut dabei nichts zur Sache, daß der Bericht, wie wir ihn in der Apostelgeschichte lesen, wohl kaum ein wortwörtliches Protokoll nach dem Modell mitstenographierter Parlamentsreden ist. Wortgetreue Redemitschriften kommen in der antiken Historiographie nicht vor; der Historiker nahm sich damals das Recht, den Text zusammenzufassen, zu kürzen, unter Verwendung wörtlicher Bestandteile zu redigieren. Auch hierin erweist sich Lukas als Meister antiker biographischer Geschichtsschreibung, der sich hinter seinen Fachkollegen nicht zu verstecken brauchte. Seine Meisterschaft zeigt sich auch darin, daß er Petrus nicht zu einem Redner macht, der wie ein griechischer oder römischer Versammlungsleiter und Rhetor auftritt. Das spezifisch Jüdische der Reden des Petrus, hier wie in der ganzen Apostelgeschichte, ist genauestens erhalten. Und das gilt sogar für die Anrede, die man lange für völlig unjüdisch, unhebräisch hielt: „Brüder" übersetzt die Einheitsübersetzung, „Ihr Männer und Brüder" steht in der Luther-Übersetzung, und im griechischen Original lesen wir „ándres adelphoí", also wörtlich „Männer, Brüder", oder „brüderliche Männer". Das ist zwar einerseits zuerst ein ganz griechischer Einstieg, aber wir wissen dank des 4. Makkabäer-Buches 8,19 auch, daß gerade zu dieser Zeit Juden so sprechen und schreiben konnten. Aller Wahrscheinlichkeit nach sprach Petrus in dieser Szene aramäisch. Lukas verfälschte nichts, wenn er in seiner griechischen Fassung das aramäische Idiom mit dem griechischen geschickt verband. Das mag zwar auf gebildete griechische Leser ungewöhnlich gewirkt haben, bewahrte aber um so mehr eine Atmosphäre der ungeschönten Authentizität.

Petrus beginnt, wie es sich gehört, mit einem Schriftzitat. Aber Lukas, der Berichterstatter, macht es für seine Leser noch etwas spannend. Denn nach der Einleitung, „Es mußte sich das Schriftwort erfüllen, daß der Heilige Geist durch den Mund Davids im voraus über Judas gesprochen hat. Judas wurde zum Anführer derer, die Jesus gefangennahmen. Er wurde zu uns gezählt und hatte Anteil am gleichen Dienst", folgt nicht das wörtliche oder indirekte Zitat, sondern ein Einschub für die Leser. In seinem Evangelium hatte er das Geschehen rund um den Selbstmord des Judas nicht berichtet. Hier ist nun der Augenblick gekommen, das gleichsam in Klammern nachzuholen. Dann aber, ab Vers 20, kehrt er zur Rede des Petrus zurück. „Denn es steht im Buch der Psalmen: ‚Sein Gehöft soll veröden, niemand soll darin wohnen', und: ‚Sein Amt soll ein anderer erhalten'." Das kommt aus Psalm 69,26 und 109,8; beides sind Psalmen, die in alter Tradition direkt auf David zurückgeführt wurden. Hilfreich ist es bei dieser Vorgehensweise auch, daß es sich um zwei Zitate handelt, die den Anwesenden bekannt sein mußten, denn der Psalter gehörte zum eisernen Bestand der biblischen Bücher, die ein Jude damals auswendig beherrschen sollte. So stellt Petrus sofort eine Stimmung des Einverständnisses mit seinen Zuhörern her. Was folgt, ist eine für die gesamte Geschichte des Christentums wegweisende Entscheidung. Petrus, der Augenzeuge, legt die Kriterien fest, die den neuen zwölften Apostel auszeichnen müssen: Der neue hatte einer von den Männern zu sein, „die die ganze Zeit mit uns zusammen waren, als Jesus, der Herr, bei uns ein und aus ging, angefangen von der Taufe durch Johannes bis zu dem Tag, an dem er von uns genommen wurde – einer von diesen muß nun zusammen mit uns Zeuge seiner Auferstehung sein." Das beschränkte den Kreis auf nur wenige denkbare Kandidaten, und in der Tat meldeten sich auch nicht mehr als zwei. Wegweisend ist aber, daß die Urgemeinde unter Petrus nicht bereit war, einen Kompromiß einzugehen. Das Risiko, nur wenige Bewerber zur Auswahl zu haben, war geringer als jenes, keinen Mitapostel vorweisen zu können, der in der Lage war, als Augenzeuge der Reden und Taten Jesu glaubhaft aufzutreten. Hier also zeigt Petrus schon bei der ersten Bewährungprobe eine Führungsstärke, die sich bleibend auf die Glaubwürdigkeit des christlichen Zeugnisses auswirkte. Noch Paulus begreift später, daß er es nicht nur als Christenverfolger nicht verdient hätte, Apostel genannt zu werden, sondern daß er auch nach den klaren Kriterien des Petrus nur eine unzeitige Geburt war, oder, wie die Einheitsübersetzung es wiedergibt, eine „Mißgeburt" (1. Korinther 15,8–9). So schwer es ihm fällt und so lange er auch damit zögert, er kommt doch nicht darum herum, sich bei Petrus die Augenzeugen-Informationen zu holen, die ihm fehlten (Galater 1,18). Und Petrus nimmt diese Informationsaufgabe so ernst, daß Paulus erst nach zwei Wochen wieder abreisen kann.

Petrus, der sich organisatorisches Geschick schon als Mitbesitzer eines Fischereibetriebs angeeignet hatte, bewährt sich dann bei der Apostelnachwahl ein weiteres Mal. Und wieder erweist er sich als bibelkundiger Jude. Die beiden Kandidaten waren offenbar gleich qualifiziert. Zwischen zwei gleichermaßen geeigneten Männern eine autoritative Wahl zu treffen: Wäre auch das Führungsstärke gewesen, oder wären auf diese Weise nur Mißgunst und unterschwellige Rivalitäten entstanden? Der Präzedenzfall konnte gläubigen Juden in einer solchen Situation nicht entgehen. Er steht im Buch der Sprichwörter 16,33: „Im Bausch des Gewandes schüttelt man das Los, doch jede Entscheidung kommt allein vom Herrn." Folglich wird auch hier zuerst gebetet: „Herr, du kennst die Herzen aller. Zeige, wen von diesen beiden du erwählt hast, diesen Dienst und dieses Apostelamt zu übernehmen" (Apostelgeschichte 1,24–25). Daß Juden zu dieser Zeit den Fingerzeig Gottes dann im Werfen des Loses feststellen wollten, belegt auch eine Stelle der Schriftrollen von Qumran. „Nach ihrer (der gläubigen Männer) Anweisung", so heißt es in der Gemeinderegel 1QS 5,3, „erfolgt die Bestimmung durch das Los bei jeder Angelegenheit, die das Gesetz, den Besitz und das Recht betrifft, damit sie Treue, Eintracht und Demut ausüben, Gerechtigkeit und Recht und herzliche Liebe und demütigen Lebenswandel auf allen ihren Wegen." Auch wenn Petrus in der Szene des Loswerfens nicht noch einmal ausdrücklich genannt wird, versteht es sich von selbst, daß er weiterhin die Verantwortung trug. Möglich, aber nicht notwendig für das Verständnis der Handlungsweise des Juden Petrus und der ebenfalls jüdischen „etwa hundertwanzig" ist noch etwas anderes: Wer etwas von griechisch geprägter Verwaltung wußte – wie wir nach allem, was bekannt ist, selbst für Simon Petrus Bar Jona aus Betsaida nicht ausschließen dürfen –, der hatte davon gehört oder in abgewandelter Form sogar erlebt, was Solon in seiner athenischen Verfassung eingeführt hatte. In Athen fiel die endgültige Auswahl der Mitglieder der Gerichtsgremien durch Losentscheid. Zumindest Leser der Apostelgeschichte im griechischen Kulturraum, und zu denen gehörte bereits der Widmungsempfänger des Evangeliums und der Apostelgeschichte, „Seine Exzellenz" Theophilus, dürften eine solche Reminiszenz goutiert haben. Es war in einer Zeit, in der sowohl Petrus als auch Paulus in griechischen Großstädten missionierten, immer wieder nützlich, die Juden und die Christen, die aus dem Judentum kamen, von dem Geruch zu befreien, weltfremde, kulturlose, philosophiefeindliche, abergläubische „Barbaren“ zu sein. Und manchmal waren es die Fußnoten der Geschichte, die dabei halfen. Ein griechisch gebildeter Leser hatte jedenfalls beim Losentscheid über den zwölften Apostel ein „Aha-Erlebnis“. Und das zählte, selbst wenn es die Handlung des Juden Petrus, der in diesem Augenblick wohl eher an die Stelle in den Sprichwörtern 16,33 dachte und nicht an die griechischsprachige Weltmission, sicher nicht beeinflußte.

Für einen Juden wie Petrus und für die anderen in der Versammlung geschah noch etwas anderes, geradezu Revolutionäres bei der Apostelnachwahl. Es ist ein Moment, der nur aus dem Jüdischen heraus richtig zu würdigen ist, weil hier etwas für fromme Juden geradezu Unerhörtes geschieht. Denn zum ersten Mal wird von Petrus und den anderen im Gebet nicht Gott um Hilfe gebeten, sondern Jesus. „Herr, du kennst die Herzen aller,“ lautet der Anfang des Gebets, „zeige, wen von diesen beiden du erwählt hast.“ Wie diese Wortwahl zu verstehen ist, begreifen wir dank Kapitel 1,2. Im Vorwort zur Apostelgeschichte rekapituliert Lukas für Theophilus knapp den Handlungsablauf des Evangeliums und verweist auf die Lehre Jesu „bis zu dem Tag, an dem er aufgenommen wurde, nachdem er durch den Heiligen Geist den Aposteln, die er erwählt hatte, Anweisungen gegeben hatte“. Jesus selbst also ist der Herr, der sich seine Apostel erwählt. Er tat es als der irdische Jesus, als Auferstandener und schließlich, im Gebet angerufen, als der in den Himmel Aufgenommene. Zum Herrn Jesus Christus beten: Das konnte ein Jude nur, wenn er fest davon überzeugt war, daß die Gottessohnschaft – wie sie Petrus selbst in Caesarea Philippi ein paar Jahre zuvor feierlich erklärt hatte – mehr bedeutete als nur ein symbolischer Ehrentitel. Damit haben wir allerdings bereits vorgegriffen, denn es ist kaum anzunehmen, daß Petrus in der Zeit zwischen Kapernaum, Caesarea und der Auferstehung in Jerusalem schon so weit vorausdachte. Wir stoßen vielmehr auf Indizien dafür, daß der „frühe“ Petrus die Konsequenzen seiner Messiaserklärung noch nicht überschaute, ehe Kreuzigung, Auferstehung und Himmelfahrt ihm die Augen öffneten. Der

Petrus der Apostelnachwahl ist zwar kein anderer Mensch, er ist immer noch durch und durch Jude, aber er hat den Rahmen des orthodoxen Judentums, aus dem er stammte, konstruktiv erweitert. Das ist eine bewußte Wortwahl: Für die Welt erweitern, also auch von innen heraus erneuern, aber nicht durchbrechen oder gar zerbrechen wollte dieser Petrus den Rahmen des traditionellen Judentums. Darin blieb er seinen Anfängen, mit denen dieses Kapitel begann, ebenso treu, wie er seinem Herrn Jesus treu blieb, der in seiner Gegenwart erklärt hatte, daß er nicht gekommen war, „um das Gesetz und die Propheten aufzuheben, sondern um sie zu erfüllen“ (Matthäus 5,17). Erst vor diesem jüdischen Hintergrund lassen sich die drei Ereignisse verstehen, die noch in Galiläa den Fischer Petrus als den mutigen, tatkräftigen und spontan risikobereiten Jünger sichtbar machen: Der Gang auf dem Wasser, das Messiasbekenntnis, und die Szene auf dem Berg der Verklärung.

Unruhe und früher Mut

Petrus erkennt den Messias

Korrekturen am traditionellen Petrus-Bild ergeben sich für jeden, der das Neue Testament aufmerksam liest. Der schwache, schwankende, gelegentlich vorlaute Jünger ist nicht wiederzuerkennen in dem erfolgreichen, mehrsprachigen, zupackenden Unternehmensleiter, dem wir in diesem Buch bisher begegnet sind. Ohnehin wäre es schwer vorstellbar, daß Jesus einem ständig am Rand des Versagens stehenden Mann schon früh, noch vor dem Messiasbekenntnis, eine so große Verantwortung anvertraut hätte wie die Vollmacht, „die unreinen Geister auszutreiben und alle Krankheiten und alle Leiden zu heilen“ – nicht ihm allein, sondern auch den anderen Jüngern, aber eben auch ihm und zwar „an erster Stelle“ (Matthäus 10,1–2). Um so behutsamer müssen wir denn auch an Berichte herangehen, in denen Petrus auf den ersten Blick als Scheiternder auftritt. Der erste Fall dieser Art gehört noch zum beruflichen Kompetenzbereich des Petrus, denn er spielt sich in und bei einem Boot auf dem See Genezareth ab. Matthäus berichtet davon unmittelbar nach der Speisung der Fünftausend (Matthäus 14,22–33). Sogar die Uhrzeit wird mitgeteilt: Es ist die Zeit der vierten Nachtwache, also zwischen 3 Uhr und 6 Uhr morgens. Jesus hatte die Jünger, alle in einem Boot, vorausgeschickt zum anderen Seeufer, während er die Menschen entließ und allein zum Beten auf einen Hügel ging.

Hier ist natürlich nicht, wie viele Interpreten es verstehen, eine Überquerung des Sees von West nach Ost gemeint. Wollte man das so interpretieren, dann müßte man schon annehmen, daß Jesus das Wunder seines Gangs bereits ankündigt, ohne daß die Jünger stutzig wurden: Wie sonst hätte er ihnen nachkommen sollen? Der Gang um den See hätte mehr als eine lange Nachtwanderung gedauert. Wer sich in der Geographie des Sees auskennt und noch den Bericht bei Markus hinzunimmt, weiß allerdings, daß hier nur von ein paar Kilometern die Rede ist.

Denn Markus spricht von der Vorausfahrt nach Betsaida (Markus 6,45), und das war von der Stelle der Speisung, die nach heutigem Kenntnisstand bei Tabgha lag, tatsächlich „gegenüber“, jenseits der Jordaneinmündung. Der schnellste Weg dorthin war nicht entlang der Küste, sondern schräg über die Nordecke des Sees. So jedenfalls versuchten es die seeerfahrenen Fischer, bis der Sturm aufkam, der sie bei Gegenwind in die andere Richtung trieb, ehe sie bei ruhigem Wasser südwestlich von Tabgha beim Ort Ginnesar in den Hafen fuhren (Markus 6,53; Matthäus 14,34). Plötzliche, auch von solchen professionellen Fischern nicht zu berechnende Winde sind noch heute auf dem See zu beobachten. Vor allem der meist am frühen Abend beginnende Sturm aus östlicher Richtung, „Ruach (oder S'ara) mizrachit“, der seit der osmanischen Zeit arabisch auch noch „Scharkiyye“ genannt wird, entspricht der Beschreibung der Evangelien (vgl. Matthäus 8,23–27; Markus 4,35–41).

Bis hierhin ist das Geschehen also alles andere als wundersam, es ist vielmehr aus präziser Orts- und Klimakenntnis berichtet. Das Wunder beginnt erst, als Jesus auf dem Wasser auf das Boot zugeht und von den vor Angst schreienden Jüngern, also auch von Petrus, für ein Gespenst gehalten wird. Was meinten sie wohl damit? Das griechische Wort „phántasma“ kommt nur hier vor, in Matthäus 14,26 und Markus 6,49. Auch im griechischen Alten Testament, der Septuaginta, ist es sehr selten und bedeutet Schreckensbilder oder Erscheinungen wie in Träumen (Weisheit 17,14), aber auch Trugbilder und Visionen (Hiob 28,8; Jesaja 28,7). Mit den Gespenstern moderner Gruselgeschichten oder englischer Schlösser hat das nicht viel zu tun. Im Grunde genommen glaubten die Jünger, in der Müdigkeit der dritten Nachtwache, etwas zu sehen, was es nicht geben durfte, einen – von ihnen noch nicht erkannten – Menschen, der über Wasser ging. Ob sie aber gleich „vor Angst“ schrien, scheint fraglich. Ängstlich waren die Jünger eigentlich nicht. Eher ist wohl, etwas weniger dramatisch übersetzt, davon die Rede, daß sie, plötzlich hellwach, einander laut zuriefen, ratlos in einer Furcht, die das Übernatürliche, das da geschah, nicht schon gleich einer gefährlichen Geisterwelt zuordnen wollte. Das gleiche griechische Wort, das meist als „Angst" übersetzt wird, „phóbos", kann nämlich auch im Sinne der „Ehr-Furcht" gebraucht werden. Besonders schön kommt diese Seite des Worts in Apostelgeschichte 9,31 zum Ausdruck, wo es heißt: „Die Kirche in ganz Judäa hatte nun Frieden; sie wurde gefestigt und lebte in der Furcht vor dem Herrn". Aber die Jünger im Boot konnten sich ihrer Sache nicht sicher sein; so etwas hatten sie noch nie gesehen. Jesus merkte ihnen an, daß sie verunsichert waren und rief ihnen seinerseits etwas zu, das sich seit Genesis 15,1 wie ein roter Faden durch die Bibel zieht: „Fürchte dich nicht", hatte Gott da in einer Vision zu Abraham gesagt, und „Fürchtet euch nicht" sagte Jesus nun zu seinen Jüngern. Furcht ist in der Gegenwart Gottes – und seines Sohnes – nur als Ehrfurcht angemessen, und so endet denn auch die Geschichte im Boot: Die Jünger fallen vor Jesus nieder und sagen: „Wahrhaftig, du bist Gottes Sohn."

Was wie eine Art philologischer Erbsenzählerei aussehen könnte, wie eine Überbewertung kleinster Details, ist nichts anderes als der Respekt vor der überlegten Gestaltungskraft, mit der Matthäus – und übrigens auch die anderen Autoren des Neuen Testaments – mit sprachlichen Nuancen umgehen. Erst wenn auch wir uns darauf einlassen, werden wir den erzählerischen Pointen solcher Berichte gerecht. Und in der Tat liegt ja nun zwischen der Furcht vor der nächtlichen Erscheinung und der knienden Ehrfurcht vor Jesus jener Mittelteil, in dem Petrus die Hauptrolle spielt. Er nämlich ist es, der als erster begreift, wie die Furcht vor Gott zum Mut mit Gott führen kann. Noch aus der Entfernung identifizierte sich Jesus, und Petrus glaubt, auch wenn er in tiefer Dunkelheit, ohne Taschenlampe, vielleicht bei Sternenlicht, kaum etwas erkennen kann. Wieder geben die meisten Übersetzungen die Nuance nicht richtig wieder: „Herr, da du es bist," sagt er zustimmend, und nicht etwa noch zweifelnd „Herr, wenn du es bist". Da du es bist, „befiehl mir, auf dem Wasser zu dir zu kommen." Da ist elementares Vertrauen. Da es Jesus ist, und da dieser Jesus auf dem Wasser gehen kann, muß ein Wort von ihm genügen, um diese Fähigkeit auch auf Petrus zu übertragen. Und es gelingt. Ein Wort reicht aus:

„Komm!“ Der nächste Satz faßt die ganze Substanz des Charakters dieses Mannes zusammen. „Da stieg Petrus aus dem Boot und ging über das Wasser auf Jesus zu.“ Dies, nicht das wenig später folgende Sinken, ist das Schlüsselerlebnis. Reinhold Schneider hat das genau erfaßt, als er 1946 einen seiner wichtigsten Nachkriegsessays „Und Petrus stieg aus dem Schiffe“ nannte. Petrus hat den Mut, das Boot zu verlassen, er nimmt Jesus beim Wort, und er geht wie er über das Wasser. Aus der Furcht im Sturm, der Furcht vor der unerklärlichen Erscheinung am Ende der Nacht, wird die Ehrfurcht, die nicht lähmt, sondern Kraft gibt. Kein anderer Jünger folgt diesem Beispiel.

Aber scheitert Petrus dann nicht doch? Noch einmal kehrt er in die Alltagswirklichkeit zurück. Ist es ein Traum? Noch immer ist da der heftige Wind, jetzt sieht er ihn wieder, er erschrickt und beginnt zu sinken. Doch auch jetzt verläßt ihn das Vertrauen in Jesus nicht. Er ruft nicht etwa den andern im Boot zu, daß sie ihn hereinholen sollten, weil sich Jesus auf dem Wasser als eine machtlose „Fata Morgana“ herausgestellt hatte. Daß Jesus wirklich und körperlich präsent ist, hat er begriffen. An ihn also wendet er sich: „Herr, rette mich!“ Und die ganz reale Körperlichkeit der Szene wird nun für alle sichtbar, denn Jesus packt Petrus am Arm und zieht ihn hoch. Was nun? Keiner lacht, niemand spottet. Auch die Kritik Jesu ist keine Zurückweisung. „Du Kleingläubiger, warum hast du gezweifelt?“ Da ist ja der Glaube, und im wahrsten Sinne des Wortes ist Petrus auf dem richtigen Weg. Weil aber der durchaus schon vorhandene Glaube noch klein war, konnte er den Weg noch nicht zu Ende gehen. Nicht der Vorwurf, sondern ein wohl eher verstehendes Mitempfinden mit der Lage des im Glauben noch wachsenden Petrus steckt in der rhetorischen Frage „Warum hast du gezweifelt?“ Zweifel, Fehltritte werden Petrus noch einige Zeit lang quälen. Erst nach Ostern, nach der Begegnung mit dem Auferstandenen, wird er die unerschütterliche Sicherheit haben, die ihn zum Felsen der Kirche macht. Matthäus hatte Recht, als er diese Episode berichtete, die von den anderen Evangelisten ausgespart wurde. Er wußte, daß Petrus dadurch nicht kleiner wurde, sondern größer. Er, nur er unter allen im Boot, bewies zweimal hintereinander, was Mut und Gottvertrauen bedeutet. Nur er zeigte, daß ein Versagen der eigenen Glaubenskraft nicht zur Zurückweisung führt, sondern, wenn es eingestanden und ausgesprochen wird, zur Rettung. „Herr, rette mich!“ ist kein Angstschrei, sondern bereits der nächste Schritt auf dem Weg zur vorbildlichen Nachfolge.

Die Szene bereitet das nächste Großereignis vor, den Gang nach Caesarea Philippi und das Messiasbekenntnis des Petrus. Denn sie endet mit dem Ausruf aller, die nun wieder im Boot zusammen sind, „Du bist wirklich Gottes Sohn“. Das hatte im Matthäus-Evangelium bis zu diesem Zeitpunkt kein anderer Mensch über Jesus gesagt. Die Stimme vom Himmel hatte es verkündet (Matthäus 3,17), der Teufel hatte es als Herausforderung formuliert (4,3 und 6), und Jesus selbst hatte so von sich gesprochen (11,25–27). Nun sagen es auch die Jünger. Ist es für sie in diesem Augenblick schon mehr als nur ein Ehrentitel für die übermächtige, mit menschlichen Kategorien nicht zu erklärende Handlungskraft Jesu? Der Evangelist verzichtet auf eine Erläuterung. Aber noch gegen Ende des Evangeliums tritt bei ihm ein römisches Truppenkontingent auf, das ganz ähnlich von Jesus spricht (27,54). Lesen wir diese Texte aus der Perspektive nach Ostern, mit dem Wissen, welche Art Gottessohn Jesus und nur er tatsächlich war, dann übersehen wir, daß die Jünger im Boot ebenso wenig wie die Römer unter dem Kreuz schon über dieses Wissen verfügten. Matthäus schreibt zwar aus dieser nachösterlichen Perspektive, aber es gelingt ihm auch hier, Kenntnisstand und Reaktionen der Beteiligten so wiederzugeben, als wüßte man Späteres noch nicht. So nimmt er auch nichts von dem vorweg, was einige Zeit später in Caesarea Philippi geschieht.

Den Weg von Betsaida nach Caesarea, den die Jünger mit Petrus gingen (Markus 8,22;27), kann man auch heute noch in der Landschaft verfolgen. Es waren knapp 50 km, also eine Zweitagesreise, auf der die Reisegruppe Zeit genug hatte, die Meinungsumfrage durchzuführen, zu der Jesus sie beauftragt hatte (Markus betont 8,27 ausdrücklich das „unterwegs“). Der Ruhm Jesu hatte sich herumgesprochen, auch hier in der Gaulanitis, die zum Herrschaftsbereich des Tetrarchen Philippus gehörte. Aus Galiläa wußten wir das bereits, denn dort wurde Jesus aufgrund seiner Taten sogar von Herodes Antipas für den auferstandenen Täufer Johannes gehalten (Matthäus 14,1–2). Ganz so sahen ihn offensichtlich auch viele der Juden in der Gaulanitis. Andere hielten ihn für Elia, Jeremia oder einen der Propheten. Nur für den Messias, den Gesalbten Gottes, wollte ihn noch niemand unter den Befragten halten. Aber die drei namentlich Genannten hatten eine Gemeinsamkeit: Sie waren den Zeitgenossen als Bußprediger bekannt. Es waren Männer, die den Mitmenschen ihr fehlendes Südenbewußtsein vorhielten, ihre mangelnde Bereitschaft umzukehren und sich wieder Gott zuzuwenden, und die das Urteil Gottes über alle aussprachen, die sich nicht änderten. Auch Jesus hatte oft so gesprochen, und er selbst hatte Johannes den Täufer als den größten Propheten seiner Zeit bezeichnet und zugleich als eine neue Verkörperung des Elia (Matthäus 11,9–14; 17,10–13). Gläubigen Juden konnten solche Gleichsetzungen kaum befremdlich vorkommen, hatte doch der Prophet Maleachi genau dieses vorhergesagt: daß Elia wiederkommen werde, um eine Bekehrung der Menschen herbeizuführen (Maleachi 3,23–24). Wenn nun im Umfrageergebnis unter den Propheten namentlich gerade Jeremia hervorgehoben wird, dann wohl vor allem, weil er mehr als jeder andere den Juden als derjenige vertraut war, der vom Urteil Gottes über sein Volk gesprochen hatte und von der kommenden Zerstörung, aber zugleich auch die Hoffnung auf den Gott verkündete, der seinem Volk helfen würde, wenn es sich wieder zu ihm wendet. Die „Klagelieder Jeremias“ werden bis heute in Erinnerung an die Zerstörung des Ersten Tempels – und seit 70 n. Chr. auch in Erinnerung an die Zerstörung des Zweiten – am 9. Aw (nach unserem Kalender im Juli/August) in allen Synagogen gelesen. Jesus, der mindestens einmal aus den Klageliedern zitierte (Matthäus 5,39 = Klagelieder 3,30), war leicht mit Jeremia zu identifizieren. Auch er sprach von kommendem Unheil, auch er rief zur Umkehr auf, auch er war sichtbar von Gott beauftragt, und auch er litt am Leiden seines Volkes. Nur zwei Gleichsetzungen kamen in der Umfrage nicht vor: Weder als „Sohn Gottes“ noch als „Messias“ wurde er von den Befragten bezeichnet. Reichte es, ihn als letzten Propheten der nun angebrochenen messianischen Zeit zu bezeichnen? Da waren die Jünger auf dem See Genezareth schon einen Schritt weiter gegangen. Nun aber kam es darauf an, auch noch den letzten Schritt zu tun. „Für wen haltet ihr mich?“ fragte Jesus. Es war der historische Augenblick des Simon Petrus.

„Du bist der Messias, der Sohn des lebendigen Gottes!“, ruft Petrus aus, und wieder ist er es, der den Mut hat, sich so weit vorzuwagen. Zum ersten Mal in den vier Evangelien stellt Jesus die Frage. Es geht nicht mehr um spontane Reaktionen oder einen Ausruf erleichterter Bewunderung nach der Rettung aus höchster Not. Die Zwölf hätten sich zur Beratung zurückziehen können, und irgendwie wäre die Geschichte auch weitergegangen, wenn – beispielsweise – Andreas oder einer der Zebedäus-Söhne erklärt hätte, die Jünger könnten sich durchaus dem Mehrheitsvotum der Umfrage anschließen und Jesus für den wiedergekehrten Jeremia oder einen der Propheten halten. Warum gerade hier oben im Norden, in mehrheitlich nicht-jüdischem Gebiet, zwischen einem Pan-Heiligtum und einem Augustus-Tempel, die höchste, einzigartige Stellenbesetzung des Judentums aussprechen? Und das war es, was Petrus auszeichnete: Er reagierte nicht hinhaltend, aber eben auch nicht unüberlegt spontan. Lange genug war er mit Jesus zusammen gewesen, genau genug hatte er zugehört und zugesehen, wie Jesus sprach und handelte. Was er, nach der Chronologie des Johannes-Evangeliums, ungefragt schon einmal zu sagen gewagt hatte (Johannes 6,68–69), konnte er nun als klare Antwort auf eine klare Frage geben. Und wir sollten diese Antwort auch richtig betonen: „*Du* bist der Messias,“ sagte Petrus, mit einer Akzentsetzung, die uns der griechische Satz des Matthäus ausdrücklich nahelegt: „Sy ei ho Christòs“, mit dem am Satzanfang hervorgehobenen „Sy“, „Du“, das ein einfacher griechischer Satzbau nicht erfordert hätte. Wie wichtig das dem Berichterstatter Matthäus war, der ja, selbst auch zweisprachig im Aramäischen und Griechischen zu Hause, die aramäischen Worte des Petrus präzise in die andere Sprache übertragen mußte, das erkennen wir auch an der Fortsetzung der Erklärung. Denn im Boot war Jesus von den Jüngern zwar schon zugerufen worden, daß er „Sohn Gottes" sei, aber da hatte der bestimmte Artikel noch gefehlt. Hier kommt er nun: „*Ho* hyiòs tou Theoù tou zôntos", *der* Sohn des lebendigen Gottes. Jesus, nur er, ist der Messias. Nur er, kein anderer, trägt im Vollsinn des Wortes den Titel „*der* Sohn Gottes".

Ob unsere Übersetzungen „Messias" schreiben oder „Christus" ist nebensächlich, solange man als Leser weiß, daß „Christos" (also griechisch mit der Endung „-os" geschrieben, wie in Matthäus 16,16) bereits in der Septuaginta, der aus dem 3./2. vorchristlichen Jahrhundert stammenden Übersetzung der hebräischen Bibel ins Griechische, für das hebräische Wort steht. Es mag heutige Leser überraschen, daß „Christus" eigentlich gar kein christlicher Begriff ist, sondern ein jüdischer. Im biblischen Sprachgebrauch bedeuten beide, „Messias" und „Christos": „der (mit Salböl) Gesalbte (Gottes)". Das wurde und wird im Rückgriff auf 1. Samuel 2,10 verstanden: „Die gegen den Herrn streiten, wird er zerbrechen, der Höchste im Himmel wird sie zerschmettern. Der Herr hält Gericht bis an die Grenzen der Erde. Seinem König wird er Macht geben und er wird erhöhen das Haupt seines Gesalbten." Dieser Lobgesang der Hanna ist das Urmotiv der jüdischen Messias-Erwartung. Wir werden gleich noch sehen, daß Petrus ebenso wie die meisten anderen Juden seiner Zeit diesen Messias als eine befreiende, alle Unterdrücker vertreibende Siegergestalt erwartete. Aber das war nur die eine Seite der Medaille. Petrus erklärte Jesus auch zu *dem* Sohn des lebendigen Gottes. Und diese Zuspitzung war an dieser Stelle eine nicht nur mutige, sondern geradezu programmatische Herausforderung. Denn Petrus wußte natürlich, an welchem Ort er das sagte – er hatte das Bild ja vor sich, den Schrein des Pan auf der rechten Seite, den aus dem Felsen kommenden Quellfluß des Jordans in der Mitte, und links, in aller Pracht, den von Herodes dem Großen errichteten Tempel des Augustus und der Göttin Roma. Allen war es zu dieser Zeit bekannt, daß der römische Kaiser im Osten des Reichs in griechischer Sprache den Titel „Sohn Gottes" trug. Augustus war darauf gekommen, als er seinen Adoptivvater Julius Caesar vom römischen Senat vergöttlichen ließ. So wurde er lateinisch zum „Sohn des Göttlichen", zum „Filius Divi". Im griechischsprachigen Osten aber wurde daraus der „Sohn Gottes", der „theou hyios", der auf Inschriften und Münzen belegt ist.

Tiberius, römischer Kaiser zur Zeit dieser Begebenheit in Caesarea Philippi, und oberster Vorgesetzter des Präfekten Pontius Pilatus, war selbst ein solcher Sohn Gottes. Petrus machte also eine höchst politische Aussage, als er Jesus im Anblick eines Augustus-Tempels und zur Herrschaftszeit des Tiberius als *den* Sohn Gottes ausrief. Und den ersten Lesern des Matthäus-Evangeliums dürfte die provozierende Ironie kaum entgangen sein: „tou zôntos" fügt Petrus hinzu, „des lebendigen" Gottes. Damit war nicht nur ein jüdisches Bekenntnis zur Gegenwart Gottes gemeint, wie es aus Psalm 42,3, 84,3, Jeremia 10,10 oder auch Daniel 6,27 vertraut war. Es ging auch um die Distanz zum toten Gott der Römer. Denn zum „Sohn Gottes" konnte ein römischer Kaiser nun einmal erst werden, nachdem sein Vater oder Adoptivvater tot war. Anders gesagt: Der „Sohn Gottes", als der sich der römische Kaiser im griechischsprachigen Osten titulieren ließ, war der Sohn eines toten Gottes. Der Ort dieses Messias-Bekenntnisses des Petrus und die Worte, die er wählte, ergeben eine der großartigsten Szenen der antiken Geschichte. Aus einer Situation, die von Jesus geschaffen wurde – denn natürlich war es nicht der Zufall, sondern Jesus, der den Ort und den Zeitpunkt für die entscheidende Frage bestimmt hatte –, wird die programmatische Veränderung der religiösen und imperialen Welt. Dem römischen Kaiserkult und dem heidnischen Götterwesen, das hier durch das Heiligtum des Pan vertreten ist, wird durch die Worte des Petrus erklärt, daß sie überholt sind. Und seinen Mitjuden erklärt der Jude Petrus, daß die Suche nach dem Messias beendet ist. Mit einem Satz ist auf diese Weise alles, was den damaligen Menschen vertraut war, anders geworden. Und vergessen wir nicht, daß diese Herausforderung mitten aus dem Judentum heraus kam, ohne nur das Judentum im Blick zu haben. Gerade auch darin erwies sich Petrus als der längst in internationalen Kontakten erfahrene Mann, daß er verstand, welche Bedeutung der Ort Caesarea Philippi für Judentum und Heidentum besaß. So ergriff er, von Jesus befragt, neben der Quelle des Taufflusses, der jüdisches Lebensgebiet geradezu symbolisch in der Mitte duchquerte, die Gelegenheit zu seiner ebenso knappen wie unmißverständlichen Erklärung.

Alle Konsequenzen seiner Antwort konnte Petrus kaum durchschauen oder vorhersehen. Jesus wies ihn folglich darauf hin, daß er die Weisheit seiner Erklärung Gott selbst verdankt: „Selig bist du, Simon Bar Jona, denn nicht Fleisch und Blut haben dir das offenbart, sondern mein Vater im Himmel." Auch diese Antwort ist wohlbedacht. Sie greift subtil das auf, was Petrus soeben gesagt hatte. Indem er Petrus als „Simon Bar Jona" anredete, unterstrich Jesus die jüdische Verwurzelung des Messias-Bekenntnisses, indem er auf seinen eigenen Vater im Himmel verwies, bekräftigte er, daß er der Sohn des lebendigen Gottes ist, und indem er Petrus als „selig" erklärte, reihte er ihn unter jene ein, die er einige Zeit zuvor in der Predigt auf dem Berg als „selig" gepriesen hatte. Hier wurde ihm noch kein Status verliehen, wie das viel später in den Seligsprechungen der Kirche beginnt, sondern es wurde ein Zustand beschrieben: Selig sein, aramäisch „asre", griechisch „makários", heißt wörtlich „gut dran" sein. Du bist gut dran, du hast es gut, sagte Jesus zu Petrus, denn du hast auf eine Offenbarung Gottes vertraut.

Petrus erhält noch einen weiteren Zuspruch. Sein Beiname, den er – wie wir im ersten Kapitel sahen – nicht erst hier von Jesus bekommt, wird bestätigt und aufgewertet. Nicht mehr ein großer Stein ist Simon Bar Jona von nun an, nicht mehr nur irgendein Fels, der diesen Beinamen einst vielleicht wegen seiner früh auffallenden Glaubensfestigkeit bekommen haben mag. Wer als erster und einziger so mutig die entscheidenden Worte über Jesus ausspricht, übernimmt Verantwortung auch für andere. Damit, daß Jesus ihm den Namen „Petros" bestätigt, bestätigt er auch diese Verantwortung und begründet sie. Was nun folgt, steht nur bei Matthäus. Daraus wird in der Forschung noch immer häufig gefolgert, daß erst dieser Evangelist die Aussage des Petrus erweitert und die Antwort Jesu dem erheblich knapperen Bericht des Markus hinzugefügt habe. Für den

Historiker ist das allerdings zu kurz gegriffen. Selbst wenn nur wenige noch daran zweifeln, daß Markus das ältere der beiden Evangelien schrieb, folgt daraus nicht, daß er alle Informationen, die ihm vorlagen, benutzt haben muß. Anders gesagt: Wenn Matthäus etwas bietet, das bei Markus nicht steht, kann nicht schon allein daraus gefolgert werden, daß Markus es gar nicht wußte. Mindestens ebenso denkbar wie die Frage, ob Matthäus die Sätze Jesu hinzufügte, ist die andere, ob Markus sie wegließ. Warum er das hätte tun können, müßte dann mit dem Blick auf die Gesamtstruktur seines Evangeliums überprüft werden, das sich ohnehin durch die hohe literarische Kunst des Weglassens auszeichnet. Um das an einem Beispiel zu erläutern: Markus leistet es sich auch, die Berichte von Erscheinungen des Auferstandenen am Ende seines Evangeliums wegzulassen (16,8 ist der ursprüngliche Schluß), und dieses Aussparen ist sicher dramatischer (im doppelten Sinn des Wortes) als das Weglassen der Einsetzungsworte gegenüber Petrus. Als Markus schrieb, wußte er natürlich davon, daß die Frauen nach dem Erlebnis am Leeren Grab nicht für immer geschwiegen haben, und daß Jesus sehr wohl nicht nur seinen Anhängern, sondern auch Skeptikern und Gegnern (Jakobus und Paulus) erschien. Noch einmal also: Wenn ein Evangelist etwas nicht erwähnt, heißt das nicht, daß es ihm nicht bekannt war.

Auf das Ereignis in Caesarea Philippi bezogen, sollten wir auch noch etwas anderes erwägen: Die frühe Kirche hat das Markus-Evangelium trotz des Fehlens dieser Einsetzungsworte mit Petrus in Verbindung gebracht. Markus, der Begleiter, der „Sohn" (1. Petrus 5,13) und „Hermeneut" (so der Kirchenhistoriker Papias Anfang des 2. Jahrhunderts) des Petrus, galt geradezu als Garant der petrinischen Augenzeugenschaft, auch in einer Zeit, als das Matthäus-Evangelium mit den längeren und zusätzlichen Berichten längst bekannt war. Es mag sein, daß diese enge Verbindung allen Beteiligten und „Insidern" genügte. Denn als das Evangelium des Markus verbreitet wurde, war die Autorität des Petrus in den Zielgruppen dieser Schrift, wohl ausgehend von der Gemeinde in Rom, längst unbestritten und in der Praxis erwiesen. An dieser Stelle brauchen wir uns auf die unterschiedlichen Erklärungsmodelle allerdings nicht näher einzulassen. Es genügt, wenn wir feststellen, daß der längere Bericht des Matthäus keineswegs aus historischen Gründen für frei erfunden gehalten werden darf. Jedem Leser dieses Evangeliums steht es frei, ihn als ursprünglich und gut bezeugt ernstzunehmen. Selbstverständlich gilt das um so mehr, wenn man sich der Überzeugung der alten Kirche und einer langsam wieder wachsenden Zahl moderner Forscher anschließt – daß nämlich Matthäus kein anderer war als Levi-Matthäus, der ehemalige Zollpächter, der als Jünger auch Augenzeuge des Geschehens in Caesarea Philippi wurde.

Was Jesus sagt, kann er auf aramäisch ebenso formuliert haben wie auf griechisch; das sahen wir schon im 1. Kapitel. Nicht zuletzt das Wortspiel mit dem Namen und dem Felsgestein funktioniert in beiden Sprachen. Erinnern wir uns: „Kêphâ(s)", oder in aramäischer Umschrift „Kephâ'", heißt Stein, aber auch Fels, und ist in dieser zweiten Bedeutung in den Schriftrollen von Qumran belegt. Zugleich beweist ein aramäischer Papyrus aus dem 5. vorchristlichen Jahrhundert, daß dieses Wort auch als männlicher Personenname vorkommen kann. Nehmen wir nun an, daß Jesus in Caesarea Philippi aramäisch gesprochen hat, dann wäre dies die Wiedergabe des ersten Satzteils: „Du bist Kephâ', und auf diesen Kephâ' werde ich meinen Qahal bauen." Übersetzen wir die aramäischen Begriffe, dann wird daraus: „Du bist Fels, und auf diesen Fels werde ich meine Gemeinschaft bauen." Erst in der griechischen Fassung wird es nötig, die Begriffe anders zu fassen. „Du bist *Petros,* und auf diese *petra* werde ich meine ekklêsia bauen." Sehen wir für den Augenblick noch vom umstrittenen Qahal/Ekklesia ab, dann ist der Unterschied offensichtlich: Reichte im Aramäischen das gleiche Wort für Namen und Gegenstand, so muß im Griechischen zwischen beiden getrennt werden. Der Personenname „Petros" wird dem Gegenstand „petra", fester Stein/Fels, gegenübergestellt. Erst dadurch kommt es, genaugenommen, zu dem alten und immer wieder neuen Problem, ob Jesus nun seine Kirche auf die Person Petrus baut oder auf das, wofür sie hier steht, nämlich den festen Stein, den Felsen des Petrusbekenntnisses, den Glauben an Jesus als Messias und Sohn des lebendigen Gottes. Vielleicht sollten wir aber einmal aus der anderen Richtung fragen: Wie könnte der Jude Petrus und die Juden um ihn herum diesen Satz Jesu an dieser Stelle und zu dieser Zeit verstanden haben?

Der Anfang ist klar genug: Du bist (nun wirklich) Kephâ'. Jetzt hätte es so weitergehen können: Und auf dich, Kephâ', will ich meinen Qahal bauen. Das konnte jeder Jude gut verstehen. Denn wie wir schon früher gesehen haben, war „Fels" bereits im Alten Testament, bei Jesaja, eine Bezeichnung, die einer Person beigegeben war, nämlich Abraham, dem vorbildlichen Urgestein, auf dem das Volk Gottes festen Grund hatte (Jesaja 51,1). Wenn sich Petrus daran erinnerte, dann sicher auch an eine Szene, die er nicht lange zuvor selbst miterlebt hatte. Ganz am Ende der Bergpredigt hatte Jesus gesagt: „Wer diese meine Worte hört und danach handelt, ist wie ein kluger Mann, der sein Haus auf Fels baute." Nun stand also Petrus vor zwei Möglichkeiten: War er von Jesus auf eine Stufe mit Abraham gestellt worden, also zum personifizierten Felsen ernannt, oder dachte Jesus in dieser Szene so wie kurz zuvor auf dem Berg am See Genezareth, und meinte mit dem Felsen den festen Glauben an ihn und seine Lehre? Es scheint, als müßte sich die Waagschale der zweiten Möglichkeit zuneigen, denn es ist ja gerade das Messias-Bekenntnis des Petrus, also nicht seine gesamte Persönlichkeit, sondern eine ihm von Gott offenbarte richtige Glaubensaussage im richtigen Augenblick, die Jesus so reagieren läßt.

Bliebe man bei dieser Lösung, dann wäre das keine Geringschätzung des Petrus und seiner Funktion in der Urkirche. Denn noch immer ginge es ja um den Glauben des Petrus, nicht irgendeines anderen, auf den sich Jesus so nachdrücklich stützen will. Im Aramäischen ist diese Verbindung natürlich noch enger, denn das Wortspiel kommt hier mit dem gleichen Wort „kephâ'" aus, ohne den Wechsel zwischen männlichem Namen und weiblichem Gestein. Aber Matthäus, der mehrsprachige Jude – versucht er nicht, das Aramäische so genau wie möglich ins Griechische zu übertragen und kann er daher beim besten Willen nicht anders, als zwei Wortformen zu benutzen, wo das

Aramäische mit einer auskommt? Soll sein demonstratives Pronomen „dieser“ nicht doch den Bezug zur Person des Petrus herstellen? „Auf *diesen* Felsen“, griechisch „epì *taútê* tê pétra“, kann sich ja kaum auf etwas anderes beziehen als auf den unmittelbar zuvor genannten „Pétros“. Lange war es so, daß die verschiedenen Meinungen dazu von der kirchengeschichtlichen und konfessionellen Position der jeweiligen Interpreten abhing. Katholische Ausleger bestanden auf der Personifizierung, protestantische lehnten sie ab. Das ist längst nicht mehr so. Es gibt evangelische Forscher, die davon überzeugt sind, daß Jesus hier Petrus persönlich zum Felsen der Kirche macht, und katholische, die das für unwahrscheinlich halten. Im Grunde genommen ist das schon immer ein unnötiger Disput gewesen. Denn selbst wenn Jesus seine Gemeinschaft auf den Glauben des Petrus gegründet hätte, ist es eben immer noch der Glaube dieses einen Petrus, und damit hätte die katholische Kirche allen Grund, sich auf Petrus zu berufen. Und nicht nur sie, sondern die gesamte Christenheit. Denn daran, daß Petrus von Jesus in die hervorgehobene Position des von ihm persönlich ausgewählten Hirten gestellt wurde, läßt auch das vierte der Evangelien, das manche Akzente anders setzt, keinen Zweifel. Am See Genezareth, nach der Auferstehung, setzt Jesus diesen Petrus, und dann nur ihn, in das Amt desjenigen ein, der seine Schafe, seine Lämmer weiden soll (Johannes 21,15–17). Sicher heißt das nicht, daß die anderen Jünger nicht ebenfalls beauftragt waren – Johannes 20,21–23, ebenfalls nach der Auferstehung gesprochen, macht das deutlich genug –, aber es ist die übereinstimmende Aussage aller urchristlichen Schriften, daß Petrus eine besondere Beauftragung hatte. Wir liegen wohl nicht ganz falsch, wenn wir die Szene in Caesarea Philippi als die erste Etappe auf einem Weg sehen: Noch sind der Glaube, den Petrus mit dem Messiasbekenntnis bekundete, und seine Person keine Einheit eingegangen. Die Person Petrus befindet sich erst am Anfang eines Reifeprozesses, der über den bitteren Moment der Verleugnung im Hof des Hohenpriesters führt. Dann allerdings, in der Zeit, von der die Apostelgeschichte und die beiden Petrusbriefe berichten, ist die Einheit vollzogen. Der Glaube des

Petrus und seine Persönlichkeit sind ganz der Fels geworden, auf dem die Kirche gebaut wird.

Erheblich einfacher ist das zweite umstrittene Wort des Satzes zu verstehen. „Kirche“ lesen wir in der Einheitsübersetzung, „Gemeinde“ heißt es in der revidierten Lutherübersetzung. Auch hier gehen die Meinungen meist entlang der Konfessionslinien auseinander. Das ist unnötig. Der Vorbehalt meist nicht-katholischer Interpreten gegen das Wort „Kirche“ und die Scheu katholischer Ausleger vor der „Gemeinde“ hat verständlicherweise viel mit kirchengeschichtlichen Entwicklungen zu tun, aber nur wenig mit dem aramäischen oder griechischen Wortgebrauch an dieser Stelle. Bei Matthäus lesen wir, daß Jesus auf den Felsen seine „ekklêsia“ gründen will. Der griechische Begriff hat sich in den meisten europäischen Sprachen als „Kirche“ durchgesetzt. Über das lateinische „ecclesia“ wurde es z.B. zum französischen „église“, zum italienischen „chiesa“, zum spanischen „iglesia“. Auch im Englischen ist es als Attribut geläufig, denn „ecclesiastical“ heißt „kirchlich“, während „Church“, „Kirche“ und ähnliche Wörter in anderen Sprachen vom griechischen „Kyriakón“ (kurz oft „kyrikon“), „Haus des Herrn“, abgeleitet sind. Griechischsprachigen Juden war es lange vor Jesus und Petrus vertraut, denn es steht im ältesten Teil der Bibelübersetzung ins Griechische, der Torah-Übersetzung aus dem 3. vorchristlichen Jahrhundert. Ab Deuteronomium 4,10 ist es die regelmäßige Beschreibung der (Volks-)Versammlung, ganz so, wie schon die Griechen es seit Thukydides und Platon benutzten. Ab Deuteronomium 23,2–5 gilt es unmißverständlich für die „Versammlung des Herrn“, also die sich vor Gott versammelnden Gläubigen. Psalm 149,1 ist ein weiteres von vielen eindeutigen Beispielen. Da für einen Juden kein Messias ohne die Versammlung seiner Anhänger vorstellbar war, konnte auch kein einziger Jude dieser Zeit es befremdlich finden, wenn der eben zum Messias erklärte Jesus von seiner „Ekklêsia“ spricht. Auch wenn er es aramäisch sagte, stand ihm mit „Qahal“ ein wohlvertrautes, gleichbedeutendes Wort zur Verfügung. Das Problem ist also nicht, ob Jesus das sagte oder gesagt haben könnte, denn da lautet die Antwort unzweideutig: Ja, selbstverständlich. Das Problem ist vielmehr die von manchen so empfundene Befrachtung des Wortes durch die Übersetzung „Kirche“, die für christliche Leser dank der Geschichte des Christentums eine ganz andere Bedeutung bekam als „Ekklêsia“ oder „Qahal“ es für einen Juden im Umfeld Jesu hatten. Wir sollten das ganz gelassen sehen und jede Übersetzung gelten lassen, die der ursprünglichen Bedeutung des aramäischen oder griechischen Wortes zur Zeit Jesu entspricht. „Kirche“, „Gemeinde“, „Gemeinschaft“ oder „Versammlung“ sind nicht falsch. Wichtig ist, daß wir begreifen, was ein Jude wie Jesus damit meinte, als er es einem Juden wie Petrus sagte. Und zu diesem Zweck schadet es auch nicht, einen Blick auf den griechischsprachigen Juden Stephanus zu werfen, der mitten in Jerusalem, wärend seines Verhörs, über Gott spricht, der in der Wüste bei seiner Volksgemeinde, seiner „Ekklêsia“ war (Apostelgeschichte 7,38). Spannend ist hier in Caesarea eigentlich etwas ganz anderes: Bis zu diesem Zeitpunkt war es Gott allein, der seine Gemeinschaft gründete und in ihr gegenwärtig war. Wenn nun Jesus von seiner eigenen Gemeinschaft spricht, dann beansprucht er auch darin mit allem Nachdruck, der Messias Gottes und sein Sohn zu sein. Bei so viel religionspolitischer Brisanz wunderte es seine Jünger kaum, daß er ihnen gebot, anderen davon noch nichts zu sagen – wie das auch Markus (8,30) und Lukas (9,21) betonen. Zu groß war die Gefahr, von seinen Gegnern vor allem unter den Sadduzäern und im Umkreis des Herodes Antipas schon in Galiläa ausgeschaltet zu werden, ehe der von ihm selbst gewählte Zeitpunkt des öffentlichen messianischen Auftritts in Jerusalem gekommen war, an dem Tag, der dann als Palmsonntag in die Kirchengeschichte einging.

Petrus erfährt in Caesarea noch mehr. Ihm sagt Jesus zu, daß „des Hades Pforten“ die Kirche nicht überwinden werden. Auch diesen Ausdruck kannte Petrus, denn er steht bereits bei dem für Juden wichtigsten, vertrautesten der Propheten, bei Jesaja (38,10). Griechisch „Hades“ oder hebräisch „Scheol“ meint in diesem Zusammenhang das Reich des Todes, oder kurz den Tod (so z.B. auch in Psalm 9,14 und 107,18). Jesus spricht daher nicht von den Mächten des Bösen, also vom Teufel und seinen

Handlangern als Widersacher der neuen Gemeinschaft, sondern er spricht von der Macht des Todes. Im Klartext heißt das: Die Kirche Jesu wird nicht sterben, sie wird nicht von den „Pforten des Todes“ eingeschlossen werden. Petrus ist als Grundstein einer Gemeinschaft eingesetzt, die ewig bleiben wird. Um die Verantwortung zu unterstreichen, die damit verbunden ist, wird ihm eine besondere Autorität verliehen. „Ich werde dir die Schlüssel des Himmelreichs geben,“ sagt Jesus; „was du auf Erden binden wirst, das wird auch auf Erden gebunden sein, und was du auf Erden lösen wirst, das wird auch im Himmel gelöst sein.“ Wieder müssen wir fragen: Was konnte ein Jude wie Petrus damit anfangen? Konnte er das auch nur ansatzweise richtig verstehen? Das Schlüssel-Bild war ihm aus Jesaja vertraut. Es greift Gottes Versprechen an Eljakim auf, den Sohn Hilkijas: „Und ich will den Schlüssel des Hauses David auf seine Schulter legen. Wenn er öffnet, kann niemand schließen; wenn er schließt, kann niemand öffnen“ (Jesaja 22,22). Wie das ein anderer Jude deutet, nämlich der Verfasser der Offenbarung am Ende des Neuen Testaments, klingt folgendermaßen: „So spricht der Heilige, der Wahrhaftige, der den Schlüssel Davids hat, der öffnet, so daß niemand mehr schließen kann, der so schließt, so daß niemand mehr öffnen kann“ (Offenbarung 3,7). Gemeint ist mit dem Halter des Schlüssels kein anderer als der erhöhte Christus, der in Offenbarung 1,18 über sich selbst sagt: „Ich war tot, doch nun lebe ich in alle Ewigkeit, und ich habe die Schlüssel des Todes und des Hades (des Reiches des Todes).“ Diese Stellen tragen wesentlich zur Deutung der Szene in Caesarea Philippi bei. Denn die absolute Schlüsselgewalt hat und behält Christus. Einen Teil davon vertraut er Petrus an, und hier kann man daher von einem kommenden Verwalteramt sprechen.

Das darf allerdings nicht außerhalb des klar bestimmten Zusammenhangs gesehen werden: Anders als Jesus, der Christus, der auch als Erhöhter die vollkommene Gewalt innehat, ist die Aufgabe des Petrus begrenzt: „Du auf Erden“ heißt es unmißverständlich. Ähnlich so, wie Eljakim die vorübergehende Verfügungsgewalt über die Schlüssel des Hauses Davids von Gott erhielt, erhält Petrus die irdischen Schlüssel für das Haus Christi, nämlich das Himmelreich, von Jesus, dem Messias aus dem Stamme Davids. Und damit Petrus nicht gleich zu viel von sich hält, wird ein Teil dieser Vollmacht auch anderen Jüngern anvertraut. „Amen, ich sage euch: Alles, was ihr auf Erden binden werdet, das wird auch im Himmel gebunden sein, und alles, was ihr auf Erden lösen werdet, das wird auch im Himmel gelöst sein“ (Matthäus 18,18). Die Schlüssel fehlen hier, sie sind dem Petrus vorbehalten. Das Binden und Lösen ist aber auch nicht freien Entscheidungen des Petrus und der anderen Jünger überlassen. Wenn sie so handeln – und Petrus wird das als Leiter der Urgemeinde beispielsweise gegenüber Ananias und Sapphira tun (Apostelgeschichte 5,1–11) –, vollziehen sie etwas, das bereits vom eigentlichen Inhaber der Schlüsselgewalt, also von Jesus Christus, beschlossen war. Deutsche Übersetzungen machen das nicht deutlich, obwohl sie es ruhig riskieren dürften, da auch die griechische Satzkonstruktion bewußt unelegant ist, um diese Wirkung zu erzielen: Denn eigentlich steht da, fast wörtlich identisch an beiden Stellen, die Zeitform der vollendeten Zukunft: „wird gebunden gewesen sein/wird gelöst gewesen sein“. Die Verantwortung, die damit einhergeht, ist letztlich so groß, daß sie ein Mensch allein kaum tragen könnte. Es geht ja nicht um das Binden und Lösen für die Kirche auf Erden, sondern für das Himmelreich, und auch dies ist eine Verheißung für die Zukunft: „Nicht jeder, der zu mir sagt: Herr! Herr!, wird in das Himmelreich kommen,“ hatte Jesus schon in Kapitel 7,21, also noch in der Bergpredigt, erklärt, „sondern nur, wer den Willen meines Vaters im Himmel erfüllt.“

Petrus selbst und wohl auch die ersten Leser der Evangelienberichte, die den weiteren Verlauf noch nicht kannten, hätten an dieser Stelle leicht auf den Gedanken verfallen können, dieser Fels Petrus sei bereits jetzt wenigstens ein „primus inter pares“, ein erster unter Gleichen, den Jesus fest an der Hand hält und dem daher nichts mehr mißlingen kann. Jesus allerdings hat ihn nicht zum vorprogrammierten Schachcomputer gemacht, dem alle Züge gelingen. Er soll seinen freien Willen erproben, denn nur aus Fehlern kann er lernen, was es heißt, mit den Schwächen anderer Menschen seelsorgerlich behutsam und diplomatisch geschickt umzugehen. Jesus wendet hier eine Pädagogik an, die in späteren Jahren immer wieder Früchte tragen wird. In einem späteren Kapitel werden wir den vielleicht folgenreichsten Beispielen für den erfolgreichen Lernprozeß des Petrus begegnen, nämlich seiner souveränen Leitung des „Apostelkonzils" in Jerusalem und seiner Auseinandersetzung mit den Leuten „aus dem Kreis des Jakobus" und mit Paulus in Antiochia.

Petrus war ein Jude seiner Zeit. Auch jetzt müssen wir uns wieder daran erinnern. Und es ist keine Wertung, sondern eine neutrale Feststellung, die für die Jahre in Galiläa ebenso gilt wie für die Zeit in Judäa bis zum Tag der Auferstehung. Schon kurz nach der „Schlüssel"-Szene zeigte sich das unmißverständlich. Im weitverbreiteten, populären Petrus-Bild wird das, was da geschah, oft als Beweis für die Schwäche, ja geradezu für das Versagen des Petrus gesehen. Kaum sprach Jesus von seinem kommenden Leiden in Jerusalem, von seinem Tod und von seiner Auferstehung am dritten Tag, nahm Petrus ihn beiseite und widersprach ihm unter vier Augen: „Das soll Gott verhüten, Herr! Das darf nicht mit dir geschehen!" Was sollte nicht geschehen? Die Auferstehung? Diesen Teil der Vorhersage Jesu hatte Petrus kaum richtig zur Kennnis genommen. Die Auferstehung – sie war doch allen gläubigen Juden verheißen, man wußte das seit Hesekiel 37, seit Jesaja 26,19, seit Daniel 12,2, auch wenn die Sadduzäer, die liberalen Machtverwalter ihrer Zeit, nicht daran glaubten. Aber wie sollte das ein Trost sein, angesichts der ersten beiden Ausagen? Und die zeitliche Festlegung auf den dritten Tag: Mußte man sie trotz des von Jesus betonten „Zeichens des Jona", dem wir oben bereits begegneten, in einer solchen Situation gleich richtig verstehen? Wohl eher nicht, denn was Petrus vor allem wahrnahm, waren die ersten beiden Teile der Vorhersage – die Ankündigung des Leidens und des Todes. Um Petrus gerecht zu werden, müssen wir das im Klima seiner Zeit begreifen. Es gab damals keine Juden, die sich vorstellen konnten, daß der Messias, der Gesalbte Gottes, ein leidender und getöteter Messias sein werde. Bis heute ist kein Dokument aufgetaucht, auch nicht unter den Schriftrollen von

Qumran, das zweifelsfrei von Juden spricht, die einen leidenden, hingerichteten und auferstehenden Messias erwarteten. Juden, später auch Nicht-Juden, die an den gekreuzigten Jesus als Messias/Christus glaubten, taten das nach Ostern. Sie begriffen, daß Jesaja 53, die Prophezeiung vom leidenden Gottesknecht, nicht im Widerspruch stand zu Jesaja 11, jener Messias-Prophezeiung, die einen großen Sieg über alle Gegner vor den Beginn des Friedensreiches stellt. Sie wußten, daß Jesus am Kreuz beide Vorhersagen, die vom siegreichen und die vom leidenden Messias, zusammengefügt hatte, als er den ersten Vers von Psalm 22 zitierte. Denn dieser Psalm endet ja nicht mit dem Ausruf der Verlassenheit („Mein Gott, mein Gott, warum hast du verlassen?"), sondern er beginnt damit. Und da Juden die Psalmen auswendig kannten, wußten sie auch, wie dieser Psalm tatsächlich endete: im messianischen Triumph, im Sieg über die Widersacher. Petrus aber, und die anderen Jünger, konnten sie es schon verstehen und auf den Messias Jesus deuten, noch ehe der Leidensweg Jesu begonnen hatte? Wäre ihr Vertrauen auch in die ihnen noch unverständlichen Worte des Herrn so vollständig gewesen, daß sie aufgehört hätten, selbständig zu denken, dann hätten sie alles einfach abgenickt, wie man in heutigem Bürokratendeutsch sagt. Aber Petrus dachte mit, er dachte als traditionsbewußter und gut ausgebildeter, gläubiger Jude. Und in dem Weltbild, das ihn geprägt hatte, konnte, nein durfte es keinen leidenden und von anderen getöteten Messias geben. Auch Jesus wußte das, und so dürfen wir heute nicht falsch verstehen, was er in scharfer Form seinem Felsenjünger entgegnete.

„Weg mit dir, Satan, geh mir aus den Augen! Du willst mich zu Fall bringen; denn du hast nicht das im Sinn, was Gott will, sondern was die Menschen wollen" (Matthäus 16,23) – wer das so liest, ohne Erklärung, wird es wohl falsch verstehen. Denn selbstverständlich setzt Jesus den Petrus, der eben noch der Fels war, nicht plötzlich mit Satan gleich, und natürlich weist er ihn auch nicht weit von sich weg. Schon beim nächsten wichtigen Ereignis, dem Gang auf den Berg der Verklärung, ist Petrus als erster dabei, gemeinsam mit Jakobus und Johannes. In der Tat sagt Jesus etwas völlig anderes. Man muß allerdings den Wortgebrauch des Matthäus kennen (den hier auch Markus teilt), um nicht den Irrtum der meisten Übersetzungen mitzumachen. „Hypage opísô mou“, sagt Jesus, und das erste Wort, „hypage“, heißt nicht mehr als „sich zurückziehen“, „(langsam aber sicher) weggehen“. Und die beiden anderen gebraucht Matthäus erstmals im 4. Kapitel, bei der Berufung von Petrus und Andreas am See Genezareth: „Kommt her! Mir nach (Deûte opísô mou; Matthäus 4,19)!“ Wem das nicht reicht, der findet diese beiden wesentlichen Worte, „opísô mou“, auch noch im 10. Kapitel, Vers 38: „Und wer nicht sein Kreuz auf sich nimmt und mir nachfolgt (mir nachgeht), ist meiner nicht würdig.“ Kurz, die Zurechtweisung des Petrus kann gar nicht anders verstanden werden, als die Aufforderung zur bedingungslosen Nachfolge: „Hinter mich!“, „Mir nach!“ In der Verbindung mit dem ersten Wort bedeutet das, was Jesus sagt: „Zieh dich zurück (und denke nach über das, was du da eben gesagt hast), und (dann) geh hinter mich (d. h. folge mir nach).“

Wenn das sprachlich so weit eindeutig ist, bleibt noch die Frage, warum Jesus seinen ersten Jünger hier allem Anschein nach als „Satan“ anredet. Petrus selbst dürfte das schon richtig verstanden haben. So wie kurz zuvor Gottes Offenbarung aus ihm gesprochen hatte – Jesus hatte ihm das schließlich so erklärt –, so sprach aus ihm nun die satanische Versuchung. Petrus war in diesem Aufenblick vom Felsen zum „skándalon“ geworden, wörtlich zur „Falle“ oder zum „Fallstrick“ (Matthäus 16,23; Übersetzungen, die hier nur „Ärgernis“ schreiben, verharmlosen die bewußt gesetzte Pointe). Leser des Evangeliums erkannten im übrigen, daß Jesus mit dem Satan selbst auch schon so umgegangen war: „Zieh dich von mir zurück, Satan“, „hypage, Satanâ“, hatte er bei der dritten Versuchung, auf dem hohen Berg, ausgerufen. Da fehlte allerdings noch der zweite Teil der Aufforderung, das „Hinter mich!“, der Aufruf zur Nachfolge. Satan bleibt der Gegner, aber Petrus bleibt der erste Jünger, und so wird er an die Nachfolge erinnert, die er freiwillig gewählt hatte. Schließlich hatte Petrus auch eine Meinung vertreten, die nicht „von Gott“ ist, sondern „von Menschen“. Denn die satanische Versuchung, sich dem Weg zum Kreuz zu entziehen, war das eine; die menschliche Neigung, den geliebten Herrn und Lehrer, den Messias Gottes, nicht leiden sehen zu wollen, war das andere.

Jesus ließ auch nach dieser Begebenheit nichts unversucht, um Petrus und den anderen zu erklären, welcher Messias er war und welchen Weg er gehen mußte. Er wußte, daß es mit ein oder zwei Erläuterungen oder Appellen nicht getan war. Zu tief war es in diesen Juden verwurzelt, daß der Messias nicht leiden durfte. Dem Petrus aber ist zuzugestehen, daß er auch in seinem Fehlurteil den Mut zu seiner Meinung hatte. Er sprach es aus, er bekannte sich zu seiner Tradition und versuchte sogar, Jesus zurechtzuweisen. Er war eben doch nicht der schwankende, wankelmütige Jünger, sondern der konsequente, der etwas riskierte. Und sein Motiv war die uneingeschränkte, man darf durchaus sagen die bedingungslose Liebe zu Jesus. Schon für die ersten Leser des Evangelienberichts hatte Petrus auch darin die Funktion eines Vorbilds. Die Gefährdung durch satanische Einflüsse ist stets gegenwärtig, auch heute noch, zweitausend Jahre nach dem ersten Ostern. Petrus erlag ihr nicht, weil er ein dummer Fischer oder ein machtbesessener Kirchenfels gewesen wäre, sondern weil er, wohl wissend, welchen Messias die Juden erwarteten, seinen Herrn liebte. Diese Liebe wies Jesus nicht zurück. Er korrigierte den Irrweg und zeigte ihm wie allen Christen seitdem, daß die wahre Nachfolge darin besteht, dicht hinter Jesus zu gehen, ohne sich von den Einflüsterungen des Zeitgeistes ablenken zu lassen.

Die Normalität der Wunder

Petrus sieht und handelt

Schon wenige Tage später wird Petrus Zeuge des dritten großen Ereignisses in Galiläa, der Verklärung Jesu auf einem hohen Berg. Wo genau das war, wird in keinem der Evangelien gesagt. Eine späte byzantinische Tradition verband das Geschehen mit dem Berg Tabor rund 20 km südwestlich des Sees Genezareth, aber dafür sprach nie viel mehr als die altbekannte Tatsache archäologischer Funde, die zeigen, daß dort schon immer Kulte lokalisiert waren, auch außerjüdische und antijüdische (vgl. auch Jeremia 46,18; Richter 4 f.). So hatte es sich angeboten, den ungenannten Ort hierher zu verlegen; damit ließ sich indirekt demonstrieren, daß die großartig-unheimliche Szene um Jesus, Mose und Elija nicht zuletzt eine Ablösung und Umwertung aller bisherigen Verehrungsformen war. Die tatsächliche Lokalisation kennen wir nicht. Noch der Kirchenhistoriker Euseb schwankte zwischen diesem Tabor und dem Hermon, der erheblich näher an dem Gebiet liegt, in dem sich Jesus und die Jünger zu dieser Zeit aufhielten. Die große Unsicherheit ist auch daran abzulesen, daß der gebildete, namentlich nicht genannte „Pilger von Bordeaux" um 333 n. Chr. sogar den Ölberg für den hohen Berg der Verklärung hielt. Erst um 350 setzte sich nach den Voten des Cyrill von Jerusalem, des Epiphanias und schließlich des Hieronymus der Tabor durch, und es wurde eine erste, aus drei Kapellen (je eine für Jesus, Mose und Elija) zusammengesetzte Großkirche gebaut.

Wie wenig es auf den genauen Ort ankam, zeigt auch eine Schrift des Neuen Testaments, die nicht lange nach den drei synoptischen Evangelien des Markus, Matthäus und Lukas entstand, der zweite Brief des Petrus. Nur in diesem Sendschreiben wird außerhalb der Evangelien auf die Verklärung Bezug genommen. Doch auch hier wird auf eine eindeutige Ortsangabe verzichtet. Petrus, der Augenzeuge, faßt das Geschehen knapp zusammen und schreibt dann über die Stimme Gottes: „Diese

Stimme, die vom Himmel kam, haben wir gehört, als wir mit ihm auf dem heiligen Berg waren" (2 Petrus 1,18). Auch im griechischen Original steht der bestimmte Artikel: „der heilige Berg", nicht irgendein Berg also. Aus dem noch unbestimmten Artikel der Evangelien wird nun, in der Reflexion eines der Beteiligten, die Zuspitzung. Durch das Ereignis der Verklärung wird ein hoher Berg in Galiläa zu „dem heiligen" Berg. Hätte er jetzt „Hermon" geschrieben, oder vielleicht auch „Tabor", dann wäre verlorengegangen, worum es eigentlich ging. Nicht um eine alte Kultstätte ging es, sondern um das Ereignis, das dort stattfand. Es soll nicht zur Verehrung eines Pilgerortes eingeladen werden, sondern zum Verständnis eines ganz einzigartigen Geschehens.

Jesus hatte die Gruppe der drei, Petrus allen voran, selbst ausgewählt. Er wußte, was geschehen würde, und zwar eigentlich nicht ganz das, was uns die deutschen Übersetzer nahelegen. Was soll „Verklärung" eigentlich heißen? Umgangssprachlich wird ein heutiger Leser vielleicht an Fernsehbilder von Menschen denken, die mit verklärten Gesichtern und in stiller Begeisterung den Songs eines Bob Dylan zuhören, am besten noch mit Kerzen in der Hand. Das griechische Wort und die alte lateinische Übersetzung sagen uns aber, was Petrus beobachtete, und nicht was er empfand - nicht eine solche Verklärung, bei Jesus oder bei sich selbst, sondern eine Veränderung, eine „transfiguratio". Zwei Veränderungen werden von Petrus beobachtet: eine Verwandlung seiner Kleidung, die „blendend weiß wie das Licht" wurde. Und Markus präzisiert noch die übernatürliche Art des Wunders: die Kleider wurden „so weiß, wie sie auf Erden kein Bleicher machen kann" (Markus 9,3). Matthäus und Lukas erwähnen ein weiteres Detail: Auch das Gesicht Jesu veränderte sich und „leuchtete wie die Sonne" (Lukas sagt in 9,29 nur ganz allgemein, daß sich das Aussehen seines Gesichts veränderte). Petrus, Jakobus, Johannes und die ersten Leser der Berichte dachten da natürlich an Mose, der auf dem hohen Berg Sinai die Tafeln der Zehn Gebote erhalten hatte und der „nicht wußte, daß die Haut seines Gesichtes ausstrahlte, weil er mit dem Herrn geredet hatte" (Exodus 34,29).

Betrachten wir die Szene aus der Sicht des Petrus, dann können wir sagen: Nicht was da geschah, war ein Wunder, sondern daß es überhaupt geschah. Wenn schon eine solche an den Sinai erinnernde Handlung stattfand, dann gehörten zu diesem Zeitpunkt der Vorläufer Mose, der den Präzedenzfall geliefert hatte, und der als messianischer Bote – wie wir schon früher sahen – unverzichtbare Elija durchaus dazu. Es war daher völlig stimmig, wie Petrus reagierte. Sein Plan, drei Hütten zu bauen, eine für Jesus, eine für Mose und eine für Elija, war keine naive Spontanreaktion, sondern der logische Vorschlag eines bibelfesten Juden. Noch einmal: Neu, ohne Parallele, war die Zuspitzung auf Jesus. Nie zuvor hatte im Judentum ein Zusammentreffen von Mose und Elija zu Ehren eines anderen Juden stattgefunden. Es war ein zeitliches, symbolisches und zugleich wirkliches, von Augenzeugen beobachtetes Wunder, dessen Elemente sich einer rationalen Erklärung entzogen. Aber kein Jude brauchte eine rationale Erklärung. Die Elemente, aus denen das Wunder bestand, konnte er verstehen, und daß es hier, vor seinen Augen geschah, selbst wenn er manches nur wie im Halbschlaf mitbekam (so jedenfalls Lukas 9,32 – daß er und die anderen „eingeschlafen" waren, ist eine Fehlübersetzung), das überstieg nicht die Vorstellungskraft, sondern erfüllte sie. Und so ist denn der Vorschlag des Petrus eine praktische Konsequenz. Deshalb dürfen wir auch nicht mißverstehen, was nur Markus und Lukas hinzufügen, daß nämlich Petrus nicht wußte, was er sagte, weil er und die anderen zwei, wie Markus erläutert, sich sehr fürchteten. Gemeint ist zweifellos dies: Petrus konnte die ganze Tragweite seiner Äußerung nicht abschätzen, kam sie doch aus der angemessenen Haltung der Ehr-Furcht vor dem Auftreten des Heiligen in ihrer Mitte, was die Ebene der nur logischen, verstandesgemäßen Begründbarkeit übersteigt. Wer verstehen will, was gemeint ist, braucht nur im Hebräerbrief zu lesen, wie dort mit den gleichen Worten die Ehr-Furcht des Mose bei der Erscheinung Gottes beschrieben wird (Hebräer 12,51 zu Deuteronomium 9,19).

Petrus wünscht sich, daß der Moment nicht gleich wieder vorübergeht. Drei Hütten, auch wenn sie schnell gebaut waren –

und wie das ging, wußte jeder Jude dank der langjährigen Erfahrung der Laubhüttenfeste –, würden zum Bleiben einladen. Petrus spricht hier als der Dienende. Er will es nur tun, wenn Jesus einverstanden ist. Für sich und die anderen beiden Jünger will er keine Hütten bauen. Er beobachtet, und wir müssen auch genau festhalten, daß weder er noch Johannes und Jakobus von der „leuchtenden Wolke" umhüllt werden, die in diesem Augenblick herabkommt: Er hört die Stimme aus der Wolke, nicht in der Wolke. „Das ist mein geliebter Sohn, an dem ich Gefallen gefunden habe; auf ihn sollt ihr hören." Das sind Worte, die Petrus zuvor noch nicht als Zeuge gehört hatte. Bei der Taufe Jesu war er nicht dabei gewesen, und, so weit uns die Texte Auskunft geben, auch Jakobus und Johannes nicht, sondern nur Andreas, der aber hier auf dem Berg fehlte. Es ist kaum anzunehmen, daß Andreas das für sich behalten hatte. Sein Bruder Petrus wußte also davon, und als Kenner der Torah wird er sofort an Jesaja 42,1 gedacht haben: „Seht, das ist mein Knecht, den ich stütze, das ist mein Erwählter, an ihm finde ich Gefallen." Und da Mose an dem Ereignis auf dem Berg beteiligt war, kann der Gedanke an dessen eigene Prophezeiung auch nicht fern gewesen sein. „Einen Propheten wie mich wird dir der Herr, dein Gott, aus deiner Mitte, unter deinen Brüdern, erstehen lassen. Auf ihn sollt ihr hören" (Deuteronomium 18,15). „Auf ihn sollt ihr hören": das ist wortwörtlich das Gleiche. Erneut ist die Reaktion des Petrus und der beiden anderen nicht naiv, sondern angemessen. Aus Ehr-Furcht fallen sie, wie schon im Boot auf dem See Genezareth, zu Boden, und wie auf dem See sagt ihnen Jesus, daß sie sich nicht zu fürchten brauchen. Hier auf dem hohen, heiliggewordenen Berg, ist das im Vergleich mit dem früheren Ereignis noch einmal gesteigert. Und so mußte es sein, denn Jesus war nun durch Gottes Stimme und die Bezeugung des Mose und des Elija als der wahre Messias und der tatsächliche Gottessohn bestätigt, nicht mehr nur, wie bislang, aus der Vollmacht eigener Wunder oder durch das Bekenntnis des Petrus.

Noch haben Petrus und die anderen nicht alle Fäden in der Hand; noch muß ihnen Jesus auf dem Weg zurück zu den anderen manches erklären, und er muß sie auch noch einmal daran erinnern, das Geheimnis solcher Vorgänge im Jüngerkreis zu bewahren. „Bis nach der Auferstehung von den Toten“ heißt es. Und für Petrus war es das entscheidende Ereignis aus der Zeit vor der Auferstehung. Gottes eigene Stimme hatte ihm bestätigt, daß er sich trotz des satanisch beeinflußten Zwischenspiels in Jesus nicht getäuscht hatte. Zu den vielen Indizien für die Echtheit des 2. Petrusbriefs, auf die wir noch näher eingehen werden, gehört es denn auch, daß er gerade dieses und in der Tat nur dieses Ereignis wählt, um seinen Lesern glaubhaft zu machen, daß er ein Zeit- und Augenzeuge Jesu war, der seine Herrlichkeit selbst gesehen hatte. Petrus hatte Gottes „majestätische Herrlichkeit“ erlebt, eine Herrlichkeit, die auf Jesus überging (2. Petrus 1,17). Der zweite Petrusbrief gibt gleich anschließend eine Verstehenshilfe: „Dadurch ist das Wort der Propheten für uns noch sicherer gewordem, und ihr tut gut daran, es zu beachten; denn es ist ein Licht, das an einem finsteren Ort scheint, bis der Tag anbricht und der Morgenstern aufgeht in euren Herzen.“ Man muß da nicht gleich an das Licht Gottes im Dunkeln denken, von dem schon Hiob 29,3 sprach, oder an den Morgenstern aus der messianischen Prophezeiung in Numeri 24,17. Jüdischen Lesern und solchen, die mit der Heiligen Schrift der Juden vertraut waren, standen solche Assoziationen jedenfalls sofort zur Verfügung.

Der Kreis schließt sich, wenn wir uns das Wort für den „Morgenstern“ etwas genauer ansehen. Im 2. Petrusbrief steht griechisch „phôsphóros“, ein Begriff, dem wir unseren „Phosphor“ verdanken. Und obwohl der Gedanke auch in der Offenbarung des Johannes bestätigt wird (22,16), verwendet es nur Petrus im Neuen Testament. Und seine Leser im griechisch geprägten Nordwesten Kleinasiens kannten es gut, denn es war auch ein Beiname der Göttin Aphrodite (römisch Venus) und kam in den dionysischen Mysterien vor. Das war die reale Welt vielfältiger kultischer Herausforderungen, in der Juden und Jesusanhänger lebten. Dem im griechisch geprägten Betsaida aufgewachsenen Petrus, der vor einem Heiligtum des Gottes Pan erklärte, daß Jesus der Sohn des lebendigen Gottes ist, war das ebensowenig fremd wie seinen Lesern. Wir müssen uns von der Vorstellung mancher Interpreten verabschieden, daß diese Menschen in einem kulturellen und religiösen Vakuum lebten und vor lauter Ungebildetheit nichts von dem mitbekamen, was um sie herum geschah. Selbstverständlich wußte Petrus, daß seine Erlebnisse in Caesarea Philippi und auf dem heiligen Berg keine ausschließlich innerjüdischen Besonderheiten waren. Sie standen von Anfang an mitten in einer multireligiösen Landschaft, als Herausforderung und Angebot. Der zweite Petrusbrief zieht daraus die Konsequenzen. Sein Autor erklärt, daß er begriffen hat, worum es geht, und daß er es, in der vollen Verantwortung des Felsens, der er ist, seinen Lesern weitergibt.

Nach diesen Höhepunkten, zwischen denen wir noch eine Rede Jesu über die wahre Nachfolge lesen, erleben wir plötzlich das Hereinbrechen des Bedrohlichen, Dämonischen. Nicht zum ersten Mal: Schon bei der Heilung des besessenen Geraseners war die Realität unreiner Geister von allen miterlebt worden. Da allerdings handelte allein Jesus. Die Jünger waren dabei, blieben aber stumme Zeugen. Sie hatten bis zu diesem Zeitpunkt viele Heilungswunder Jesu miterlebt. Halten wir uns allein an Markus, dann war bereits eine erstaunliche Liste zusammengekommen: Die Heilung des Besessenen in der Synagoge von Kapernaum, die Heilung der Schwiegermutter des Petrus, von der wir im ersten Kapitel lasen, die Heilung weiterer Kranker und Besessener im gleichen Ort, die Heilung eines Aussätzigen, die Heilung eines Gelähmten und, am Sabbat, die eines Mannes mit gelähmter Hand, weitere Krankenheilungen und Dämonenaustreibungen unter größeren Menschenmengen, die von weither an den See Genezareth gekommen waren, und schließlich die Stillung des Sturms. Nicht nur die Zahl, auch die Vielfalt dieser Wunder war völlig ohne Parallele im Judentum. Und es fällt auf, daß die Krankheitsfälle mit unreinen Geistern, mit Dämonen und satanischen Mächten an der Spitze stehen.

Das alles erlebten Petrus und die anderen mit. Und nun etwas ganz anderes, der angsteinflößende Auftritt des besessenen Geraseners. Jesus muß gemerkt haben, daß er allein mit dem Andrang der Besessenen, die von ihm geheilt werden wollten, kaum noch fertig wurde: Er „zog sich mit seinen Jüngern an den See zurück“, heißt es (Markus 3,7), doch auch das nützte nichts. Schon kamen die Menschen nicht nur aus Galiläa, sondern auch aus Judäa und Idumäa, aus dem Gebiet jenseits des Jordans und aus der Gegend von Tyros und Sidon. In dieser Situation ergriff Jesus eine einschneidende Maßnahme: Er sandte seine Jünger in Zweiergruppen aus und gab ihnen „die Vollmacht, die unreinen Geister auszutreiben.“ Und es gelang: Die Jünger „trieben viele Dämonen“ aus und konnten nun auch selbst Krankenheilungen vornehmen (Markus 6,13).

Das ist der Hintergrund der ersten neuen Begegnung mit einem Dämon, die sich nur wenige Stunden nach der Verklärung Jesu abspielt. Erinnern wir uns: Petrus hatte sich gerade noch auf dem Berg von seiner spontanen, selbstbewußten Seite gezeigt, hatte Hütten für Jesus, Mose und Elija bauen wollen, hatte begriffen, daß da etwas Entscheidendes geschehen war, und war von diesem Erlebnis so sehr geprägt, daß er es noch in seinem zweiten Brief als den einzigen Beleg dafür nennt, daß er ein Augenzeuge der Taten Jesu war. Er, Jakobus und Johannes, die mit auf dem Berg waren, wußten nun mit letzter Sicherheit, daß Jesus der Sohn Gottes war. Aber auch die anderen, die unten geblieben waren, wußten aus eigener Erfahrung, daß er der Messias war und ihnen von seiner Heilungsmacht abgegeben hatte, und sie vertrauten darauf, daß sie diese Kraft im Bedarfsfall einfach nur abzurufen brauchten. Doch jetzt, in dieser neuen Situation, scheiterten sie. Sie hatten nicht die Kraft, einen besessenen Jungen zu heilen. Was war geschehen? Während die drei Jünger des engeren Kreises mit Jesus auf dem Berg waren, hatte der Vater eines Kindes die anderen Jünger um die Austreibung eines stummen Geistes gebeten, der seinen Sohn zu Boden warf und ihn quälte, bis er Schaum vor dem Mund hatte, mit den Zähnen knirschte und starr wurde (Markus 9,17–18). Der gesamte Vorfall und das Versagen der Jünger hatte eine große Menschenmenge angezogen, darunter Schriftgelehrte, die nun mit den Jüngern über den Problemfall stritten. Nun hätte Petrus seine Chance ergreifen können: Gestärkt von dem Erlebnis auf dem Berg der Verklärung, im Bewußtsein seiner Vollmacht, Dämonen auszutreiben, hätte er sich in der Tat als erster der Jünger erwiesen, wenn ihm gelungen wäre, woran die anderen scheiterten. Auch die beiden Brüder Johannes und Jakobus hätten eingreifen können. Doch keiner der drei unternahm etwas, auch Petrus nicht. Sie hatten begriffen, daß ihnen allen etwas fehlte. Was aber war es?

Das Schweigen des Petrus ist in dieser Situation beredter als viele Worte. Er hört und will lernen. Jesus greift ein. Kaum ist der Junge zu ihm gebracht, kommt es zu einem neuen Anfall: „Sobald der Geist Jesus sah, zerrte er den Jungen hin und her, so daß er hinfiel und sich mit Schaum vor dem Mund auf dem Boden wälzte." Es stellt sich im Gespräch mit dem Vater heraus, daß der Junge nicht von Geburt an besessen ist, aber seit der frühen Kindheit, und daß es hier auf einen Kampf um Leben und Tod hinausläuft – oft hat der Geist das Kind ins Feuer oder ins Wasser geworfen, „um ihn umzubringen". Jesus heilt den Jungen, und noch im Verlauf der Dämonenaustreibung bestätigt sich, daß es ein Kampf der Mächte ist, der bis an die Grenze des Todes führt. Das hatte Petrus in der Tat noch nicht erlebt, er und die anderen hatten diese Kraft noch nicht, auch bis in eine solche Grenzsituation vorzustoßen. „Als Jesus sah, daß die Leute zusammenliefen, drohte er dem unreinen Geist und sagte: ‚Ich befehle dir, du stummer und tauber Geist: Verlaß ihn, und kehr nicht mehr in ihn zurück!' Da zerrte der Geist den Jungen hin und her und verließ ihn mit lautem Geschrei. Der Junge lag da wie tot, so daß alle Leute sagten: ‚Er ist gestorben.' Jesus aber faßte ihn an der Hand und richtete ihn auf, und der Junge erhob sich."

Es wäre dies nur ein weiteres der Dämonenwunder Jesu, und der Lernprozeß des Petrus käme nicht weiter in den Blick, wenn die Geschichte hier endete. Aber es kommt ein Nachsatz. Und der hat weitreichende Auswirkungen, bis in unsere unmittelbare Gegenwart hinein. Nun wieder allein, offenbar im Petrus-Haus in Kapernaum, fragen die Jünger Jesus: „Warum konnten wir denn den Dämon nicht austreiben?" Und Jesus bestätigt, daß der Dämon, der den Knaben besessen hatte, zu einer anderen Kategorie gehörte als die unreinen Geister, mit denen zuvor auch die Jünger fertig geworden waren: „Er antwortete ihnen: ‚Diese Art kann nur durch Gebet und Fasten ausgetrieben werden.'" Einer Welt, die heute von Dämonen und bösen Geistern als Teil der Wirklichkeit nichts mehr wissen will, selbst nicht aus christlicher Erfahrung, ist die ganze Geschichte von vornherein unangenehm. Man sucht bestenfalls nach medizinischen oder psychologischen Erklärungen oder verweist auf das angeblich so andersartige Weltbild der damaligen Menschen, als seien damit das Handeln Jesu und die Reaktionen der Menschen bereits ausreichend erklärt. Aber wir nehmen solche Texte „trotz" ihrer Fremdheit für viele heutige Leser als tatsächliche Berichte ernst und erinnern uns wieder daran, daß die wichtigste Quelle des Markus, des ersten der vier Evangelisten, kein anderer war als der Augenzeuge Petrus. Die Geschichte vom besessenen Jungen jedenfalls läßt keinen Zweifel daran: Hier geht es um eine ganzheitliche Erfahrung. Der Körper war ergriffen, nicht nur Verstand und Seele. Taub und stumm ist der Junge, unfähig, selbst um Heilung zu bitten. Gegen diese ganzheitliche Besessenheit von Geist und Körper geht Jesus mit gleichen Mitteln vor. Er weiß sich bereit und, anders als die Jünger, die doch von ihm im Prinzip die gleiche Heilungsmacht erhalten hatten, auch fähig, diesen Dämon auszutreiben, weil er gefastet hatte – offenbar bereits in Vorbereitung auf das Ereignis der Verklärung, wenige Stunden zuvor. Dies jedenfalls ist die Pointe: Nicht mehr Beten allein reicht aus, um die Kraft für solche Handlungen zu gewinnen. Und vor allem: Die Heilung von Kranken und Besessenen ist nicht, wie die Jünger bis dahin wohl noch glaubten, etwas, das man bei Bedarf bedienen kann wie einen Lichtschalter. Geist und Körper müssen bereit sein, und dies um so mehr, wenn Geist und Körper bedroht sind. So ist also das Fasten die eigentliche Pointe dieser Geschichte. Beten allein reicht nicht; Beten und Fasten in einer Ganzheit, darauf kommt es an. Und wir werden noch sehen, wie wichtig diese Lehre für Petrus wurde.

Eigenartigerweise ist das Fasten aus dem Haupttext der Standardausgaben des griechischen Neuen Testaments (Nestle-Aland; United Bible Societies) verschwunden. Dort fristet es noch ein Schattendasein im textkritischen Apparat, und bis auf wenige Ausnahmen haben sich neuere Übersetzungen – darunter auch die „Einheitsübersetzung“ – der Vorgabe der Herausgeber des griechischen Texts angeschlossen. In seinem für die United Bible Societies verfaßten Kommentarband zum griechischen Text schreibt Bruce M. Metzger, die Worte „und durch Fasten“ seien erst später in den Text der meisten Handschriften des Markus-Evangeliums eingefügt worden, da man in der frühen Kirche die Notwendigkeit des Fastens zunehmend betont habe. Für diese These gibt es allerdings keinen einzigen Beleg. Und nach den Regeln der Logik könnte man mühelos auch umgekehrt argumentieren: Das Fasten stand im Originaltext und in den ältesten Handschriften, es wurde erst später aus einigen Handschriften herausgenommen, um das zunehmende Fasten in der frühen Kirche nicht noch zusätzlich zu motivieren. Es liegt auf der Hand: Selbst wenn die frühe Kirche das Fasten zunehmend betont hätte – was so pauschal noch nicht einmal zutrifft –, folgt daraus nicht, daß sie diese Wörter dann bedürfnisgemäß in den Text einfügte. Eher ist es dann schon umgekehrt: Erst durch das Vorhandensein dieser Wörter könnten sich viele in der Kirche zu zusätzlichem, regelmäßigem Fasten motiviert gefühlt haben. Und tatsächlich bestätigen voneinander unabhängige Papyrushandschriften, daß „und durch Fasten“ (griechisch „kai nêsteia“) von Anfang an im Text stand. Wie und warum die beiden griechischen Wörter aus dem Evangelium herausfielen, kann man rein vom Text her wohl nicht mehr mit letzter Sicherheit klären. Da nur sehr wenige Handschriften diese Auslassung haben, kann man einen Schreiberirrtum annehmen, der dann von Handschrift zu Handschrift weitergegeben wurde.

Der Ablauf ist jedenfalls gut nachvollziehbar: Die Bedeutung des Gebets, und zwar nicht nur beim Heilenden, sondern durchaus auch bei denen, die Heilung wünschen – den Kranken, ihren Angehörigen und Freunden – sowie auch die Bedeutung des betenden Lobpreises wird in den Evangelien immer wieder betont. Es ist, mitunter unausgesprochen, eine Voraussetzung aller Heilungswunder. Hätte Jesus in Markus 9,29 also nicht mehr gesagt als: „Diese Art kann nur durch Gebet ausgetrieben werden“, dann hätten sich die Jünger und die ersten Leser des Evangeliums zu Recht gefragt: „Das soll alles sein? Wir beten doch ständig. Daran, daß wir nicht gebetet hätten, kann es nun wirklich nicht gelegen haben.“ Mit anderen Worten, ohne das „Fasten“ verliert die ganze Geschichte ihre Aussage, ihre Pointe. Fasten heißt hier ja nicht unbedingt das absolute Fasten, wie Jesus es zum Beispiel vierzig Tage lang in der Wüste praktizierte (Markus 1,12–13); Fasten hatte viele Formen, auch die der kurzzeitigen Vorbereitung auf das besonders intensive Gebet. Und die Kritik Jesu am Fasten beschränkte sich auf die öffentliche „Show“, auf das angeberische und damit auch heuchlerischere Fasten, das alle sehen sollten. Gerade da, wo er diese Form des Fastens am schärfsten kritisiert (Matthäus 6,16–18), empfiehlt er geradezu das richtige Fasten als etwas Selbstverständliches. Eingeschränkt wird das nur in der unmittelbaren Gegenwart Jesu (Markus 2,18–20); aber diese Einschränkung gilt zweifellos nicht für die Heilung des taubstummen Jungen – denn gerade da war Jesus ursprünglich nicht anwesend.

Und noch etwas kommt hier hinzu: Diese eine frühere Szene, in der Jesus das Fasten zu untersagen scheint, also Markus 2,18–20 (mit den Parallelen in Matthäus 9,14–15 und Lukas 5,33–38) steht in einem gewissen Zusammenhang. Wir lesen da, daß einigen Beobachtern aufgefallen war, wie zwar die Jünger Johannes des Täufers und die Pharisäer fasteten, nicht aber die Jünger Jesu. Es fiel auf – aber warum konnte es auffallen? Doch nur, weil die anderen eben sichtbar fasteten. Und gerade gegen dieses allzuhäufig ins Rituelle abgeglittene, öffentliche Fasten wandte sich Jesus – nicht gegen das Fasten an sich. Die sichtbare Gemeinschaft mit ihm, so sagte er (Markus 2,19), sei wie das Zusammensein mit dem Bräutigam beim Hochzeitsfest. Da fastet man nun wirklich nicht in seiner Gegenwart vor anderen. Das verborgene Fasten allerdings, das Fasten zur Vorbereitung, das lehnte er nicht ab. Und als frommer Jude hatte er wohl gegen das allgemeine Fasten an den Hochfesten des Judentums, das öffentlich als Zeichen der Reue geschah, wenig einzuwenden.

Und mehr noch: Es gibt Stellen, an denen Beten und Fasten unmittelbar miteinander verbunden sind, ohne daß Textforscher Einspruch erhoben hätten: Lukas 2,37 beispielsweise berichtet von der Witwe Hanna, die Gott jeden Tag im Tempel diente „mit Fasten und Beten". Apostelgeschichte 13,2–3 erzählt von der Gemeinde in Antiochia, die Barnabas und Paulus aussendet. Alle bereiten sich vor: „Da fasteten und beteten sie, legten ihnen die Hände auf und ließen sie ziehen." Paulus und Barnabas selbst hielten es nicht anders: Größere Aufgaben verlangen nach der Verbindung von Beten und Fasten. „In jeder Gemeinde bestellten sie durch Handauflegung Älteste und empfahlen sie mit Gebet und Fasten dem Herrn, an den sie nun glaubten" (Apostelgeschichte 14,23).

Und Petrus? So, wie uns bereits aufgefallen ist, daß er sich nicht vordrängte, wie man es sonst wohl von ihm erwartet hätte, als die anderen nichts zuwege brachten, sondern schwieg und zusah, was Jesus tat, so fällt uns auf, daß er auch später auf dieses Thema nicht zurückzukommen scheint. Erinnern wir uns auch hier: Das unmittelbar voraufgehende Ereignis auf dem Berg der Verklärung war ihm so wichtig, daß er es in seinem zweiten Brief ausdrücklich hervorgehoben hat. Doch vom Fasten und Beten ist auf den ersten Blick weder im ersten noch im zweiten Brief noch anderswo etwas zu lesen. Dann allerdings sehen wir 1. Petrus 4,7. In der „Einheitsübersetzung" lautet der Satz so: „Das Ende aller Dinge ist nahe. Seid also besonnen und nüchtern, und betet." Der griechische Text sagt: „Seid also besonnen und nüchtern zum Gebet." Wir verstehen das meist als Aufforderung, klaren Kopf zu behalten, so wie auch wir heute sagen, man habe etwas „nüchtern betrachtet". Doch das griechische Wort, das hier steht, „nêphein", bezeichnete durchaus auch das Fasten in einem konkreten Sinn, den das heutige Wort „nüchtern" auch noch beinhaltet: Abstinenz von Wein – wir würden heute ergänzen: von Alkohol insgesamt. So geht hier Petrus also sogar noch einen Schritt über das hinaus, was er bei Jesus miterlebt hatte. Das Fasten als Begleitung und Voraussetzung zum Gebet wird in der Stelle Markus 9,29 mit dem griechischen Wort „nêsteia" gekennzeichnet, und das meinte in der

Regel den Verzicht auf Essen. Man kann natürlich auch hier den Verzicht auf Wein mitdenken, aber für den gab es, wie wir gerade sahen, ein eigenes Wort. Mit anderen Worten: Wenn Petrus seinen Lesern empfiehlt, sich vorzubereiten auf das jederzeit mögliche Kommen Jesu – und diese Empfehlung gilt heute nicht weniger als damals –, dann ist für ihn selbstverständlich, daß zum Gebet jene Nüchternheit gehört, die uns Ärzte in den Stunden vor einer wichtigem Termin abverlangen: „Bitte bleiben Sie vor der Untersuchung nüchtern – essen und trinken Sie nichts". Natürlich denkt Petrus hier ebensowenig wie Jesus an einen Dauerzustand. Es geht um die Bereitschaft, geistig und körperlich nüchtern zu sein, wenn es darauf ankommt. Und in gewisser Weise schließt sich da dann doch noch ein Kreis zu den Phärisäern. In ihrer Frömmigkeit hatten sie zur Zeit Jesu beschlossen, zweimal wöchentlich zu fasten, Dienstags und Donnerstags (vgl. Lukas 18,12! Ältere Übersetzungen von Apostelgeschichte 10,30 vermerken noch das Fasten des römischen, gleichwohl „gottesfürchtigen" Hauptmanns Cornelius, das auch in dem ältesten Beleg für die Passage, einem Payrus aus dem 3. Jahrhundert, enthalten ist. Der „Einheitsübersetzung" ist das nicht einmal eine Fußnote wert). Hätten sie es privat getan, hinter verschlossenen Türen, und nicht als öffentliches Spektakel, dann hätten wohl Jesus und Petrus ebenso zugestimmt wie später Paulus, der als Sha'ul ein stolzer Pharisäer war und sich auch als Christ noch dazu bekannte, weiterhin Pharisäer zu sein (Apostelgeschichte 23,6). Petrus jedenfalls geht aus der Heilung des dämonenbesessenen Jungen, die er ganz uncharakteristisch als stummer Zuschauer miterlebte, zweifellos für künftige Aufgaben gestärkt hervor. Und Spuren davon werden wir in den Fragen und Kontroversen schon auf dem Weg nach Jerusalem wiedererkennen.

Wir sind mit diesen Begebenheiten an einem Einschnitt angelangt. Was nun folgt, ist ein zweiter Teil auch im Leben des Petrus – denn die folgenden Jahre umfassen in etwa den Zeitraum, den wir bis hierher seit seiner Geburt und in der ersten Zeit mit Jesus mitverfolgten. Die nächsten Geschehnisse, vor allem in Jerusalem, dann wieder in Galiläa, und schließlich auf den Reisen, die ihn über Joppe und Caesarea nach Korinth, Antiochia, Rom, Jerusalem und noch einmal nach Rom führten, wo er unter Nero hingerichtet wurde, prägten die Vorstellungskraft der frühen Kirche und ihrer Interpreten, die Kunstgeschichte, Romane und Fernsehfilme weit mehr als die frühe Zeit in Galiläa. Der spätere Petrus hat im wahrsten Sinn des Wortes Geschichte gemacht. Er, der im Hof des Hohenpriesters den Hahn hörte, in dessen Begleitung ihn noch die ältesten erhaltenen christlichen Kunstwerke darstellen, der von Jesus wieder eingesetzte Hirte, der erste Leiter der Jerusalemer Urgemeinde, der erste Missionar unter Juden und Römern, der Lehrer des Paulus, der erste Apostel, der in Rom wirkte und dessen Grab dort bis heute zu sehen ist: Dieser Petrus ist als wirklicher Mensch einer wirklichen historischen Epoche nur zu verstehen, wenn wir den Juden aus Betsaida und Kapernaum ernst nehmen.

Jerusalem

Widerstand und Erkenntnis

Schon vor dem letzten Weg mit Jesus nach Jerusalem – und wenn wir die Berichte der vier Evangelien zusammennehmen, war die letzte gemeinsame Reise die dritte – ist die Position des Petrus im Jüngerkreis unumstritten. Darüber sind sich die erhaltenen Quellen einig. Er steht nicht nur in allen Jüngerlisten an erster Stelle: Markus 3,13–19; Matthäus 10,1–4; Lukas 6,12–16. Er ist darüber hinaus der Repräsentant der Jünger oder ihr Vertreter, und er ist derjenige, der antwortet, wenn alle gefragt werden: z. B. Markus 8,29; 9,5, Matthäus 8,29; 4,27–28; 15,15; 18,21, Lukas 12,41, Johannes 6,67–68. Immer dann, wenn Jesus aus dem Zwölferkreis eine kleinere Gruppe auswählt, ist Petrus nicht nur stets dabei, sondern wird auch immer an erster Stelle genannt: Markus 1,36; 5,37; 9,2–5 (mit den Parallelen in den anderen Evangelien). Das wird bruchlos in Jerusalem fortgesetzt: Markus 13,3; 14,33, Lukas 9,32; 22,8–13 und Parallelen. Bei allen Vollmachten, die Jesus der Gesamtheit seiner Jünger gibt, bleiben einige Funktionen nur ihm vorbehalten. Unter ihnen ragt die irdische „Schlüsselgewalt" schon ohne den Blick auf die spätere Kirchengeschichte heraus. Sie hebt Petrus hervor, und sie war auch für ihn und die ersten Leser der Evangelien bereits innerhalb des jüdischen Denkens als Kontrast zum Verhalten der Schriftgelehrten und Pharisäer zu verstehen, denen Jesu vorwarf, das Himmelreich vor den Menschen zuzuschließen (Matthäus 23,13), während Petrus es im Sinne der Prophezeiung bei Jesaja 22,22 zuerst einmal öffnen sollte. Petrus ist also nicht nur der Erste unter den Jüngern, sondern er ist bereits in der galiläischen Zeit als der lebende Kontrast zu den Pharisäern beschrieben: Da wo diese innerhalb des Judentums, dem auch Jesus und Petrus selber angehörten, dem Willen Gottes nicht folgten, ist Petrus eingesetzt.

Viele Interpreten geben sich überzeugt, daß all dies erst lange nach Ostern auf Petrus übertragen wurde, um ihn rückwirkend, also nach dem Antritt seines unbestrittenen Leiteramts in der ersten Phase der Urkirche, schon von Anfang an zur Führungspersönlichkeit hochzustilisieren. Das würde jedoch nicht nur einen von den Evangelisten einstimmig praktizierten Verfälschungsmechanismus voraussetzen, für den es keine Begründung gibt. Es würde auch eine gänzlich unrealistische Ignoranz bedingen. Denn selbst beim frühestmöglichen Datum für die Abfassung der Evangelien (und ohne das an dieser Stelle zu vertiefen, seien die in jüngerer Zeit von verschiedenen Forschern ernsthaft vorgeschlagenen frühesten Daten genannt: Markus 40 n. Chr.; Matthäus 42 n. Chr., Lukas 54 n. Chr., Johannes 65 n. Chr.) ist kaum zu bestreiten, daß alle Verfasser von der späteren Verteilung der Leitungsverantwortung in der Urkirche auf mehrere Schultern wußten. Die Leitung der Jerusalemer Gemeinde gab Petrus 41 n. Chr. an Jakobus ab (Apostelgeschichte 12,17), die Aufgabenteilung mit Paulus ist ebenfalls neutestamentlich belegt (Apostelgeschichte 15,6–30; Galater 2,7–8). Die Evangelisten hätten also rückblickend durchaus Gründe gehabt, die Rolle des Petrus eher ein wenig herunterzuspielen. Daß sie es nicht tun, daß sogar Johannes, der immer wieder anderen Jüngern ihre Rolle läßt, auch vor Ostern schon Petrus hervorhebt und das nach Ostern wiederholt (6,66–67; 21,7–19), das spricht dafür, wie gut sie über die tatsächlichen, vorösterlichen Gegebenheiten informiert waren. Auch aus dem Rangstreit unter den Jüngern halten sie ihn heraus (Markus 9,33–37; Matthäus 18,1–5; Lukas 9,46–48): Es geht nicht um den ersten Platz, denn der ist vergeben.

Matthäus betont das kurz vor dem endgültigen Verlassen Galiläas noch einmal mit einer Geschichte, die nur er bietet.

Petrus allein, nicht als Sprecher der anderen gekennzeichnet, stellt Jesus eine komplizierte theologische Frage. „Herr, wie oft muß ich meinem Bruder vergeben, wenn er sich gegen mich versündigt? Siebenmal?‘ Jesus sagte zu ihm: ‚Ich sage dir: Soviel wie siebenmal, ja sogar siebenundsiebzigmal‘.“ Es ist sehr schade, daß die führenden deutschen Übersetzungen die Pointe dieses Gesprächs durch eine unverständlich falsche Wiedergabe verderben. Denn da lesen wir als Antwort Jesu: „Nicht siebenmal, sondern siebzigmal siebenmal (bzw. siebenundsiebzigmal)." Man könnte fast den Verdacht hegen, daß die Übersetzer hier von dem Vorurteil beeinflußt waren, es handele sich wieder um eine Zurechtweisung des naiven Petrus durch Jesus. Tatsächlich aber wies Jesus seinen Jünger nicht etwa zurück, sondern stimmte ihm zuerst einmal zu. Denn wie wir es eingangs wiedergaben, so steht es da: Jesus wiederholte wörtlich, d. h. zustimmend, die Formulierung des Petrus. „So viel wie siebenmal." Denn Petrus hatte nichts Dummes gesagt. Im Gegenteil, er hatte längst begriffen, daß Jesus immer noch einen Schritt weiterging, als es die herkömmliche Auslegung des jüdischen Gesetzes oder die Tradition verlangten. Petrus, der als kommender Träger der Schlüssel sicher auch für die anderen, denen das Binden und Lösen anvertraut ist, Gewißheit darüber haben möchte, wie weit die Vergebung gehen darf, kannte die traditionelle Höchstzahl: Viermal durfte man vergeben, wenn es denn sein mußte. Das heißt: Petrus steigerte das bereits und wählte eine Zahl, die Vollkommenheit ausdrückt, also gedanklich bereits ein unbegrenztes Vergeben der eingestandenen Sünden ermöglicht. Psalm 119,164 verdeutlicht das Vollkommene, Unbegrenzte der Siebenzahl besonders schön: „Ich lobe dich des Tages siebenmal, um deiner gerechten Ordnung willen."

Die erste Pointe ist also: Jesus gibt Petrus Recht. Genau so ist es, sagt er, wer bereut, dem darf vergeben werden, so oft die Reue aufrichtig ist. Und ganz nach jüdischer Art der Intensivierung des Gesagten unterstreicht er das nun, indem er die Siebenzahl ein weiteres Mal steigert. Für Petrus, der das hörte, und für kundige Leser des Evangeliums, lag die zweite Pointe dieser Steigerung in der Umkehrung einer wohlbekannten Stelle aus der Torah, Genesis 4,24. Dort hatte Lamech erklärt, wenn Kain siebenmal gerächt wird, dann werde er siebenundsiebzigmal gerächt werden. Aus der unbegrenzten Rache wird bei Jesus die unbegrenzte Vergebung. Im Gleichnis vom Gläubiger, das Jesus anschließend allen Jüngern erzählte, ist die Vergebung „von ganzem Herzen" noch einmal in plastische Worte gefaßt.

So endet die Zeit in Galiläa mit einer Episode, in der Petrus nicht als der Korrigierte dasteht, sondern als der Bestätigte. Anschließend, in Jerusalem, zeigt sich sofort, daß es in den ältesten erhaltenen Berichten über Petrus weder um eine Heroisierung noch um eine Herabstufung geht, sondern um ein nüchternes Bild der Abläufe. Die Sonderstellung, die Petrus auch in Judäa einnimmt, entspricht aus der Sicht des Historikers dem genauen Wissen über die Zusammenhänge, sie kann keinesfalls als eine Erfindung der nachösterlichen Gemeinden erklärt werden. Wir müssen das an dieser Stelle noch einmal so deutlich sagen, um allen Mißverständnissen und Fehldeutungen der kommenden Ereignisse vorzubeugen.

Wir greifen den Faden wieder auf, als Petrus mit seinem Bruder und den Zebedäus-Söhnen Jakobus und Johannes auf dem Ölberg sitzt (Markus 13,3). Sie hören Jesus zu, der seine große Rede über die Endzeit hält. Keiner der Jünger ergreift das Wort. Doch es fällt auf, daß gerade Petrus besonders genau zuhört. Denn was Jesus im fünften Hauptteil seine Rede über das Ende der Welt und das Wiederkommen des Menschensohns sagt, wird im 2. Petrusbrief bis in einzelne Formulierungen hinein übernommen und weitergeführt. „Aber in jenen Tagen," sagt Jesus, „nach der großen Not, wird sich die Sonne verfinstern, und der Mond wird nicht mehr scheinen; die Sterne werden vom Himmel fallen, und die Kräfte der Himmel werden erschüttert werden. Dann wird man den Menschensohn mit großer Macht und Herrlichkeit auf den Wolken kommen sehen" (Markus 13,24–26). Und er fügt hinzu, daß jenen Tag und jene Stunde niemand kennt, nur der Vater (13,32): wie ein Dieb in der Nacht werde der Menschensohn zu einer Stunde kommen, die nicht zu berechnen ist (vgl. Matthäus 24,44). Petrus schreibt: „Der Tag des Herrn aber wird kommen wie ein Dieb. Dann werden die Himmel prasselnd vergehen, die Elemente werden verbrannt und aufgelöst, die Erde und alles, was auf ihr ist, werden ihr Urteil finden. Wenn sich das alles in dieser Weise auflöst, wie heilig und fromm müßt ihr dann leben, den Tag Gottes erwarten und erstreben, an dem sich die Himmel in Feuer auflösen und die Elemente im Brand zerschmelzen werden" (2. Petrus 3,10–12). Es sind Bilder, die Jesus und Petrus mit alttestamentlichen Prophezeiungen verbinden, und der Rückgriff auf die

Heilige Schrift verbindet beide auch darin, daß sie nicht billige Vertröstung auf eine vage Zukunft verkünden. Sie warnen im Gegenteil vor Berechnungen, die zur Passivität verführen könnten: Wenn der Herr morgen schon wiederkommt, was soll ich da heute noch tun? Nichts wird abschließend geschehen, erklärt Jesus in seiner Endzeitrede, ehe nicht alle die gute Nachricht Gottes hören und damit die Möglichkeit erhalten, sich ihm in Reue zuzuwenden (Markus 13,10). Wie lange das dauert, ist nicht auszurechnen. Es wird sehr plötzlich sein – das unterstreicht auch Paulus in 1. Thessalonicher 5,2. Aber schnell kann es nach den Regeln der Logik nicht gehen. Die Nachfolger Jesu wirken jedenfalls daran mit (Matthäus 28,19–20).

So, und nicht etwa ein sich später den Namen des Petrus zu Unrecht anmaßender Autor, schreibt auch der Jesus-Begleiter Simon Petrus in seinem zweiten Brief noch als Zeuge der ersten Generation: „Der Herr verzögert nicht die Verheißung, wie es einige für eine Verzögerung halten, er ist nur geduldig mit euch, weil er nicht will, daß jemand verloren werde, sondern daß alle sich bekehren" (2. Petrus 3,9). Und vorangestellt ist das elementare Zitat aus Psalm 90,4: „Das eine aber, liebe Brüder, dürft ihr nicht übersehen: daß beim Herrn ein Tag wie tausend Jahre und tausend Jahre wie ein Tag sind." Wer da beobachtet, daß im Grunde genommen seitdem eigentlich erst zwei Tage vergangen sind, hat sicher nicht ganz unrecht. Genaues Hinsehen öffnet aber auch noch einen Einblick, wie ihn damalige Juden, die ihren Psalter auswendig kannten, sofort gesehen haben dürften: Subtil und zugleich wirkungsvoll verändert Petrus den Aufbau des zitierten Verses in Psalm 90. Und das ist eine Technik, die uns in diesem Buch bereits öfter begegnet ist: Das mitunter nur geringfügige, aber auffällige Variieren eines Zitats hat stets eine strategische Bedeutung. Wer als jüdischer Interpret so vorgeht, ist nicht zu faul, genau nachzusehen oder leidet unter Gedächtnislücken, sondern will seinen Hörern und Lesern etwas vermitteln. So auch hier. „Denn tausend Jahre sind in deinen Augen wie der gestrige Tag, wenn er vergangen ist, und wie eine Wache in der Nacht." So steht es im Psalm. Petrus stellt die Satzglieder um, er nennt erst den Tag und dann die tausend Jahre, er verzichtet auf das Attribut „gestrig“, anders als der Psalm wiederholt er die beiden Glieder noch einmal, nun erst in der Reihenfolge des Psalms, und er spricht Gott nicht direkt an, was im Psalm natürlich ist, sondern redet von ihm in der dritten Person.

Diese Veränderungen haben zuerst einmal eine ganz praktische Funktion für Literarhistoriker – denn so kann man schnell feststellen, ob ein frühkirchlicher Autor Psalm 90 zitiert oder bereits den 2. Petrusbrief kannte. Ein besonders frühes Beispiel ist der Barnabas-Brief, der heute nur noch unter den Texten der „Apostolischen Väter“ zu finden ist, aber vor der Mitte des 4. Jahrhunderts noch in den „Codex Sinaiticus“ aufgenommen wurde, der neben dem fast gleichalten „Codex Vaticanus“ die älteste erhaltene Ausgabe der ganzen Bibel in griechischer Sprache ist. Auch wenn es heute kaum noch Forscher gibt, die den Apostel Barnabas für den Verfasser halten – Klemens von Alexandria und Origines waren noch fest davon überzeugt –, gehen die Auffassungen über die Entstehungszeit weit auseinander. Das heute meistgenannte Datum ist „um 130 n. Chr.“, erheblich wahrscheinlicher ist allerdings die Zeit nach 70, bis ca. 80 n. Chr., nach der Zerstörung des Jerusalemer Tempels, aber vor Hadrians Bau eines Zeus-Tempels auf dem Jerusalemer Tempelberg ab 130 n. Chr., auch vor Domitian und vor der Epoche des Pharisäer-Konzils von Jamnia, auf dem in den achtziger Jahren in einer Ergänzung zum traditionellen „Achtzehnbitten-Gebet“ die Vertreibung der (Juden-)Christen aus den Synagogen beschlossen wurde. Barnabas – und wir wollen den unbekannten Verfasser weiterhin so nennen – kommt im 15. Kapitel auf die Schöpfung und die katastrophalen Begleiterscheinungen des Weltenendes bei der Wiederkunft des Gottessohnes zu sprechen. Ganz das Thema von 2. Petrus 3 also. Und mitten in diesem Abschnitt steht: „Der Tag bezeichnet bei ihm [= dem Herrn] tausend Jahre. Er selbst aber bezeugt es mir so: ‚Siehe, der Tag des Herrn wird sein wie tausend Jahre‘“ (Barnabas 15,4). Es ist eindeutig, daß Barnabas hier nicht den 90. Psalm vor Augen hat, sondern 2. Petrus 3,8. Das ist nicht das früheste Zitat aus dem 2. Petrusbrief, das uns erhalten geblieben ist. Doch es ist überhaupt das erste Zitat, das die so auffallende Umstellung von Tag und Jahren übernimmt und damit zeigt, daß es früh möglich war, den Gedankengang des Petrus nachzuvollziehen. Mit den tausend Jahren zu beginnen, wie der 90. Palm es tat und die ihm nachfolgende, außerbiblische jüdische Literatur, legt den Akzent auf den Schöpfergott, auf den hin sich alle Menschen ausrichten sollen. Tausend Jahre sind für ihn wie ein Tag. Petrus aber, der seinem Lehrer Jesus genau zugehört hatte, geht von den Erwartungen, Hoffnungen und irrigen Berechnungen der Menschen aus. Was ist denn schon euer eine Tag, der euch so lang vorkommt, vor der unendlichen Zeitrechnung Gottes, in der ein Menschentag wie tausend Jahre sind? Diese Argumentation ist der Grund für die Umstellung. Der Gedanke ist erkennbar fast wie ein Zitat aus Psalm 90 übernommen, dem „Gebet des Mose"; die Formulierung aber ist die des Petrus, in einer Denkweise, die er von Jesus gelernt hatte.

Im Grunde genommen sind das zweite und dritte Kapitel des 2. Petrusbriefs insgesamt eine Anwendung der Endzeitrede auf die Lage der ersten Gemeinden rund dreißig Jahre danach. Dazu gehört selbstverständlich auch die Warnung vor falschen Endzeitpropheten, vor Irrlehrern und Spöttern, mit denen auch Paulus schon früh zu tun bekam. So wie Jesus in der Endzeitrede davor warnte, so warnt Petrus einige Jahrzehnte später. Die Gefahr ist nicht vage, sondern steht unmittelbar bevor (2. Petrus 2,1; 3,3–5). Dies ist, nebenbei gesagt, ein Unterschied zwischen dem 2. Petrusbrief und dem stellenweise so eng verwandten Judasbrief – ein Unterschied, der uns verstehen hilft, welcher der ältere Brief ist: Petrus warnt vor der kurz bevorstehenden Bedrohung, wohl auch, weil er entsprechende Nachrichten aus Orten wie Korinth und dem westlichen Kleinasien erhalten hatte. Judas beschreibt eine Situation, die bereits eingetreten ist. Er schreibt nach Petrus und benutzt ihn, um der Analyse des Petrus mit dessen Autorität höchste Dringlichkeit zu geben. Liest man die Endzeitrede auf dem Ölberg, den 2. Petrusbrief und den Judasbrief, ohne spätere Deutungen hineinzulesen, dann fällt noch etwas Ermutigendes auf: Hier wird nicht Angst erweckt, es wird nicht gedroht mit ausweglosen Schreckensbildern, mit Gruselszenarien, die keine andere Wahl lassen als die permanente Büßerhaltung einerseits oder das Überlegenheitsgefühl der Auserwählten andererseits. Petrus zieht sämtliche Fäden zusammen, wenn er nach seiner biblisch-prophetisch begründeten Beschreibung des Endes vom neuen Anfang schreibt: „Dann erwarten wir, seiner Verheißung gemäß, einen neuen Himmel und eine neue Erde, in denen Gerechtigkeit wohnt" (2. Petrus 3,13). Und damit verweist er nicht nur auf Jesus selbst, sondern auf seinen Lieblingspropheten Jesaja, der Gottes Wort überliefert: „Ja, vergessen sind die früheren Nöte, sie sind meinen Augen entschwunden. Denn schon erschaffe ich einen neuen Himmel und eine neue Erde. Man wird nicht mehr an das Frühere denken, und es wird nicht mehr in den Sinn kommen. Nein, ihr sollt euch ohne Ende freuen und jubeln über das, was ich erschaffe" (Jesaja 65,16–18).

Petrus ist in den Tagen der Passionswoche zuerst der Hörende und Dienende. Lukas nennt ihn mit Johannes namentlich als einen der beiden Jünger, die das letzte gemeinsame Essen, das Paschamahl vorbereiten sollen. Nur dieser Evangelist nennt die Namen; vielleicht lag ihm daran, wie so oft in seinem Evangelium eine bekannte Tatsache nicht für sich zu behalten, sondern seinen Lesern eine nützliche Information zu geben. Letzte Hand an die Organisation eines solches Pesach-Festessens zu legen, das war bei diesen beiden erfahrenen Firmenleitern aus Kapernaum gut aufgehoben. Ehe es zum Essen kommt, hat Petrus im Johannes-Evangelium, und nur dort, noch einen großen Auftritt, der von Theologen, aber auch von Künstlern bis in die Moderne hinein immer wieder dankbar aufgegriffen wurde. Es ist die Szene der Fußwaschung, Johannes 13,1–20. Mitten beim Essen, wahrscheinlich nach der traditionellen Vorspeise, steht Jesus auf und tut etwas, das Juden an 1 Samuel 25,40–42 erinnern mußte. Da hatte Abigail den Dienern Davids, die zu ihr gekommen waren, um sie in seinem Namen zu bitten, des Königs Frau zu werden, erst die Füße gewaschen, ehe sie ihnen folgte. Was ging in den Köpfen der Jünger vor, als nun Jesus eine Handlung vollzog, die Sklaven und Dienern vorbehalten war, oder allenfalls einer Witwe wie Abigail, der die Ehre widerfuhr, vom König höchstselbst geheiratet zu werden? Auf männliche Juden dieser Zeit mußte das überaus eigenartig wirken. Doch keiner sagt etwas, bis Petrus an der Reihe ist. Die anderen hatten sich möglicherweise gar nicht mehr getraut, eine Handlung ihres Meisters in Frage zu stellen. Vielleicht verließen sie sich auch darauf, daß er es ihnen schon noch erklären würde. Petrus aber ist nun doch wieder ganz er selbst. Er hat den Mut zu fragen. Er will sich auch nicht mit der Vertröstung auf später zufriedengeben (13,7). Was er nun sagt, ist ein typisch petrinischer Satz: „Nie sollst du mir die Füße waschen, nicht in Ewigkeit."

Wichtig ist hier aus der Perspektive des Petrus die in Übersetzungen und Kommentaren meist übersehene Zuspitzung am Ende des Satzes: Nicht – und zwar „nicht in Ewigkeit", griechisch „eis tòn aiôna". Vor allem Leser des Johannes-Evangeliums kannten diese Formel gut, war sie doch bis zu dieser Stelle schon neunmal vorgekommen, und zwar stets aus dem Munde Jesu, mit einer einzigen Ausnahme, in der allerdings ein Psalm zitiert wird (Johannes 12,34 mit Psalm 89,37). Anders gesagt: Erstmals spricht hier weder der Messias Jesus, noch spricht ein Psalm über den Messias aus dem Hause Davids, sondern es spricht ein Mensch und Jünger, Simon Petrus, der gerade in dieser Stelle nicht als erster vor Jesus sitzt, sondern geduldig wartet, bis er an der Reihe ist. Nun aber hören wir aus seinem Mund ein Echo dieser Jesus- und Psalmenformel „in Ewigkeit". Nehmen wir es ernst, dann ist es alles andere als eine Floskel. Petrus ist hier wieder, wie schon in Caesarea Philippi, derjenige, der mitdenkt und sich lieber korrigieren läßt, als gar nichts zu sagen. „Wenn deine messianischen Worte Verheißungen ‚in Ewigkeit' sind (Johannes 4,14; 6,51; 6,58; 8,35; 8,51–52; 10,28; 11,26), dann bist du in Ewigkeit der Messias, der Christus. So will ich, Petrus, in Ewigkeit dein Diener sein – umgekehrt geht es doch nicht. Nie – in Ewigkeit nicht – darf der Christus mir die Füße waschen." So ist Petrus zu verstehen, und wer könnte ihm das als naiv, unüberlegt oder provozierend vorhalten? Gerade aus seiner jüdischen Erfahrungswelt und gerade auch, weil er die Lehre von Caesarea Philippi verstanden hatte und in der konkreten Situation mit der Bedenkzeit sprechen konnte, die ihm die Fußwaschung der anderen vor ihm ließ, ist ihm nichts vorzuwerfen.

Und Jesus weist ihn auch nicht schroff zurück, sondern geht mit allem Ernst auf ihn ein. „Wenn ich dich nicht wasche, hast du keinen Anteil an mir." Das versteht Petrus. Jesus bleibt einerseits beim persönlichen Verhältnis der beiden zueinander. Hatte Petrus ihm gesagt, „du sollst *mir* niemals die Füße waschen", so sagt Jesus nun, „wenn ich es nicht tue, hast *du* keinen Anteil an mir". Andererseits aber ist mit der gleichen Aussage die Beziehung sofort erweitert: „Anteil", sagt Jesus, das heißt, es geht nicht um Petrus allein, sondern um die Kirche Christi, der sich Petrus, der doch ihr Fels sein soll, mit einem Verzicht auf die Fußwaschung entzöge. Mehr braucht Jesus nicht zu sagen. Und nun zeigt sich, daß Petrus wieder einmal sehr genau zugehört hat. Denn Jesus hatte gesagt: „Wenn ich dich nicht wasche ..." Dann also, denkt Petrus und spricht es aus, ganz im Sinne vollendeter Waschungen der sichtbaren Körperteile, auch der anderen Extremitäten, deren makellose Reinheit nach traditioneller jüdischer Auffassung Voraussetzung für den priesterlichen Gottesdienst war – dann also nicht nur die Füße, sondern auch die Hände und den Kopf. Anders gesagt, er will Jesus beim Wort nehmen, will sich ganz einfügen in seinen Plan, will Glied und zugleich Fels der messianischen Gemeinschaft sein. Erst jetzt kann Jesus den Kreis schließen und Petrus etwas erklären, was auch für die anderen Jünger gilt. „Wer vom Bad kommt, ist ganz rein und braucht sich nur noch die Füße zu waschen. Auch ihr seid rein, aber nicht alle" (Johannes 13,10).

Der Unreine, so erfahren wir, ist Judas. Die anderen sind rein durch die Lehre Jesu, der sie glauben und die sie nicht verraten – so erklärt er es ihnen noch einmal wenig später (15,3). Einige, wahrscheinlich alle, sind es auch durch die Taufe des Johannes. Kurz: Sie sind rein, wie jemand, der sich am Beginn des Tages gründlich wäscht und dann als Gast zu Abend nur noch nach alter jüdischer Sitte die vom Staub des Tages (symbolisch mag man hier schon mithören: von der Sünde, die den Lebensweg begleitet) beschmutzten Füße zu waschen braucht. Jesus erklärt ihnen allen, daß die symbolische Handlung des Fußwaschens eine Handlungsanweisung für die kommende Kirche beinhaltet: „Ihr sagt zu mir Herr und Meister, und ihr nennt mich mit Recht so, denn ich bin es. Wenn nun ich, der Herr und Meister, euch die Füße gewaschen habe, dann müßt auch ihr einander die Füße waschen. Ich habe euch ein Beispiel gegeben, damit auch ihr so handelt, wie ich an euch gehandelt habe" (13,13-15). Die frühe Kirche konnte in den Jahrhunderten der Bedrückung, Bedrohung und Verfolgung nicht nur überleben, sondern wachsen, weil sie anders als alle anderen Religionen im Römischen Reich diese Lehre Jesu, deren für jedermann unmißverständliche Verdeutlichung und Zuspitzung wir der Frage des Petrus verdanken, von Anfang an in die Tat umsetzte. Vor allem die dienende Tätigkeit der Christen und ihrer Leiter, die gleichberechtigte Aufnahme der Diener und Sklaven, die Aufnahme von Reichen und Armen, Staatsdienern und Arbeitslosen, Männern und Frauen ohne Ansehen der Person oder der gesellschaftlichen Stellung, war in ihrer Radikalität so neu und anders, daß die Kirche gegen alle äußeren Widerstände immer weiter wuchs. Das heißt: Die Szene der Fußwaschung ist eine Lektion in Strategie für das Volk Gottes. Petrus stellt die Fragen. Entscheidend aber bleibt, daß Jesus selbst das Beispiel gibt.

Vom Ereignis der Fußwaschung lesen wir nur im Johannes-Evangelium. Jeder, der es einmal bewußt mit den anderen drei Evangelien verglichen hat, weiß, daß es ganz andere Akzente setzt, die keine Widersprüche herstellen, sondern Ergänzungen und Erweiterungen des historischen Jesus-Bildes ermöglichen. So sehen wir es auch beim Blick auf Petrus. Es bleibt nichts übrig von den gängigen Vorurteilen, Petrus werde von diesem Evangelisten bewußt zurückgestellt, hinter den Lieblingsjünger, hinter den Zebedäus-Sohn Johannes (sofern diese beiden nicht ohnehin identisch sind), und es würden seine Schwächen stärker betont als etwaige Stärken. Dieser Evangelist ist ein souveräner Gestalter seines Materials, bis in die Feinheiten der Sprache hinein. Davon profitiert auch die faire, sachliche Darstellung des Petrus. Darin unterscheidet er sich nicht von Markus, Matthäus und Lukas, auch da nicht, wo wenige Zeit nach der Fußwaschung die Ankündigung der Verleugnung und ihre Durchführung beschrieben werden – eines der Petrus-Ereignisse, von dem alle vier Evangelien berichten.

Der Verzicht auf einseitig positive oder einseitig negative Parteinahme fällt auch in einer einzigartigen Szene auf, die zwischen diesen beiden Begebenheiten liegt. Es ist die einzige in der gesamten Petrus-Überlieferung, einschließlich der späteren Legenden, in der dieser Jünger körperliche Gewalt anwendet. Nur Johannes identifiziert: Es ist Petrus, der das Schwert nimmt (die anderen drei Evangelisten nennen den Namen nicht) und der dem Diener des Hohenpriesters namens Malchus (nur Johannes nennt den Namen) das rechte Ohr abschlägt (nur noch Lukas erwähnt auch, daß es das rechte Ohr war). Ergänzend teilt Lukas als einziger mit, daß Jesus das Ohr wieder heilte, und nur Matthäus zitiert ein zusätzliches Richtwort Jesu: „Steck dein Schwert in die Scheide; denn alle, die zum Schwert greifen, werden durch das Schwert umkommen." Gerade dieses Wort ist auch deswegen bemerkenswert, weil es ein unübersehbarer Hinweis auf die Abfassung des Matthäus-Evangeliums vor dem Tod des Petrus ist (64/67 n. Chr.). Ohne Ausnahme ist sich die gesamte frühe Überlieferung darin einig, daß Petrus nicht durch das Schwert umkam, sondern in Rom gekreuzigt wurde. Wäre das Evangelium später entstanden – was viele Forscher tatsächlich noch immer glauben –, dann hätte ein Evangelist, der nach der Auffassung gerade solche Forscher einen freien Erfindergeist im Umgang mit Jesusworten besaß, nach der Logik der Spätdatierer die Aussage entweder fallengelassen oder der tatsächlichen Todesart angepaßt.

Johannes nennt ein anderes Jesuswort als Reaktion auf die Aktion des Petrus: „Der Kelch, den mir mein Vater gegeben hat, soll ich ihn nicht trinken?" Befragen wir die vier Evangelien danach, wie sie die Schwerttat des Petrus beurteilen, dann müssen wir daran denken, daß die ersten drei seinen Namen gar nicht nennen, wir also ohne Johannes gar nicht wüßten, daß er es war. Das macht folglich auch das Urteilswort Jesu bei Matthäus zu einer grundsätzlichen Aussage, die vom gewaltsamen Tod derer spricht, die selbst Gewalt anwenden – was an Genesis 9,6 erinnert –, obwohl kein Zweifel daran besteht, daß Matthäus ebenso wie Markus und Lukas ganz genau wußte, wer dem Diener des Hohenpriesters das Ohr abgeschlagen hatte. Wollten die drei ihn schützen, vor aufmerksamen römischen Lesern, die ansonsten den naheliegenden Verdacht bekommen hätten, die christliche Kirche sei anfangs von einem Mann geleitet worden, der mit der Waffe in der Hand Widerstand gegen die Staatsgewalt geleistet hatte? Bei Lukas könnte diese Schutzvermutung sogar zutreffen, denn er widmete sein Evangelium einem hochrangigen römischen Würdenträger, „seiner Exzellenz" Theophilus (griechisch steht für Exzellenz „krátistos", ein Titel, den im Neuen Testament nur Lukas gebraucht, nur hier und dann dreimal in der Apostelgeschichte, für den Prokurator Felix, Apg 23,26; 24,3, und für den Prokurator Festus, 26,25). Wie auch immer: Johannes nimmt diese Rücksicht nicht. Will er also Petrus bewußt in ein schlechtes Licht stellen? Das ist völlig unwahrscheinlich, wenn man die Szene aus jüdischem Blickwinkel auf sich wirken läßt. Petrus besitzt eine „machaira", ein Kurzschwert, das zum zielgenauen Zuschlagen gedacht war. Für die Verteidigung gegen Räuber, aber auch als Waffe gegen wilde Tiere war es bestens geeignet. Wer damit ein rechtes Ohr treffen wollte, statt blindlings in Richtung Kopf loszuschlagen, der traf es auch. Das heißt: Die Handlung des Petrus ist gewollt und genau. Er, der kurz zuvor während des Gebets Jesu im Garten Getsemani eingeschlafen war, ist jetzt hellwach. Er trifft das rechte Ohr des Dieners des Hohenpriesters, und als wollte Johannes die Pointe nun erst richtig herausstellen, erwähnt er erst nach dem Treffer dessen Namen: Malchus. Das heißt, es war nicht irgendein Sklave oder „Knecht", wie einige Übersetzer schreiben, sondern ein Diener höherer Stellung. Denn Malchus konnte nicht jeder heißen. Der Name, der hebräisch „Mäläk" lautete, ist abgeleitet aus der semitischen Wurzel „mlk", „königlich", und dieser Name war zu dieser Zeit vor allem unter den benachbarten Nabatäern weit verbreitet. Zwei nabatäische Könige hießen so, Malchus I. (50–28 v.Chr.) und Malchus II. (40–71 n.Chr.). Zahlreiche nabatäische Inschriften belegen den Namen auch für

Bedienstete hohen Ranges. Der Malchus, von dem Johannes schreibt, könnte also arabischer Abstammung gewesen sein; jedenfalls spricht alles dafür, daß er kein niederer Sklave war, sondern durchaus mit Autorität den Hohenpriester bei der Amtshandlung der Festname Jesu vertrat. Sagen wir es anders: Mit der Nennung dieses Namens evozierte Johannes wenigstens bei seinen ersten Lesern einen historischen Zusamenhang. Da schlägt Petrus nicht auf irgendeinen zufällig in der Nähe herumstehenden Sklaven ein, der sich als Diener des Hohenpriesters herausstellt. Er weiß genau was er tut und dürfte diesen Malchus durchaus an Insignien erkannt haben. Und damit wird auch der ebenso handfeste wie symbolische Grund für den Schwertstreich noch deutlicher:

Der Diener stand hier rechtsgültig für seinen Herrn ein. Was man mit ihm anstellte, galt demnach diesem Herrn. Unter Juden kannte man zu dieser Zeit die Geschichte des Hyrkanos, von der später auch Flavius Josephus berichtete (Jüdische Altertümer 14,366): Im Jahre 40 v. Chr. schnitt Antigonos dem inhaftierten Hasmonäerherrscher Hyrkanos II. die Ohren ab, um damit zu verhindern, daß er wieder als Hohepriester eingesetzt werden konnte, „denn nun war er verstümmelt, und das Gesetz verlangt, daß dieses Amt nur von denen ausgeübt wird, die körperlich unversehrt sind." Das bezieht sich auf Levitikus 21,16–21. Petrus könnte, unabhängig vom Präzedenzfall des Hyrkanos, vor allem an Vers 18 gedacht haben, in dem es heißt, kein im Gesicht oder am Körper Entstellter dürfe das Priesteramt ausüben. Petrus weiß in diesem Augenblick, daß er kaum die Gelegenheit haben wird, dem Malchus beide Ohren abzuschlagen. Also wählt er das wichtigere, nämlich das rechte, denn nach den damaligen Wiedergutmachungsbestimmungen für physische Schädigungen war die rechte Körperhälfte wertvoller als die linke. Die Botschaft ist eindeutig: Petrus erklärt den Hohenpriester selbst für amtsunfähig. Und damit will er ein Signal geben. Es gibt keinen Hohenpriester mehr, der Tempel ist ohne Leitung, nun muß der messianische Endkampf beginnen. Man kann fast nachspüren, wie Petrus die himmlischen Heerscharen herbeirufen will. Jesus sieht sofort, was Petrus meint. Und wieder ist es Johannes, der es hervorhebt. „Der Kelch, den mir der Vater gegeben hat – soll ich ihn nicht trinken?“, sagt Jesus. Er muß seinen Weg zu Ende gehen. Der messianische Kampf wird nicht mit dem Schwert gewonnen, sondern am Kreuz und in der Auferstehung.

Petrus hat alles versucht. Zwei Schwerter haben die Jünger dabei (Lukas 22,38), doch nur er hat den Mut, das seine zu gebrauchen. Daß er, menschlich gedacht, sein eigenes Leben riskiert, angesichts der bewaffneten Übermacht, dürfen wir nicht vergessen. Er sieht das Entweder-Oder: Sein Leben für Jesus hinzugeben, wie er es versprochen hatte (Johannes 13,37), oder mit ihm zu siegen. Beides wird ihm später gelingen, aber anders als erwartet. Im Durcheinander der Gefangennahme kann er aus dem Garten Getsemani fliehen. Aber er, und wieder nur er, bringt trotz der Enttäuschung über das, was er für sein Scheitern halten mußte, den ungeheuren Mut auf, seinem Herrn aus der Entfernung zu folgen, bis in den Hof des von ihm gerade noch symbolisch abgesetzten Hohenpriesters.

Was dann im Hof des hohenpriesterlichen Hauses geschieht, gehört zum Standardrepertoire des allgemein bekannten Petrus-Bildes. Jeder der vier Evangelisten berichtet davon, keiner schont Petrus durch das höfliche Verschweigen der Verleugnung. Auch die intensivste Petrus-Verehrung kam nie darum herum, damit leben zu müssen, daß der erste der Jünger, der Fels der Kirche, die Prophezeiung des Herrn erfüllte und ihn dreimal verleugnete. Wir sahen bereits zu Beginn dieses Buches, daß sogar die frühchristliche Kunst im Zeichen dieser Verleugnung, im Hahn, das eigentliche Symbol erkannte, anstelle der später so typischen Schlüssel. Die Spurensuche nach dem historischen Petrus sollte uns allerdings weiterhin neugierig machen. Was sagen die Evangelien denn wirklich? Zeichnen sie ein Schwarz-Weiß-Bild, in dem gewissermaßen nach dem prägnanten Jesus-Wort „Euer Ja sei ein Ja, euer Nein ein Nein; alles andere stammt vom Bösen“ (Matthäus 5,37) auch ein Charakter nach Ja und Nein zu beurteilen ist und Petrus hier ohne Zwischentöne auf die Seite des Nein fällt?

Ohne wie schlechte Rechtsanwälte nach Ausflüchten zugunsten des Beschuldigten suchen zu müssen, erkennen wir schnell die Dramaturgie der Lage. Folgen wir der Darstellung des Markus, dann ist schon zu Beginn noch einmal festzuhalten, daß Petrus der einzige von allen Jüngern ist, der es überhaupt wagt, so weit vorzudringen. Nur Johannes erwähnt, daß ihm ein ungenannter anderer Jünger, der den Hohenpriester kannte und über dessen Identität bis heute spekuliert wird, mitging und ihm den Zugang ermöglichte (Johannes 18,15–16). Doch wer auch immer das war – die frühe Kirche identifizierte ihn mit dem Lieblingsjünger Johannes, andere denken an dessen Bruder Jakobus, jedenfalls an einen Mann, der als galiläischer Fischer berufliche Kontakte oder als aaronitischer Nachfahre priesterliche Verwandtschaft hätte vorweisen können –, er verschwindet anschließend und spielt daher für den weiteren Verlauf keine positiv zu bewertende Rolle. Die erste Verleugnung folgt sofort, als eine Dienerin ihn direkt anspricht: „Auch du warst mit diesem Jesus aus Nazaret zusammen." Petrus sitzt am Feuer, er will nachdenken und beobachten. Er gibt eine unverbindliche Antwort: „Ich weiß nicht und verstehe nicht, wovon du redest." Mit anderen Worten: „Laß mich in Ruhe!" Er geht weg, in den Vorhof – aber er verläßt das Gelände nicht. Bereits eine Verleugnung? Sicher noch nicht im juristischen Sinn. Doch die prophezeite Warnung folgt: Der Hahn kräht. (Das steht zwar nicht im Text, folgt aber daraus, daß es wenig später heißt: „Gleich darauf krähte der Hahn zum zweiten Mal.") Die Dienerin sieht ihn dort und sagt laut genug, daß er es hört: „Der gehört zu ihnen." Petrus könnte jetzt schweigen, denn er wird nicht direkt angesprochen. Aber, um einmal ein umgangssprachliches Wort zu gebrauchen, er ist genervt und reagiert ungefragt, indem er die erste Verneinung wiederholt. Das ist, sozusagen, ein taktischer Fehler. Denn nun hören alle, daß er ein Galiläer ist (bei Matthäus ist das noch etwas deutlicher formuliert: „Dein Akzent verrät dich!"). Jetzt erst kommt es zu dem, was unbestreitbar auch in rechtlichem Sinne einer Verleugnung entspricht. Anstatt gelassen zum Beispiel so zu antworten: „Was wollt ihr denn – sind die Jesus-Leute etwa die einzigen Galiläer jetzt zur Passah-Zeit in Jerusalem?" und sich wieder beobachtend in eine ruhige Ecke zurückzuziehen, verläßt ihn sein bis dahin wirklich kaltblütiger Mut. Er flucht. (Daß er sich selbst verfluchte, oder die neugierigen Frager, ist eine Erfindung mancher Ausleger. Der griechische Text sagt einfach, daß er flucht wie etwa ein Autofahrer im Stau, um ein modernes Beispiel zu nehmen.) Und er behauptet, Jesus von Nazaret nicht zu kennen. Lukas fügt hinzu, daß in diesem Augenblick – offensichtlich auf dem Weg zwischen zwei Verhören (vgl. Lukas 22,61 mit Johannes 18,13 und 18,24) – Jesus vorbeigeführt wird. Es ist die letzte Begegnung vor der Auferstehung.

Wie paßt diese Verleugnung, die sich steigernde Ablehnung vom ersten Schulterzucken bis zur Lüge, zum doch unbestreitbaren, von keinem anderen auch nur annähernd erreichten Mut des Petrus, der nicht gezögert hatte, sein eigenes Leben für Jesus zu wagen? Oder fragen wir anders: Was war da, vor Ostern, an diesem Petrus, daß Jesus ihm diese Verleugnung voraussagen konnte? Es läuft auf einen zentralen Punkt hinaus: Petrus hatte auch in den mutigen Zusicherungen, die er Jesus gab, und in seinem nun wirklich zweifellos mutigen Verhalten immer wieder auf eines gesetzt – auf sich selbst, auf seine eigene Stärke, auf dieses „Was du kannst, das kann ich auch, weil ich dir folge", das schon beim Gang auf dem Wasser deutlich geworden war. Wir haben mehr als einmal gesehen, daß Jesus diese innere Stärke anerkannte, daß sie wohl auch mitentscheidend für das Felsenwort war, daß sie aber noch nicht ausreichte für die kommenden Aufgaben. Petrus mußte aus der Phase des persönlichen Mutes zu der Erkenntnis gelangen, daß er nicht aus eigener Kraft Jesus folgte, sondern daß alles davon abhing, wie unbedingt er sich allein auf Jesus verließ, der ihm „Hinter mich! Mir nach!" zugerufen hatte. In diesem Sinne erreichte Petrus im Hof des hohenpriesterlichen Palastes die letzte und höchste Stufe des Lernprozesses. Die eigene Leistung, so begriff er dort, reichte selbst dann nicht, wenn sie die Leistung aller anderen Jünger im Mut der Nachfolge sichtbar übertraf. Jesus hatte das erkannt, er hatte vorhergesagt, daß Petrus durch das Scheitern hindurch mußte, um gereift der wirkliche Fels zu werden, der nur deswegen sicher steht, weil er auf Jesus ruht. Die Tränen nach dem dritten Nein, nach dem letzten Krähen des Hahns, waren das Zeichen der Einsicht. Petrus suchte nicht nach Entschuldigungen, er begab sich nicht in psychiatrische Behandlung, sondern „er ging hinaus und weinte bitterlich". Die Tränen des Petrus bereiteten den Weg, an dessen Ende der Auferstandene ihn nur wenige Tage später einsetzte als Hirten der Herde.

Gebratener Fisch und koscheres Leben

Ein Hirte wird zum Strategen und Diplomaten

Alle Jünger, so jedenfalls lautet die weitverbreitete Meinung, hätten Jesus am Tag der Kreuzigung allein gelassen. Auch Petrus sei nach der Szene im Palast des Hohenpriesters verängstigt, verunsichert und am Messias zweifelnd geradezu untergetaucht, ehe Jesus ihm am dritten Tag erschien. Das stimmt so nicht. Es gibt keinen Grund daran zu zweifeln, daß nicht nur vier Frauen, darunter seine Mutter, und der Lieblingsjünger am Kreuzeshügel standen, das heißt ein engerer Kreis, den Johannes ausdrücklich hervorhebt (19,25), sondern weitere Begleiter, vor allem viele Frauen aus Galiläa (Markus 15,41) und, wie nun wiederum Lukas ohne Namensnennungen betont, „alle seine Bekannten in gewisser Entfernung, auch die Frauen, die ihm seit der Zeit in Galiläa nachgefolgt waren und die alles sahen" (23,49). Mit anderen Worten: Es herrscht in den Quellen Einigkeit darüber, daß Frauen eine auffallend große Gruppe bildeten. Schon hier deutet sich an, was am Ostermorgen fortgesetzt wird: Gegen die kulturellen Rahmenbedingungen dieser Zeit, in der die Zeugenaussage von Frauen keinerlei Gewicht hatte, betonen alle vier Evangelien, daß gerade Frauen die wichtigsten, engsten Zeugen sind, so wie sie es am leeren Grab und bei der ersten Erscheinung des Auferstandenen sein werden. Aber Männer sind, anders als bei der Auferstehung, nicht erst an zweiter Stelle, sondern von Anfang an dabei – nicht nur der Lieblingsjünger, sondern „alle seine Bekannten". Wir müssen das ernst nehmen: Hier ist nun einmal nicht von einigen Bekannten die Rede, sondern von allen, und das schließt einerseits Männer wie Joseph von Arimathäa ein und, von Johannes eigens erwähnt, auch Nikodemus, andererseits aber auch die elf verbliebenen Jünger mit Petrus. Lukas macht eine Ortsangabe: Sie standen „von fern". Hier dachten biblisch gebildete Leser schon immer an Psalm 38,12: „Freunde und Gefährten bleiben mir fern in meinem Unglück, und meine Verwandten stehen von fern." Doch es wäre naiv, mit manchen Interpreten hier nichts anderes sehen zu wollen als eine Reminiszenz an diesen Psalm, der nun in Erfüllung ging, oder die Abkehr von Jesus, die mit dem Zusehen aus der Distanz betont wird. Denn Lukas weicht in wichtigen Details vom Psalm ab: Nicht die engsten Verwandten stehen in der Ferne, sondern alle Bekannten, und vor allem ist die Szene bei der Kreuzigung noch in einem besonders wichtigen Punkt weiterentwickelt: Lukas benutzt die griechische Formulierung „apò makróthen" („von fern") in seinem Evangelium nicht, um innere oder äußere Distanzierung auszudrücken, sondern, ganz im Gegenteil, Nähe trotz räumlicher Ferne, Erkennbarkeit, ja sogar die Möglichkeit, miteinander zu reden. Lesen wir Lukas 16,23: „In der Unterwelt, wo er [ein reicher Mann] qualvolle Schmerzen litt, sah er von weitem (apò makróthen) Abraham, und Lazarus in seinem Schoß. Da rief er: ‚Vater Abraham, hab Erbarmen mit mir, und schick Lazarus zu mir; er soll wenigstens die Spitze seines Fingers ins Wasser tauchen und mir die Zunge kühlen, denn ich leide große Qual in diesem Feuer'" (Lukas 16,24). Abraham antwortet, und es kommt zu einem Dialog. Das heißt also, daß für Lukas die Formulierung „von fern/von weitem" trotz einer räumlichen Distanz weder das Erkennen noch das Gespräch behindert. Genau so verhält es sich in Lukas 18,13, der anderen Stelle dieses Evangeliums, in der dieselbe griechische Formulierung benutzt wird. Kurz, Lukas will uns deutlich machen, wie genau alle Bekannten, also auch die Jünger und natürlich auch Petrus, das Geschehen verfolgten, und er schließt auch ein, daß die Gespräche am Kreuz, von denen Johannes berichtet, auf diese Weise möglich waren.

Wenn wir nun weiter fragen, wo die Frauen, der Lieblingsjünger, Joseph von Arimathäa, Nikodemus, Petrus und die anderen standen, müssen wir einen Blick auf die Archäologie Jerusalems werfen. Der Golgatha-Felsen, der teilweise noch heute innerhalb und außerhalb der Grabeskirche sichtbar ist, war oben nicht besonders breit, fiel aber weitflächig nach allen Seiten ab.

Das heißt: Für viel mehr als drei Kreuze war oben kaum Platz, und eine Versammlung von Zuschauern oder Anhängern eines Hingerichteten – und seien es auch nur vier Frauen und ein Mann, wie sie Johannes heraushebt – ist eher unwahrscheinlich. Vor dem Felsen, und das heißt etwa zehn Meter entfernt und rund vier Meter tiefer, konnten Menschen stehen. Wollten sie etwas sehen und hören, mußten sie allerdings in der Tiefe stehen, nicht in der Breite. In unmittelbarer Nähe des Plateaus verlief die damalige Stadtmauer (erst durch die 41/42 n. Chr. gebaute dritte Mauer gelangte das Areal der heutigen Grabeskirche innerhalb des Stadtgebiets). Und auf dieser Mauer konnten nun weitere Zuschauer stehen, alles sehen und hören. Das ist die genau beobachtete Ortslage, wie Lukas sie voraussetzt. Und das wiederum heißt: Auch Petrus war zwar „von fern" dabei, aber er war Augen- und Ohrenzeuge. Kein römischer Soldat, kein Bediensteter des Präfekten Pontius Pilatus wird ihn oder die anderen daran gehindert oder als mögliche Mitschuldige ins Auge gefaßt haben. Eine römische Kreuzigung sollte so öffentlich wie möglich stattfinden, nahe der Stadt, von der Straße aus sichtbar und gut zu beobachten auch von denen, die vielleicht auf der Seite des Hingerichteten standen, denn die Römer waren von der abschreckenden Wirkung dieser entsetzlich grauenvollen Hinrichtungsart fest überzeugt. Petrus jedenfalls betont, übrigens als einziger außerhalb der Evangelien, daß er ein Augenzeuge war (Apostelgeschichte 5,30–32).

Das Geschehen am dritten Tag ist problemlos zu rekonstruieren. Einigen Hinweisen sind wir bereits begegnet, darunter der unbestreitbaren Tatsache, daß Frauen die ersten am leeren Grab waren. Ebenso unbestritten ist die Einmütigkeit der Quellen, wenn es um die Rolle des Petrus geht. Er wird namentlich unter denen hervorgeben, denen die Frauen berichten sollen, er ist der erste der Jünger, der das leere Grab betritt (Lukas 24,12; Johannes gönnt sich hier eines der vielen humorvollen Momente seines Evangeliums und berichtet von einem Wettlauf, dessen Erwähnung Lukas sich spart; der Lieblingsjünger gewinnt, aber Petrus betritt das Grab als erster, Johannes 20,2–8). Wo Namen genannt werden, steht Petrus an erster Stelle der männlichen

Auferstehungszeugen. Auch Paulus unterstreicht das (1. Korinther 15,5). Bei Lukas findet sich sogar eine besondere Pointe: Sein Auferstehungsbericht ist die vielfach dargestellte und erörterte Geschichte der beiden Emmaus-Jünger. Nur einer, Kleopas, wird namentlich genannt. Über den zweiten ist seit frühester Zeit spekuliert worden; die ältesten Kommentatoren schlugen Simon, den Sohn des Kleopas vor; andere haben den Grund für die Anonymität darin gesehen, daß Lukas selbst der zweite war, sich aber nicht namentlich ins Spiel bringen wollte. Da beide auf dem Heimweg nach Emmaus sind, spricht nichts gegen die Vater-Sohn-Vermutung, aber das ist auch alles. Gewißheit gibt es nicht. Was wir aber erkennen, ist der erzählerisch geschickte Schachzug des Lukas, der berichtet, wie die beiden noch am Abend wieder nach Jerusalem zurückkehren, von ihrer Begegnung mit dem Auferstandenen berichten wollen, aber gar nicht zu Wort kommen, denn kaum haben sie den Raum betreten, in dem „die Elf" versammelt sind, hören sie: „Der Herr ist wirklich auferstanden und ist dem Simon erschienen." So rückt auch Lukas die Erscheinung vor Petrus an die erste Stelle.

Wir wissen es längst: Jeder der Evangelisten setzt eigene Akzente. Auch die drei ersten, die gern als „Synoptiker", als „Zusammenschauende" bezeichnet werden, gestalten ihr eigenes Quellenmaterial als Historiker auf höchstem erzählerischen Niveau selbständig und weichen daher in der Anordnung und Auswahl der Ereignisse verständlicherweise hier und da voneinander ab. So auch bei den Berichten über die Zeit nach der Auferstehung. Markus verzichtet gänzlich darauf, er endet mit dem Höhepunkt des (vorübergehenden) Schweigens der Frauen, in der heiligen Furcht, der Ehr-Furcht angesichts der größten Tat des in der Geschichte handelnden Gottes, der Auferweckung seines eigenen Sohnes. (Erst kurz vor 140 n. Chr. werden die „fehlenden" Berichte an sein Evangelium angefügt, wohl von einem Presbyter namens Aristion.) Matthäus konzentriert sich auf eine wesentliche Begegnung in Galiläa, ohne einen der Jünger namentlich zu erwähnen. Lukas beschränkt sich auf Jerusalem und die unmittelbare Umgebung mit Emmaus und dem Ölberg in der Nähe von Betanien. Johannes wiederum verbindet

Erscheinungen in Jerusalem mit einer Begegnung in Galiläa, und es ist die einzige, in der Petrus eine hervorgehobene Rolle spielt (21,1–23). Die „Rahmenhandlung" der Erscheinung am See Genezareth bzw. Meer von Tiberias, wie Johannes den See hier nennt, sahen wir bereits im ersten Kapitel: die Fischfangtechnik, der Bootstyp, die Zahl der gefangenen Fische und ihre mögliche Bedeutung. Auch jetzt ist nicht zu übersehen, wie professionell der Fischer Petrus nun, mit den anderen Fischern nach dem Ende der irdischen Geschichte Jesu erst einmal zu Familie, Haus und Beruf nach Galiläa zurückgekehrt, nach rund drei Jahren Unterbrechung erneut an der Arbeit ist. Was aber erfahren wir über den Menschen Petrus, der seit seiner Verleugnung innerhalb weniger Tage Dinge erlebt hat, die jeden bis dahin bekannten Maßstab jüdischer Erfahrung überstiegen?

Es wirkt wie ein ruhiges, zwischen dramatischen Höhepunkten eingeschobenes Intermezzo. Er wartet nicht untätig ab, was der nun als der ganz andere, der wahre Messias erkannte Christus Jesus als nächstes tun wird, sondern sieht zu Hause nach dem Rechten und schließt seinen eigenen Kreis, zurückgekehrt zu den Anfängen, aus denen ein zweiter, neuer, vertiefter Auftrag kommen mußte. „Nach meiner Auferstehung werde ich euch nach Galiläa vorausgehen", hatte Jesus ihnen versprochen (Markus 14,28; Matthäus 26,32), und vom leeren Grab hatten die Frauen, die selbstverständlich trotz ihres ersten Schweigens schließlich doch erzählten, was sie gehört hatten, dieses Wort noch einmal als Bestätigung mitgebracht (Markus 16,7; Matthäus 28,7). Petrus wußte also, daß nach den Begegnungen in Jerusalem das eigentlich entscheidende Ereignis erst noch kommen mußte, und zwar in Galiläa. Das von Matthäus wirkungsvoll ganz an das Ende seines Evangeliums gestellte Ereignis auf dem Berg galt allen Jüngern. Wollten wir versuchen, eine Chronologie der laufenden Ereignisse zu erstellen, dann steht es sicher am Ende aller Erscheinungen in Galiläa. Nur bei Johannes, dem Evangelisten, der von Anfang so viel Wert auf das persönliche Gespräch legt, auf den Diskurs im kleinen Kreis, finden wir die eine und einzige Szene, in der Petrus ausführlich im Gespräch mit dem auferstandenen Herrn gezeigt wird.

Die Einleitung der Szene beinhaltet ein Wunder, das man weder übersehen noch überbewerten sollte. Daß die Jünger nach erfolgloser Nacht erst dann etwas fangen, als der Unbekannte ihnen vom Ufer aus zuruft, sie sollen das Netz auf der anderen, der rechten Seite auswerfen, und es dann zu voll wird, um in das Boot eingeholt zu werden, setzt bruchlos die früheren Seewunder Jesu fort. Allerdings ist es keine seiner eigenen Großtaten, sondern liegt eher auf der Linie des Fischfangs, bei dem Petrus einen „Amnun" mit einer Tetradrachme im Maul angelte. Jedenfalls reicht es für zwei der Jünger, noch aus der Entfernung diesen Unbekannten als den Auferstandenen zu erkennen: Der Lieblingsjünger spricht es aus, und Petrus – wieder er und, wie schon gewohnt, wieder *nur* er – handelt. Immerhin betont der Evangelist, daß hier ein Augenzeuge berichtet, einer der weiß, daß Fischer in der Regel nackt oder nur mit einer Art Unterhose bekleidet im Boot standen. Dem Auferstandenen will Petrus so nicht gegenübertreten, also zieht er sich schnell noch den „Ependýtês" über, das Obergewand, und zieht den Gürtel fest, ehe er ins Wasser springt. Und noch etwas fällt auf, ehe es zum Gespräch zwischen Jesus und Petrus kommt: Der verwandelte Auferstehungsleib ist auch hier oben in Galiläa noch nicht wiederzuerkennen (Johannes 21,12), was Petrus und die anderen allerdings nach wie vor nicht wundert, da sie als Juden dank Hesekiel 37 immer schon wußten, daß ein Auferstehungskörper auf den alten Knochen neue Sehnen, neues Fleisch und neue Haut haben würde, also äußerlich mit dem früheren Leib nicht identisch ist. Aber: Auch dieser neue Körper Jesu ist keine Schimäre, keine Vision, sondern physische Realität – er kann Fisch braten (21,9) und essen (21,13; 15; auch Lukas hebt das hervor: 24,41–43). Für Petrus bleibt diese Wirklichkeit der Auferstehung so wichtig, daß er sie später in Caesarea Maritima als Beweis benutzt, um den römischen Hauptmann Cornelius und dessen Hausgemeinschaft zu überzeugen: „Wir haben nach seiner Auferstehung von den Toten mit ihm gegessen und getrunken" (Apostelgeschichte 10,41).

Der Evangelist Johannes zeigt seinen Lesern, wie Jesus und Petrus sich auf vertrautem Terrain bewegen. Er lädt uns ein, einem Wortwechsel zuzuschauen, der wie im griechischen Theater langsam die Spannung aufbaut, sie dann noch einmal zurücknimmt und schließlich die reinigende, „kathartische" Lösung bietet. Es ist, vom historischen Geschehen einmal abgesehen, auch große Literatur, die Johannes da gestaltet, und wir merken einmal mehr, daß es ein Defekt moderner Bibelinterpretation ist, wenn historische Information und erzählerische Kunst als sich gegenseitig ausschließende Qualitäten mißverstanden werden.

Jesus beginnt da, wo er angefangen hatte. Er nennt Petrus bei seinem alten jüdischen Geburtsnamen, den wir uns im ersten Kapitel näher angesehen hatten, Simon (Sohn) des Joannes. Damit ist auch für Petrus klar: Es geht um einen Neuanfang. Doch dann die Frage – wie sollte Petrus sie verstehen? War es, wie wir heute sagen würden, eine Fangfrage, oder eher ein Intelligenztest? „Liebst du mich mehr als diese (die anderen hier)?" Sagte er ja, dann maßte er sich etwas an, das ihn als überheblich bloßstellen müßte. Sagte er nein, klänge es wie eine Verweigerung. Petrus besteht die Probe: „Ja, Herr, du weißt, daß ich dich liebe." Wer so antwortet, beweist, daß er aus den Prüfungen der vergangenen Tage gereift hervorgegangen ist. Er erhält den Auftrag, der ihm bestätigt, daß er unter den Jüngern und für die frühe Kirche, die „Ekklêsia", Leitungsverantwortung hat: „ Weide meine Lämmer." Nun wird die Frage erneut gestellt, aber in anderer Formulierung. Es geht nicht mehr um das „mehr", sondern um die Bestätigung der grundlegenden Liebe zum Herrn, wohlgemerkt nachdem Petrus nun weiß, daß er vom auferstandenen Christus eine mit menschlichen Kräften allein nicht zu bewältigende Verantwortung erhalten hat. Wieder antwortet Petrus mit Ja, mit exakt den gleichen Worten wie zuvor, während Jesus nun seine Beauftragung geringfügig variiert: „Hüte meine Schafe!" Das heißt, aus dem Weiden wird das Hüten, aus den Lämmern werden die Schafe. Und nun folgt die dritte Frage.

Sicher liegen die Interpreten nicht ganz falsch, die diese drei Fragen nach der Liebe des Petrus mit den drei Verleugnungen im Hof des Hohenpriesters kontrastieren. Dabei kommt dann aber meist zu kurz, daß der Auferstandene, so wie Johannes ihn vermittelt, eben nicht dreimal das Gleiche fragt und sagt. Die dritte Frage benutzt ein neues Wort für das Lieben. In den ersten beiden war es griechisch „agapâs", in der dritten ist es „phileîs". Warum fällt das auf? Die „Agape" ist eine geistliche Liebe, die „Philia" dagegen ist umfassender, sie bezieht den Verstand mit ein, der über die Emotion und ihre Vergeistigung hinausgeht. Petrus hatte dieses Wort in den beiden ersten Antworten benutzt. Nun greift Jesus es auf – das heißt, er übernimmt den Sprachgebrauch des Petrus, um ihn noch einmal mit den Mitteln seiner eigenen Wortwahl zu prüfen. Da passiert etwas auf den ersten Blick Seltsames. Petrus ist traurig, weil er zum dritten Mal gefragt wird, und nun eben, beim dritten Mal, sogar unter Benutzung seiner eigenen Ausdrucksweise. Wird er traurig, weil er begreift, daß die dreifache Verleugnung nur durch die dreifache Liebeserklärung aufgehoben werden kann? Um zu verstehen, wie Johannes, der ja die aramäischen Jesus-Reden griechisch wiedergibt, dieses griechische Wort für das Traurigsein benutzt, sehen wir uns die einzige andere Stelle an, in der es in seinem Evangelium vorkommt. Wieder spricht Jesus „in verhüllter Rede", wie es ausdrücklich heißt. Es ist die Szene der Vorhersage seines bevorstehenden Todes, der Auferstehung und der Himmelfahrt, Kapitel 16,16–28. In Vers 20 heißt es über die Zeit nach der Kreuzigung: „Ihr werdet traurig sein, doch eure Traurigkeit soll in Freude verwandelt werden."

So ist es vielleicht nicht zu viel gesagt, wenn wir die Traurigkeit des Petrus bei der dritten Frage nach seiner Liebe für den Herrn tatsächlich als einen Moment der Einsicht verstehen, und nicht etwa als ein Zeichen für Begriffsstutzigkeit. Das wird auch durch seine Antwort unterstrichen: „Herr, du weißt alles; du weißt, daß ich dich liebhabe". Das heißt keineswegs, daß Petrus irritiert ist und sagen will: „Warum fragst du mich überhaupt, wo du, der Sohn Gottes, doch ohnehin alles weißt?" Es ist vielmehr die Bestätigung dieser Einsicht, die Petrus gewonnen hat: „Du weißt alles, du hast es uns vorhergesagt, es ist eingetroffen, und ich, Petrus, kann nicht mehr tun als auch ein drittes Mal die umfassende Liebe zu bestätigen." Jesus weiß, daß er die Wahrheit sagt und nie mehr der Versuchung erliegen wird, sich zu entziehen. Ein drittes Mal folgt der Auftrag: „Weide meine Schafe!" Das „Weiden" der ersten Beauftragung und die „Schafe" der zweiten sind jetzt zusammengefügt; der Kreis ist geschlossen. Damit ist das „Hüten" natürlich nicht aufgehoben; es intensivierte ja nur das „Weiden", das kein Schäfer ohne die hütende Verantwortung ausüben kann. Petrus selbst schreibt mit dieser Wortwahl in seinem ersten Brief über die Ältesten in den Gemeinden (1. Petrus 5,2). Wichtig aber ist auch, daß wir mit der Übersetzung „Schafe" nicht zu kurz greifen sollten. Das Wort, das hier steht, „próbata", ist nämlich im Griechischen noch umfassender zu verstehen. Auch Ziegen können damit gemeint sein, oder, ebenso einfach wie zusammenfassend, alles Weidevieh. Dem Sinn der Beauftragung durch Jesus kommt es am nächsten, wenn wir den Satz so lesen: „Kümmere dich um alle auf meiner Weide". Auf diese Weise erfahren wir im Johannes-Evangelium, wie ernst es nun auch dem Auferstandenen mit der Einsetzung des Petrus in eine Funktion ist, die der irdische Jesus nach dem Bericht des Matthäus erstmals in Caesarea Philippi ausgesprochen hatte. Es ist zweifellos eine Steigerung, denn nun erhält Petrus einen Auftrag, den er nur ausfüllen kann, wenn er auch in den Tod hinein seinem Herrn nachfolgt. Niemand kann diese Worte am See Genezareth lesen, ohne an Johannes 10,11–18 zu denken, wo Jesus von sich als dem Guten Hirten spricht, der die Schafe („próbata") nicht im Stich läßt, wenn es gefährlich wird, sondern bereit ist, sein Leben für die Herde einzusetzen. Es ist daher nur folgerichtig, daß der Auferstandene unmittelbar nach der ditten Frage und Antwort übergeht zur Ankündigung des Todes, den Petrus sterben wird.

Was erfährt Petrus in diesem Augenblick? „Amen, amen, ich sage dir: Als du noch jung warst, hast du dich selbst gegürtet und konntest gehen, wohin du wolltest. Wenn du aber alt geworden bist, wirst du deine Hände ausstrecken, und ein anderer wird dich gürten und dich führen, wohin du nicht willst." Der erste Teil ist sicher nicht ganz unschuldig an einem Phänomen, das uns bereits zu Beginn dieses Buchs begegnete: die Darstellung des Petrus in der Kunstgeschichte als älterer Herr schon zu

Jüngerzeiten. „Als du noch jung warst“ – das macht Petrus aber gerade noch nicht zum Alten, der er sicher erst rund 35 Jahre später, zur Zeit seines Todes sein wird. Hier, am See Genezareth, kann er kaum älter gewesen sein als Jesus selbst, also etwa 36–37 Jahre. Nach damaligen Lebenserwartungen war man damit allerdings längst nicht mehr „jung“, sondern in fortgeschrittenem, „bestem“ Mannesalter. Der Satz Jesu stellt Jugend und Alter gegenüber, überspringt also, um die gewünschte Wirkung zu erzielen, die Phase, in der er sich jetzt befindet. Natürlich setzt Jesus voraus, daß die Zeit, in der Petrus sich selbst gürtete und dahin ging, wohin er wollte, noch längst nicht vorbei ist. Der Evangelist erklärt, was die Aussage bedeutet: „Das sagte er aber, um anzudeuten, durch welchen Tod er Gott verherrlichen würde.“ Wieder haben wir hier eine Stelle, die bis heute zu einer populären Fehldeutung führt. Denn seit Tertullian, seit dem späten 2. Jahrhundert, wird das so verstanden, als hätte Jesus hier mit dem Hinweis auf ausgestreckte Hände den Kreuzestod des Petrus vorausgesagt, und die neuere Bibelforschung, die ganz gern immer wieder einmal behauptet, Jesus hätte gar keine Zukunftsereignisse voraussagen können, sieht hier einen Beweis dafür, daß dieses Evangelium frühestens nach dem Tod des Petrus geschrieben worden sein könne. Als Historiker und Philologen müssen wir das allerdings zurückweisen. Tertullian und denen, die sich an ihn anhängen, ist einfach die Phantasie durchgegangen. Die Voraussage umfaßt nur zwei Teile, und nur so versteht es auch der Evangelist: Erstens erfährt Petrus, daß er eines gewaltsamen Todes sterben wird, denn er wird gefesselt abgeführt werden. Und zweitens erfährt er, daß er als alter Mann sterben wird, also noch Gelegenheit haben wird, das Leiteramt, das ihm ja gerade erst erneut von Jesus anvertraut wurde, über einen längeren Zeitraum auszuüben.

Daß es um den Märtyrertod und einen späten, aber unbekannten Zeitpunkt geht, versteht auch Petrus selbst. Wenige Sekunden später will er von Jesus wissen, wie es dem Lieblingsjünger ergehen werde. Wird auch er ein langes, tätiges Leben vor sich haben, und mit einem Märtyrertod „Gott verherrlichen“? Jesus läßt sich auf die Frage nicht ein; es geht hier ja nur und ausschließlich um Petrus selbst. Daher dann auch die Betonung des „du“: „Folge *du* mir nach!“ Das heißt nun nicht zwingend, daß Petrus noch am Leben war, als das Johannes-Evangelium veröffentlicht wurde. Wenn wir das Ergebnis der jüngsten Analysen ernst nehmen und es auf die Zeit um 66–68 n. Chr. datieren, dann besteht durchaus die Möglichkeit, es mit rund zwei oder mehr Jahren Abstand zum Martyrium des Petrus zu datieren, als der Lieblingsjünger, wie wir im Text erfahren, noch am Leben war. Spannender ist eigentlich die hier von einigen Jüngern mitgedachte Frage, ob Jesus einem Teil seiner Anhänger das Privileg einräumt, bis zu seiner Wiederkehr aus den Himmeln – bis zur Parusie – am Leben zu bleiben. Denn aus der Prophezeiung folgte ja, daß Petrus diese Wiederkehr nicht mehr erleben sollte. Und spätestens seit 35 n. Chr, als Stephanus zu Tode gesteinigt wurde, und 41 n. Chr., als der Zebedäus-Sohn Jakobus von Herodes Agrippa hingerichtet wurde, schließlich seit 62 n. Chr., als aufgehetzte Mitglieder des Hohen Rates Jakobus steinigten, „den Bruder des Herrn“, war für alle Christen klar, daß führende Mitglieder der Urgemeinde – darunter mit dem Zebedaiden Jakobus auch ein Jünger der ersten Stunde – die Wiederkehr Jesu nicht mehr erleben würden. Sollte überhaupt noch einer am Leben sein?

Jesus warnte immer wieder davor, sich irgend etwas auszurechnen, und der Evangelist betont das: „Was betrifft es dich?“ Man muß da also keineswegs große zeitliche Abstände voraussetzen, ehe der Evangelist Johannes so schreiben konnte wie er in der Tat schrieb. Daß diese Szene allerdings mit großer Aufmerksamkeit bedacht wurde, zeigt nicht nur die Reaktion „unter den Brüdern“. Auch Petrus selbst denkt daran zurück, als er rund 32 Jahre später seinen zweiten Brief schreibt: „Denn ich weiß, daß der Abbruch meines Zeltes bald geschieht, wie mir auch unser Herr Jesus Christus offenbart hat“ (2. Petrus 1,14). Petrus schreibt nun wirklich als alter Mann, er weiß, daß der Augenblick des Todes bald kommen wird, und doch wird er nicht untätig, er schreibt diesen Brief, er ist weiter der aktive Seelsorger, Mahner und Mutmacher, und er gebraucht sehr bewußt das Wort „tachinê“, das sowohl „bald“ heißen kann als auch „plötzlich". Noch zwei oder mehr Jahre vielleicht, oder nur wenige Tage? Petrus weiß es nicht und will es auch nicht wissen, denn er hatte von Jesus gelernt, daß er, wie wir alle, jeden Tag vorbereitet zu sein hat, und er nutzt die Zeit, die ihm bleibt, mit aller Energie.

So endet im Johannes-Evangelium das Zusammensein der Jünger um Petrus mit dem Auferstandenen, dem Messias Jesus. Die Gruppe kehrt anschließend noch einmal nach Jerusalem zurück. Die Chronologie läßt sich mit Hilfe des Lukas-Evangeliums ergänzen, das seinerseits auf die Episode in Galiläa verzichtet. Die zeitliche Lücke dafür finden wir in Kapitel 24, zwischen den Versen 43 und 44. In 24,48 setzt Lukas nämlich stillschweigend voraus, daß Jesus und die Jünger sich mittlerweile nicht in Jerusalem befinden. Der Auferstandene gibt ihnen den Auftrag, (nach der Rückkehr, ergänzen wir gedanklich) in Jerusalem mit der Arbeit zu beginnen: „Fangt an in Jerusalem!" (24,47). Zwischen Vers 49 und Vers 50 sind sie dann alle wieder in der Heiligen Stadt, werden von Jesus auf den Ölberg in die Nähe Betaniens geführt, erhalten den abschließenden Segen und erleben seine Himmelfahrt. Daran knüpft Lukas in Teil 2 seines Doppelwerks, der Apostelgeschichte, übergangslos an. Und hier, schon ab Vers 15 des ersten Kapitels, übt Petrus sein Amt aus.

Auf diesen aktiven Felsen, Gemeindeleiter, Hirten waren wir vorausblickend schon in früheren Kapiteln gestoßen, immer dann, wenn ein bestimmtes Ereignis in der Jerusalemer Urkirche als direkte Folge einer Erfahrung in Galiläa zu verstehen war. Vor allem die erste eigenverantwortliche Leitungstat des Petrus, die Durchführung der Nachwahl des zwöften Apostels, stand im Blickfeld einer solchen Querverbindung. Diese Nachwahl hatte noch vor dem nächsten einschneidenden Ereignis stattgefunden, dem Herabkommen des Heiligen Geistes zu Shavuot, dem jüdischen Wochenfest fünfzig Tage nach Pesach, zehn Tage nach Himmelfahrt. Auf das von Jesus angekündigte Wunder, das den Heiligen Geist – von dem immerhin jeder Jude wußte (Psalm 51,13 mit dem Attribut „Heilig"; Jesaja 32,15, u. ö.) – wirksam werden ließ, folgen die Taten, die den ersten Teil der Apostelgeschichte prägen und die ihn herausstellen als Organisator, als Redner, als Sprecher gegenüber den jüdischen Behörden, als Fels, der die Gemeindedisziplin bindend und lösend verantwortet, als Maßstäbe setzender Reisemissionar, als Initiator der konsequenten Mission unter Nichtjuden, als Wundertäter, der heilt und auferweckt. Lukas gruppiert sie nicht nach Oberthemen, sondern stellt Abläufe dar, die Entwicklungen in der Jerusalemer Urgemeinde erkennbar machen:

- Petrus spricht zu über 3000 jüdischen Pilgern aus allen Teilen des Römischen Reichs (Apostelgeschichte 2,5–41).

Es ist nach der Wahl des Matthias zum neuen 12. Apostel die zweite von insgesamt neun Reden, die Petrus im Rahmen der Apostelgeschichte hält. Vor mehr als 3000 Festpilgern zu sprechen, die zu den hunderttausenden gehörten, die am fünfzigsten Tag nach Pesach in Jerusalem eingetroffen waren, um Shavuot, das Sieben-Wochen-Fest zu feiern (griechisch „pentêkostós", fünfzigster, daraus deutsch abgeleitet „Pfingsten"), ist eine neue Herausforderung, aber keine völlig unvertraute Situation: Petrus war dabei, als Jesus die Bergpredigt hielt und als er erst zu den 5000, dann zu den 4000 sprach und sie speiste. Er ist nicht zum ersten Mal in seinem Leben zu dieser Festzeit in Jerusalem, er weiß, daß Menschen aus aller Welt zusammengekommen sind, tiefgläubige Juden, aber auch Gottesfürchtige, die noch nicht konvertiert waren, und neugierige „Heiden", bis hin zu den Kontingenten der römischen Tempelgarnison, die an solchen Hochfesten überall Dienst taten. Und er spricht sie alle an, indem er für den alten Brauch, zur Einleitung eines öffentlichen Vortrags ein Wort der Schrift zu benutzen, eine Stelle aus dem Propheten Joel auswählt und interpretiert, die davon redet, daß Gott seinen Geist in der messianischen Endzeit nicht einer kleinen Elite, sondern allen Menschen schenken will (Joel 3,1–5). Er spricht aber auch direkt zu seinen Mitjuden, er erläutert, wie Juden, die sich an der Kreuzigung Jesu beteiligten und mit den „Gesetzlosen", die außerhalb des jüdischen Gesetzes leben – d.h. den Römern – gemeinsame Sache machten, den Heilsplan Gottes nicht verhindern konnten und nun mit der bereits von Daniel prophezeiten Auferstehung konfrontiert sind (Psalm 16,8–11; Psalm 110,1). Petrus spricht als Jude, der sich in der Heiligen Schrift ebenso gut auskennt wie seine jüdischen Zuhörer. Und er theoretisiert nicht. Was er sagt, ist überprüfbar, nur wenige hundert Meter entfernt: Das Grab Jesu ist leer, das Grab des Königs David, des messianischen Stammvaters, enthält dagegen noch immer seine Knochen. So gelingt ihm ein genialer Schachzug: Die unerwartete Auferstehung eines einzelnen noch vor der Auferstehung aller Gläubigen am Ende der Zeiten, wie die meisten Juden sie erwarteten, ist überprüfbar, und sie ist bezeugt (2,32).

Als Petrus sich am Ende der Rede zusammenfassend an die „Brüder" wendet, appelliert er an alle, die sich auf die Botschaft von Jesus einlassen, ohne es sich dabei zu leicht zu machen. Fragen, prüfen, sich selbst ein Bild machen: Das sind Schritte, die bereits dieser frühe Meister apostolischer Lehre den Zuhörern anbietet, die sich ihr Mosaik des messianischen Glaubens zuammensetzen wollen. Umkehr und Taufe führen Sündenvergebung und die Gabe des Heiligen Geistes herbei, auch für Nichtjuden, für alle Völker, wie es schon der Prophet Jesaja gesehen hatte (Jesaja 57,19). Und der Weg dorthin führt, so zeigt es Petrus mit Hilfe von Psalm 110,1 über die Gleichsetzung von Gott dem Herrn mit Jesus dem Herrn. Es ist eine Auslegungstechnik, die Petrus später in seinem ersten Brief perfektioniert, in 1. Petrus 2,3 mit Psalm 34,8 und in 1. Petrus 3,15 mit Jesaja 8,13. Die Parallelen sind im griechischen Text geradezu schlagend evident. Es ist vor allem ein Heilsangebot, das weit über alles hinausgeht, was Juden und Nichtjuden aus ihren Traditionen zu kennen glaubten, und doch bezieht es sich auf vertraute Prophezeiungen und Zusagen, von Jesaja und Joel über Johannes den Täufer bis hin zu Jesus selbst. Die jüdische Tradition ist nicht aufgehoben, sie ist erfüllt. Das Angebot ist radikal, viele lehnen es ebenso radikal ab, viele andere nehmen es an. Die Zahl der Dreitausend, die sich taufen lassen, ist eine nüchterne Mitteilung: Damals lebten gut hunderttausend Juden in Jerusalem, und wenn dann noch bis zu einer Million als Pilger in die Stadt kamen – das sind wissenschaftlich ermittelte Angaben –, sind 3000 zu Jesus Bekehrte keine maßlose Übertreibung, sondern ein beachtlicher erster Erfolg, der Mut macht, ohne zu Übermut zu verleiten. Und ganz im Sinne des Petrus betont der Historiker Lukas, wem das zu verdanken ist: „Und der Herr fügte täglich ihrer Gemeinschaft die hinzu, die gerettet werden sollten“ (2,47).

- Petrus heilt einen Gelähmten an der Schönen Pforte des Tempels (Apostelgeschichte 3,1–10).

Es ist das erste Heilungswunder des Petrus, nicht irgendwann und irgendwo, sondern auf dem Gang zum Drei-Uhr-Gebet im Tempel, am Schönen Tor, das bei Flavius Josephus als Nikanor-Tor beschrieben wird (Jüdische Altertümer 5,201). Das heißt: Auch und gerade als bekennender Nachfolger des Jesus von Nazareth bleibt Petrus orthodoxer Jude, der den Tempelgottesdienst nicht ausläßt und damit auch den Gegnern innerhalb des Judentums demonstriert, daß sich die Botschaft des Messias Jesus nicht gegen das traditionelle Judentum wendet, sondern dessen Erfüllung ist. Leser der Apostelgeschichte, die das Lukas-Evangelium noch in Erinnerung hatten, bemerkten natürlich, daß dieser Ort auch aus anderem Grund kein Zufall war: Im Bereich dieser Tempelpforte brachte eine Mutter traditionsgemäß nach der Geburt ihres ersten Kindes ihr Reinigungsopfer dar, und das heißt, daß Maria mit Jesus auf dem Arm an dieser Stelle dem gottesfürchtigen Simeon begegnete, der in Jesus das Heil Israels erkannte und die Worte sprach, die als „Nunc dimittis“ in die kirchliche Liturgie Eingang gefunden haben (Lukas 2,22–35).

- Petrus predigt vor einer größeren Volksmenge in der Halle Salomos (3,11–26).

Diese vor ausschließlich jüdischen Zuhörern gehaltene Predigt an der Stelle, an der auch Jesus schon gesprochen hatte (Johannes 10,23), schließt sich an das Heilungswunder an. Petrus bezieht Johannes ein, rühmt aber weder ihn noch sich, sondern verweist auf den Gott Abrahams, Isaaks und Jakobs, den „Gott unserer Väter". Erneut gebraucht er Begriffe, die er später in seinem zweiten Brief wieder aufgreift (und das gilt selbstverständlich ganz unabhängig von der Sprache, die er im Tempel benutzte – nicht griechisch, wie im Brief und in der Wiedergabe des Lukas, sondern aller Wahrscheinlichkeit nach wohl aramäisch). „Was starrt ihr uns an, als hätten wir aus eigener Kraft und Frömmigkeit bewirkt, daß dieser gehen kann?" fragt er (3,12), und schreibt in 2. Petrus 1,3: „Alles, was für unser Leben und unsere Frömmigkeit gut ist, hat seine göttliche Kraft uns geschenkt, durch die Erkenntnis dessen, der uns durch seine Herrlichkeit und Kraft berufen hat." Petrus wiederholt die Grundzüge der ersten Rede in seiner nun sogar noch etwas verschärften Kritik an der Rolle seiner Mitjuden beim Tod des „Fürsten des Lebens" (3,15), gibt ihnen aber die Chance zur Umkehr: „Nun, Brüder, ich weiß, ihr habt aus Unwissenheit gehandelt, ebenso wie eure Führer" – jetzt müssen sie die Konsequenzen ziehen und Buße tun (3,17–19). Wieder betont er, daß es Zeugen für die Wirklichkeit seiner Auferstehung gibt, und nutzt die von allen unbestrittene Tatsache, daß der einst Gelähmte nun wieder gehen kann, als Beweis für die Kraft, die vom Glauben an den Messias Jesus ausgeht. An das Ende der Rede stellt er einen weiteren Appell an seine Hörer, die als Söhne der Propheten und des Bundes, den Gott „mit euren Vätern geschlossen hat", das Privileg genießen, die in Jesus erfüllten Prophezeiungen (Deuteronomium 18,15–19 mit Genesis 26,4) ohne multikulturelle Brücken direkt verstehen zu können. Sie müssen sich allerdings im klaren darüber sein, daß solche Prophezeiungen auch außerjüdische Völker einbeziehen. Mit gutem Grund zitiert er daher Genesis 22,18: „Gesegnet werden sollen durch dein [Abrahams] Geschlecht alle Völker der Erde".

- Petrus wird mit Johannes zusammen inhaftiert und begründet „voll des Heiligen Geistes" seine Position in einem Verhör vor dem Sanhedrin und anderen Anwesenden, mit Ausnahme der fehlenden Pharisäer (4,3–22).

Ausdrücklich wird hier – man könnte sagen: ergänzend zur Betonung der Kraft Christi und der Wirkung des Gottes Abrahams in den voraufgegangenen Szenen – die Gegenwart des Heiligen Geistes hervorgehoben. Sie ist es, die Petrus vor den gelehrten Mitgliedern des Sanhedrin bestehen läßt. Allerdings sehen wir auch hier, daß kein leeres Gefäß gefüllt wird. Petrus bringt seine Erfahrung ein, die er als Fischereiunternehmer und als Organisator der Urgemeinde bereits vor Pfingsten bewiesen hatte. Und wenn wir in dieser Szene lesen, wie die Verhörenden sich über den „Freimut" des Petrus und des Johannes wunderten, da es doch „ungelehrte und einfache Leute" waren (4,13), dann wirft das eher ein Licht auf jene, die so sprechen. Denn die Jünger hatten keine rabbinische Ausbildung durchlaufen, sie waren nicht durch eine der Schulen gegangen, aus der die Bildungseliten der Sadduzäer, Pharisäer und anderer einflußreicher Gruppierungen hervorgingen. Da mochten sie noch so geschickt und pragmatisch argumentieren, sich noch so mühelos im Hebräischen, Aramäischen und Griechischen bewegen – wenn ihnen das Gütesiegel einer der dem Sanhedrin nahestehenden Denkrichtungen fehlte, dann waren sie eben „ungelehrte und einfache Leute". Im Vorurteil der Mitglieder des Hohen Rates klingt Arroganz durch, aber auch eine gewisse Anerkennung mit zusammengebissenen Zähnen. So, wie Petrus mit Psalm 118,22 argumentiert, schriftgemäß, und zugleich auf die Personen und die Situation zugespitzt, mit dem Bild vom Stein, den die Bauleute verwarfen und der zum Eckstein wurde, so konnte auch ein Rabbi nicht geschickter vorgehen. Petrus selbst nutzt die Wirkung dieses Zitats auch später noch einmal, in seinem ersten Brief (1. Petrus 2,4; 2,7).

Die Pointe wird von Petrus und Johannes gemeinsam ausgesprochen, in Form einer rhetorischen Frage, deren positive Beantwortung bis heute eine Richtschnur christlichen Handelns ist: „Ob es vor Gott recht ist, daß wir euch mehr gehorchen als Gott, das entscheidet selbst" (4,19). Man muß Gott mehr gehorchen als den Menschen: Ausdrücklich lesen wir das als Feststellung dann noch einmal in Apostelgeschichte 5,29, einige Zeit später, beim nächsten Verhör vor dem Hohen Rat.

An dieser Stelle des chronologischen Ablaufs zeichnet sich eine neue Entwicklung ab. Nach der in greifbare Resultate umgewandelten Euphorie des Pfingstereignisses, nach der von Petrus geschickt gelenkten Strukturierung der Gemeinde, im Innern ebenso wie in der Auseinandersetzung mit den Gegnern, enstehen kritische Situationen, in denen die Gemeindedisziplin auf den Prüfstand gestellt wird. Der Fall des Hananias und der Sapphira, der indirekt aber um so deutlicher auch eine bisher kaum beachtete messianische Bewegung des Judentums auf die Bühne bringt – die Essener nämlich –, markiert diese Etappe. Im Rückblick der Geschichte sehen wir, wie von diesem Moment an die über Jerusalem und Judäa hinauswirkende Tätigkeit der Urchristen Gestalt gewinnen muß. Es ist eine Tätigkeit, die für Petrus und später auch für Paulus die Reise nach Rom, in die Hauptstadt des Imperiums, zur Folge hat. Darum wird es im nächsten Kapitel gehen. Überleitend, und noch ohne nähere Erläuterung, stehen hier die Zwischenschritte, wie sie uns die nächsten Abschnitte der Apostelgeschichte bieten:

- Petrus führt ein Urteil Gottes über Hananias und seine Frau Sapphira herbei (5,1–11);
- Kranke hoffen, daß schon der Schatten des Petrus Heilung bringen werde (5,14–15);
- Petrus und die anderen werden erneut inhaftiert, von einem Engel des Herrn befreit und lassen sich freiwillig vor den Hohen Rat bringen, wo Petrus Rechenschaft ablegt und den Heiligen Geist als Zeugen benennt. Der Pharisäer Gamaliel überzeugt die anderen Ratsmitglieder davon, daß Gott entscheiden wird; Petrus und die anderen Inhaftierten werden gegeißelt und freigelassen und setzen sich sofort über das Schweigegebot hinweg (5,17–42);
- die Mitglieder der Urkirche Jerusalems fliehen während der Verfolgung, die sich an die Ermordung des Stephanus anschließt; nur Petrus und seine Mitapostel bleiben in der Stadt (8,1);
- Petrus und Johannes gehen nach Samarien, und Petrus setzt sich dort mit dem Zauberer Simon auseinander (8,14–25);

- Petrus und die anderen Apostel haben eine erste Begegnung mit Paulus (9,26–30);
- Petrus zieht missionierend von Ort zu Ort, heilt in Lydda (Lod) den gelähmten Äneas, weckt in Joppe (Jafo) Tabita von den Toten auf und nimmt dort beim Gerber Simon Quartier (9,32–43);
- er sieht und hört in einer Vision, daß die traditionellen Reinheitsgebote des Judentums durch Gott eingeschränkt werden (10,9–16);
- er folgt den Gesandten des römischen Hauptmanns Cornelius nach Caesarea Maritima und tauft ihn mit seinen Angehörigen und Freunden (10,17–48);
- er kehrt nach Jerusalem zurück und begründet dort ausführlich, warum er mit Nichtjuden, mit Unbeschnittenen, unkoschere Speisen aß (11,2–18);
- er wird nach der Ermordung des Jakobus von Herodes Agrippa gefangengesetzt, entkommt aber mit Hilfe eines Engels (12,3–11);
- unmittelbar nach der Flucht geht er zu einem der mindestens schon zwei Versammlungsorte der Jerusalemer Kirche, dem Haus der Mutter des späteren Evangelisten Markus, verabschiedet sich, richtet eine Botschaft an den Herrenbruder Jakobus aus, den Leiter des anderen Gemeindezentrums, und begibt sich „an einen anderen Ort", das heißt nach Rom (12,12–17). Obwohl das nicht eigens in der Apostelgeschichte erwähnt wird, fügen wir hier ein: Auf der Hin- und (oder) Rückreise wirkt er unter anderem in Korinth (1. Korinther 1,12);
- rund sieben Jahre später ist er wieder in Jerusalem und eröffnet mit einer strategisch maßgeblichen Rede das sogenannte Apostelkonzil, das die Tür zur „Heidenmission" öffnet, der Einbeziehung von Unbeschnittenen, nicht erst zum Judentum Konvertierten, in die Kirche Christi, im Rahmen reduzierter Reinheitsgebote (15,6–29).

Hier endet die Berichterstattung der Apostelgeschichte, soweit sie Petrus betrifft. Auf den Seiten des Neuen Testaments erfahren wir weiteres durch Paulus, der die Erscheinung des Auferstandenen vor Petrus bestätigt (1. Korinther 15,5), seine eigene Begegnung mit Petrus und Jakobus hervorhebt (Galater 1,18–19) und seine Sicht der Auseinandersetzung mit Petrus in Antiochia darlegt, des Konflikts über die apostolischen Pflichten bei der Tischgemeinschaft mit Judenchristen und Heidenchristen, bei dem Barnabas auf Seiten des Petrus steht (Galater 2,11–16). Zur apostolischen Zeit gehören auch die beiden Petrusbriefe, die ihrerseits historische Informationen über die Person und das Handeln des Petrus enthalten. Vier der für das Petrus-Bild der frühen Kirche – und bis heute der gesamten Weltchristenheit – herausragend wichtigen Ereignisse werden im Neuen Testament nicht behandelt: Seine beiden Aufenthalte in Rom, sein dortiger Tod und sein Begräbnis an der bis heute erhaltenen Stätte auf dem Vatikanischen Hügel. Es ist in der Forschung immer wieder – gegen Widerstände – daran festgehalten worden, daß zumindest das Fehlen einer Berichterstattung über das römische Martyrium des Petrus nicht schwer zu erklären ist. Alle ernsthaft geprüften Indizien sprechen dafür, daß die einzige Schrift, in der man einen ausdücklichen Hinweis erwarten müßte, die Apostelgeschichte des Lukas, bereits vor dem Tod des Herrenbruders Jakobus des Gerechten abgeschlossen war, also spätestens Anfang 62 n. Chr. Denn schon dieser für die Urkirche so einschneidende Mord wird von Lukas nicht mehr erwähnt, während er beim jüdisch-römischen Historiker Flavius Josephus in dessen um 93 n. Chr. veröffentlichten „Jüdischen Altertümern" ausführlich behandelt wird (20,199–203). Die oft zu hörenden Gegenargumente, Lukas hätte entweder bewußt auf die Erwähnung dieser katastrophalen Todesfälle verzichtet, um mit der positiven Note einer nahezu uneingeschränkten Wirksamkeit des Paulus in Rom enden zu können, oder aber Lukas hätte noch gar nicht gewußt, daß Jakobus, Petrus und Paulus getötet worden waren, scheitern an sich selbst. Einerseits hat Lukas durchaus keine Scheu davor, den gewaltsamen Tod von Glaubenszeugen in der Nachfolge Jesu wirksam herauszustellen (Stephanus und Jakobus, der Bruder des Johannes, als erster Jünger), und er hätte sich daher das bemerkenswertere Sterben des zweiten Leiters der Jerusalemer Urkirche ebenso wenig entgehen lassen, wie das des Petrus und des Paulus einige Jahre später, wenn es bereits stattgefunden hätte. Daß er aber andererseits davon gar nichts gewußt hätte, ist naiv: dafür stand er den leitenden Gestalten der Kirche viel zu nahe. Wir können die komplexe Frage der Entstehung des Evangeliums und der Apostelgeschichte hier nicht in allen Einzelheiten erörtern, dürfen aber einen plausiblen chronologischen Grund dafür erkennen, daß die Apostelgeschichte den Tod des Petrus in Rom nicht mehr erwähnt.

Rätselhafter – falls das ein angemessenes Wort ist – scheint das Fehlen eines ausdrücklichen Hinweises auf die beiden Romaufenthalte des Apostels zu sein. Und sicher ist es für uns heute ein Nachteil, für den Zeitraum nach der Himmelfahrt nur über eine einzige zeitgenössische historische Schrift eines zeitweise Beteiligten zu verfügen, während wir für die Jahre davor vier verschiedene Quellen, die vier Evangelien, ergänzend untersuchen konnten. Auch hier gilt zweifellos, daß Lukas wußte, was er ausließ, und wir denken wieder an die alte Warnung, derzufolge der Beweis des Fehlens mit dem Fehlen des Beweises nicht verwechselt werden darf. Über Spekulationen ist man bei der Suche nach Gründen allerdings nicht hinausgekommen. Daß Lukas plötzlich das Interesse an Petrus verloren habe, weil er sich im zweiten Teil seiner Apostelgeschichte nur noch auf Paulus konzentrieren wollte, ist zu billig. Immerhin tritt Petrus ja nach seinem Weggang aus Jerusalem noch einmal in Jerusalem auf, um das „Apostelkonzil" mit einer bemerkenswerten Rede zu eröffnen. Das hätte Lukas sich sparen können, wenn es ihm nicht darum gegangen wäre, die wegweisende, brückenbauende Rolle des Petrus selbst dann noch einmal in den Vordergrund zu stellen, als der Apostel ganz offensichtlich sein Leitungsamt in Jerusalem nach elfjähriger erfolgreicher Tätigkeit (30–41 n. Chr.) längst in andere Hände übergeben hatte. Eine andere Vermutung lautet, Lukas habe Petrus schützen wollen – immerhin widmet er die Apostelgeschichte wie schon das Evangelium der Exzellenz Theophilus, einem offenbar hochrangigen römischen Würdenträger, den er möglicherweise nicht in Verlegenheit bringen wollte mit dem ausdrücklichen Hinweis darauf, daß ein Mann, der dadurch, daß er aus der Gefangenschaft flieht, die ein von den Römern eingesetzter König veranlaßt hatte, Widerstand gegen die Staatsgewalt leistet, nun fröhlich in die Hauptstadt des Römischen Reiches reist und dort nicht einmal, sondern zweimal ungestraft wirken kann. Für diese Vermutung spricht möglicherweise auch, daß Lukas schon im Evangelium den Mann, der im Garten Gethsemani mit dem Schwert dem Diener des Hohenpriesters ein Ohr abschlägt, nicht namentlich identifiziert. Aber man sollte das vielleicht pragmatischer sehen:

Lukas schreibt keine frühe Kirchengeschichte, sondern eine Individualgeschichte. Stets geht es um die Taten einzelner Personen, ob sie nun Petrus, Philippus, Stephanus, Barnabas, Jakobus oder Paulus heißen. Das Wachsen und Werden der frühen Kirche wird an diesen Personen festgemacht. Als Petrus Jerusalem nach der Flucht aus dem Gefängnis verläßt, ist sein Individualbeitrag für die unbestritten entscheidenden Jahre der Kirche geleistet. Auf jedem Gebiet des Gemeindewachstums war er der Pionier gewesen, auch schon lange vor Paulus in der Heidenmission, die er im Familien- und Freundeskreis des ersten getauften römischen Nichtjuden (der von Philippus getaufte Kämmerer der Kandake kam aus einem Land außerhalb des Römischen Reichs) auch theologisch untermauerte. Lukas kann sich daher ohne weiteres damit begnügen, mit einer knappen Formel – auf die wir noch zurückkommen werden – den Weggang nach Rom zu erwähnen, braucht dann aber den chronologischen Fluß der Ereignisse im Heiligen Land nicht zu unterbrechen, da Petrus in Rom nicht als Pionier, nicht als Gemeindegründer auftritt und auch nach den Aussagen der späteren Kirchenautoren nichts Neues schafft, sondern Vorhandenes ausbaut, strukturiert und konsolidiert. Das mag für die spätere Kirchengeschichte von großer Bedeutung sein, zumal die Überlieferung vom ersten „Aufseher"amt oder, griechisch, dem „Episkopat", also dem „Bischofs"amt Roms, damit zusammenhängt. Es kann Lukas aber insofern nicht interessieren, als er seine Akzente stets auf das Neue setzt, das Durchbrechen bisheriger Strukturen, die Leistung individueller Pioniere.

Gerade deswegen tritt Petrus in der Apostelgeschichte dann doch noch einmal auf, bei der Versammlung aller Apostel ca. 48 n. Chr. in Jerusalem, um ein letztes Mal einen Durchbruch zu Neuem möglich zu machen: So wichtig die Stimme des Jakobus und die Berichte des Barnabas und des Paulus sind, so wesentlich die Einstimmigkeit aller Teilnehmer ist: Wer den Bericht des Lukas aufmerksam liest (Apostelgeschichte 15,1–29), muß wohl eingestehen, daß ohne die Eröffnungsrede des Petrus auf dieser für die Kirche (vor allem im Verhältnis zum Judentum) bahnbrechenden Versammlung ein Jakobus nicht so gesprochen hätte, wie er das dann tut, und daß der Widerstand gegen Paulus und seine Vorstellung von Heidenmission ohne Beschneidung und ohne strikte koschere Lebensregeln auf anhaltend erbitterten Widerstand gestoßen wäre. Wie notwendig die Diplomatie des Petrus war und blieb, zeigt sich nicht allzu lange danach in Antiochia, als der Apostel zwischen Heidenchristen und Judenchristen in der Stadt, zwischen Anhängern der sich auf Jakobus berufenden jüdisch-orthodoxen Partei in der Urkirche und dem strikt auf seiner Position beharrenden Paulus vermitteln muß, und dabei nicht bei Paulus, wohl aber bei Barnabas und den Christen Antiochias auf Zustimmung stößt (Galater 2,11–16). Und da paßt es auch in das Gesamtbild, daß Lukas, der seine Apostelgeschichte nach dem Galaterbrief verfaßte und diesen Brief als Begleiter des Paulus sicher kannte, auf die Auseinandersetzung nicht eingeht. Aus der Perspektive des Lukas heißt das: Was zu sagen war, um den Boden zu bereiten, hatte Petrus schließlich bereits in Jerusalem gesagt.

Mit der Frage nach den Quellen innerhalb des Neuen Testaments sind wir den Ereignissen vorausgeeilt. Auch auf diese Weise konnten wir immerhin schon sehen, daß es eine Kontinuität gibt, die nur auf den ersten, flüchtigen Blick brüchig zu sein scheint.

Zum ersten Mal in Rom

Der Weg in die Hauptstadt des Römischen Reichs

Die Episode von Hananias und Sapphira steht am Anfang des Weges nach Rom – so war es oben zu lesen, vor der knappgefaßten Abfolge der weiteren Ereignisse, von denen die Apostelgeschichte noch berichtet. Und es fiel, nicht zum ersten Mal in diesem Buch, der Name der Essener. Was aber haben die Essener mit Petrus, Hananias, Sapphira und den Ereignissen der Urgemeinde zu tun, und wie kommt da auch noch Rom in den Blick? Die Tatsache, daß der aramäisch geschriebene Name „Petrus" auf einem kleinen Dokument aus der 4. Höhle von Qumran steht, wurde zu Beginn dieses Buches als ein Indiz für die Normalität gewertet, mit der Juden sowohl die hebräische Namensform „Kepha(s)" als auch die griechische Form „Petros", griechisch oder aramäisch geschrieben, je nach Bedarf benutzen konnten. Der Gedanke, das Auftauchen des Namens in einem Text aus Qumran mit einer Zugehörigkeit des Petrus zur essenischen Bewegung zu bringen, ist erfreulicherweise noch keinem Forscher in den Sinn gekommen, der über dieses Schriftstück informiert ist. Manche sind schon auf die absurdesten Ideen verfallen, etwa die, daß „Damaskus" in der Geschichte über die Bekehrung des Paulus nur eine Chiffre für „Qumran" ist, Paulus in Wirklichkeit seine Berufung in Qumran erfuhr und dort auch theologische Studien betrieb, oder, vielleicht noch irrwitziger, daß Jesus in Gegenwart von Pilatus in der Qumran-Höhle 7 nur zum Schein gekreuzigt wurde. Das sind keine Parodien – solche Thesen wurden ernsthaft vorgebracht und erinnern an die gelegentlich mit leichter Ironie geäußerte Vermutung, daß Qumran-Forschung und Wahnsinn in gefährlicher Nachbarschaft leben.

Ernsthafter sind andere Thesen zu bedenken, wie z.B. jene, daß Johannes der Täufer ein in Qumran ausgebildeter Essener gewesen sein könnte. Auch hier ist die Wahrscheinlichkeit eher gering – die Nähe von Qumran zur südlichen Taufstelle des Johannes „auf der anderen Seite des Jordans“ ist trügerisch, denn die Taufstelle liegt so nah nun auch wieder nicht und befindet sich, wie der Text unmißverständlich aussagt, auf der anderen, der östlichen Seite, nicht auf der westlichen Seite des Toten Meeres, in deren Nähe die Siedlung von Sechacha (Josua 15,61) lag, das heutige Qumran. Deutlicher konnte der Täufer seine Distanzierung von den Essenern kaum ausdrücken als damit, daß er auf die andere Seite des Flusses ging, nördlich und östlich entfernt von der essenischen Siedlung. Doch auch die eigentliche Taufe des Johannes hat mit der bei geringsten Anlässen der Verunreinigung oft mehrmals täglich zu wiederholenden Selbstreinigung durch Untertauchen, wie die Essener sie praktizierten, nichts gemeinsam, außer der einen praktischen Beobachtung: Wasser reinigt. Wenn der Täufer Johannes andere tauft, und zwar ein für alle Mal, ohne den Druck der Wiederholung mit eigener Hand, dann wendet er sich radikal von allem ab, was man in Qumran praktizierte. Und dennoch: Schon seit Flavius Josephus wissen wir, was die neuere Forschung dank der Qumran-Funde eindrücklich bestätigt hat – die Essener waren eine der drei großen Bewegungen des Judentums zur Zeit Jesu, neben den Sadduzäern und Pharisäern. Sie lebten keineswegs nur in ihren Ausbildungszentren in Qumran und auf dem Südwesthügel Jerusalems, sondern hatten sogenannte Lager und viele aus der Ausbildung hervorgegangene, dann verheiratete und Familien gründende Angehörige überall im Heiligen Land, und darüber hinaus bis nach Damaskus, Kairo, und auch in Rom. Auch ihre Texte wurden an diesen und anderen Orten gelesen, sogar noch lange nach dem Untergang der Zentren in Qumran und Jerusalem. Nehmen wir in aller Kürze nur das Beispiel des Hippolyt von Rom, der von ca. 170 bis ca. 236 n. Chr. lebte, Presbyter war und gelegentlich für die Zeit von 217 bis 222 sogar als Gegen-Bischof zu Callistus genannt wird. Er kannte nicht nur die Schriften des Flavius Josephus, sondern hatte zweifellos Zugang zu essenischen Texten, die Josephus nicht kannte und von denen man nichts wußte, ehe sie bei der Entdeckung der Höhlen von Qumran wieder auftauchten. Das wohl wichtigste Beispiel dafür ist die Mitteilung Hippolyts, daß die Essener an eine leibliche Auferstehung glaubten (so berichtet er es in seiner Schrift „Widerlegung aller Häresien" 9,27). Kein anderer antiker Autor erwähnt das, auch Josephus nicht, der von einem Glauben an die Auferstehung der Seele schreibt. Und doch ist es von größter Bedeutung – denn auf diese Weise geraten die Sadduzäer, die den Auferstehungsglauben ablehnten, in eine noch auffälligere Minderheit gegenüber den nunmehr drei jüdischen Bewegungen, die diesen Glauben emphatisch vertraten: die Pharisäer, die Jesus-Nachfolger, und eben auch die Essener. Erst 1992 brachte die Veröffentlichung des Qumran-Fragments 4Q 521 die Gewißheit, daß Hippolyt sich auf mindestens eine tatsächliche Schrift der Essener bezog.

Aus solchen Hinweisen auf die weite und langanhaltende Verbreitung essenischen Gedankenguts folgt für die Alltagswelt: Wer Essenern begegnen wollte, mußte nicht nach Qumran oder Jerusalem, er konnte sie nahezu überall treffen. Und wenden wir das auf Jesus selbst, auf die Jünger und auf die Zeit der Urgemeinde unter Petrus an, so dürfen wir sagen: Berührungen mit Essenern und mit ihren Gedanken sind geradezu vorauszusetzen, um so mehr, als Jesus und sein engster Kreis auf alle Juden und alle jüdischen Bewegungen zugingen, ob sie ihn nun von vornherein ablehnten oder nicht. Daß wir den Namen „Essener" im Neuen Testament nicht finden, spricht nicht dagegen. Heute wissen wir aus den Schriftrollen, daß sie sich selbst gar nicht so nannten. Der Name kommt nur in den Texten anderer vor, bei Philo, Plinius dem Älteren, Flavius Josephus, Dion von Prusa und Synesios von Kyrene, und er stammt wahrscheinlich aus der Ableitung eines Begriffs für die „sehr Frommen". Auch den Christen ging es ja so – nicht sie gaben sich die Gruppenbezeichnung „Christen", sondern andere, zuerst wohl Beobachter in Antiochia, denen aufgefallen war, daß diese Menschen dem Messias, dem Christus angehörten, also griechisch wörtlich „Christianoi" waren (Apostelgeschichte 11,26; 26,28; vgl. 1 Petrus 4,16). Sie, die Essener, nannten sich selbst wohl eher „Jachad", auf deutsch die „Einung" (vor dem Gesetz Gottes). Ihren Spuren begegnen wir in den Evangelien, in der Apostelgeschichte und in den Briefen an vielen Stellen. Das hat eben damit zu tun, daß man ihre Schriften überall kannte, diskutierte, benutzte, zitierte, akzeptierte oder ablehnte. Das in den Höhlen bei Qumran wiederentdeckte und seit kurzem vollständig veröffentliche Schrifttum war damals unter Juden keine geheime Ware. Es hat aber auch damit zu tun, daß wirkliche, reale Essener den Weg der ersten Jesus-Nachfolger kreuzten. Noch ehe wir auf den Tod von Hananias und Sapphira stoßen, begegnet uns ein überraschendes Beispiel dafür, in einer weiter oben kurz gestreiften Szene, an der auch Petrus beteiligt war (Lukas 22,8–13). Petrus und Johannes werden von Jesus in die Stadt geschickt, um das Paschamahl vorzubereiten. Sie sollen einem Mann folgen, der sie in ein Haus führen wird, in dessen Obergeschoß schon die Polster für die Gäste bereitliegen. Diesen Mann werden sie an dem Wasserkrug erkennen, den er trägt. Das ist sicher eine eigenartige Beschreibung. Zugleich muß das Kennzeichen auffällig genug sein, um eine Identifizierung zu ermöglichen. So weit wir wissen, wurde Wasser in Krügen in jener Zeit nur von Frauen getragen, und zwar in der Regel auf dem Kopf. Wenn Männer Wasser trugen, dann waren das Bedienstete oder Sklaven, die es in Schläuchen unter dem Arm trugen. Da hier aber ein Mann das Wasser in einem Krug trägt, liegt die Vermutung nahe, daß es sich um das Mitglied einer Gemeinschaft handelt, die weder Frauen noch Bedienstete oder Sklaven hatte, zugleich aber groß genug war, um ein Gästehaus zu unterhalten. Für das damalige Jerusalem trifft das nur auf eine einzige Gruppe zu, auf die Essener, die in ihren Ausbildungszentren von Qumran und Jerusalem zölibatär und ohne weibliche Bedienstete, aber auch ohne männliche Sklaven bzw. untergeordnete Bedienstete lebten.

Ein Mann, der einen Wasserkrug trug, vielleicht sogar auf dem Kopf, wäre damit leicht als ein Essener zu erkennen gewesen. Essenische Gastfreundschaft für Jesus, Petrus und den ganzen Jüngerkreis? Man kann das ohne weiteres für möglich halten, gerade zur Zeit des Passah-Festes, als Gastfreundschaft großgeschrieben wurde. Es macht natürlich weder Jesus noch Petrus zum Essener oder zum Anhänger dieser Bewegung, ebenso wenig, wie das abendliche Essen in einem Kibbutz aus

Christen Juden macht. Worum es geht, ist schlicht dies: Wir dürfen uns die Welt der damaligen jüdischen Bewegungen nicht als ein System voneinander hermetisch abgeschlossener Gruppen denken. Neben aller Befehdung, neben der zum Teil scharfen, polemischen Sprache, die wir in den Schriftrollen von Qumran und in einigen Abschnitten des Neuen Testaments antreffen, steht auch die Dialogbereitschaft und vor allem immer wieder die Gastfreundschaft. Sie führte die Jesusanhänger und Essener mit Sicherheit nicht nur an jenem Abend in Jerusalem in einem Haus zusammen, sondern auch früher schon und dann auch später, nach der Auferstehung, als vor allem die Essener darüber nachdachten, ob dieser Jesus nicht vielleicht doch dem Bild entsprach, das sie sich seit langem von einer der Messias-Gestalten machten, von denen in ihren Schriften die Rede ist. Diese Schriften, das muß noch einmal deutlich gesagt werden, waren kein Privatbesitz der essenischen Elite. Abschriften kursierten überall, und die Kenntnis ihrer wichtigsten Lehren darf, nein muß ganz allgemein im Judentum jener Zeit vorausgesetzt werden. Und damit schließt sich der Kreis zu der Bemerkung am Ende des voraufgegangenen Kapitels: Mit der Geschichte von Hananias und Sapphira stoßen wir zur Zeit der Urgemeinde auf eine Spur der Wirkung essenischen Denkens und Lebens, die weit über Qumran und Jerusalem hinausreichte.

Die Urgemeinde hatte beschlossen, in Gütergemeinschaft zu leben. Das war für jeden einzelnen eine freiwillige Entscheidung, und sie bedeutete nicht den vollständigen und endgültigen Verzicht auf allen persönlichen Besitz. Wer wollte, konnte alles geben, aber es gab auch andere Möglichkeiten, den eigenen Besitz in den Dienst der Gemeinschaft zu stellen. Die Mutter des Markus gab dafür das bekannteste Beispiel: Sie behielt ihr offenbar großes Anwesen und stellte es als Treffpunkt zur Verfügung (Apostelgeschichte 12,12). Der sicher nicht arme Levit Joseph Barnabas aus Zypern gab aus seinem Besitz ein Feld (Apostelgeschichte 4,37). Es ging also nicht um den Kibbutz-Gedanken, sondern um eine Prioritätensetzung. Jeder gab, weil die Gemeinschaft wichtiger war als der Privatbesitz. Aber eine Enteignung, und sei sie auch eine freiwillige Selbst-Enteignung, war nicht vorgesehen. Sicher blickten die Jerusalemer Christen da auch auf ihre Nachbarn. Die auf dem Südwesthügel Jerusalems, dem heutigen Zionsberg, angesiedelten Jerusalemer Essener waren solche Nachbarn der Urgemeinde. Man wußte voneinander, man beobachtete sich, und die jüdischen Urchristen kannten – wie wir schon sahen – auch die schriftlich fixierten Regeln des essenischen Zusammenlebens. Hier gab es, wie so oft bei den Essenern, zwei Modelle. Zum einen war da die strikte Norm des Lebens in den Ausbildungszentren von Qumran und Jerusalem, wo zölibatär gelebt wurde und Gemeindedisziplin groß geschrieben wurde. „Draußen" aber, im Lande und in der Diaspora, im nicht-essenischen Umfeld, galten modifizierte Regeln.

Die „Gemeinderegel" 1QS fordert einen absoluten Besitzverzicht. Beim Eintritt in die Gemeinschaft gab es eine Probezeit von einem Jahr, danach ging der gesamte Besitz in die Verwaltung der Essener, ohne allerdings für immer enteignet zu werden. Auch Beobachter wie Philo von Alexandria, Plinius der Ältere und Flavius Josephus erwähnen diese auffällige, von anderen Juden der vorchristlichen Zeit nicht praktizierte Form des Zusammenlebens. Doch die Damaskus-Schrift, eine Art Gründungsdokument der essenischen Bewegung, erwähnt ohne Kritik die Möglichkeit des Privatbesitzes und eines eigenen Vermögens. Galt das nur außerhalb der Zentren? Petrus und die anderen Apostel an der Spitze der Urgemeinde mußten sich dieser Frage schon aus strategischen Gründen stellen: Wollte man in Jerusalem dem strengen Maßstab der benachbarten Essener standhalten, um gerade bei ihnen, die ja doch wegen ihres Auferstehungsglaubens vorrangige Ansprechpartner unter den Mitjuden waren, als geschlossene, fest strukturierte Gemeinschaft angesehen zu werden? Oder wollte man von Anfang an den Blick über Jerusalem hinaus bis in die Diaspora werfen, wo es weniger kommunitär zuging? Die Beispiele aus der Apostelgeschichte zeigen uns, daß Petrus offenbar zu einem Weg riet, auf dem man das eine tat, ohne das andere zu lassen: missionarischer Pragmatismus. Zuerst kam der gemeinsame Besitz, aber niemand wurde aus der Gemeinschaft ausgeschlossen, wenn er oder sie Privatbesitz zurückbehielt. Wie war das in der Praxis ohne Konflikte zu handhaben? Nur durch absolute Offenheit. Auch Privatbesitz war bekannt, blieb nicht verheimlicht und stand im Dienst der Gemeinschaft.

Petrus greift also erst ein, als er Hananias als Lügner entlarvt. Wie zuvor Joseph Barnabas hatten Hananias und seine Frau ein Feld verkauft. Sie hatten einen Teil des Gewinns in die Gemeindekasse bezahlt und einen anderen Teil behalten, das war ihr Recht. Petrus sagt ausdrücklich, daß sie mit dem Geld tun konnten, was sie wollten (Apostelgeschichte 5,4). Aber anders als Joseph betrügt Hananias die Urgemeinde. Petrus soll glauben, daß er den gesamten Erlös an die Gemeinde übergeben hat. Damit aber – so sagt ihm nun Petrus – hat er nicht die Mitglieder der Gemeinde betrogen, sondern, unter dem Einfluß Satans, den Heiligen Geist, und er hat Gott selbst betrogen. Schärfer konnte eine Feststellung kaum ausfallen, denn Petrus wußte natürlich, daß Jesus ein Vergehen gegen den Heiligen Geist als die Sünde bezeichnet hatte, die nicht vergeben wird (Lukas 12,10). Doch Petrus spricht kein Urteil aus. Hananias hatte sich durch dieses Vergehen längst selbst verurteilt. Er stürzt zu Boden und stirbt. Das Entsetzen der Beobachter ist ganz und gar biblisch begründet. Wohl jeder, der das miterlebte, erinnerte sich an die Gottesurteile in Genesis 38,7 und 38,10 und an das unmißverständliche Wort Davids in Psalm 34,22: „Den Frevler wird seine Bosheit töten." Nur daß es so schnell geschieht, von einer Sekunde auf die andere, kam wohl überraschend. Und es ist erschütternd, daß sich die Szene drei Stunden später mit Sapphira, der Frau des Hananias, die ihre Chance zur Aufrichtigkeit vor Gott und seiner Kirche nicht nutzt, noch einmal wiederholt.

Die Gemeinde ist von heiliger Furcht ergriffen (5,11). Jene, die mit dem Denken der benachbarten Essener vertraut waren – und wie wir sahen, galt das nicht nur für Petrus –, dachten natürlich auch an die Gemeinderegel 1QS, in der die Strafe für absichtliches Lügen beschrieben wird: Der Lügner wird für ein Jahr vom Gemeinschaftsmahl ausgeschlossen, und ein Viertel seiner Nahrungszuteilung wird ihm entzogen (1QS 6,24–25). Das mußte nicht tödlich sein, aber die Essener nahmen den Tod als Folge einer Bestrafung durchaus in Kauf. Josephus berichtet, wie Menschen, die wegen eines Vergehens ausgestoßen wurden, an Hunger starben (Jüdischer Krieg 2,143). Diese Episode macht deutlich, wie ernst Petrus seine Aufgabe nahm, wie sehr er sich als Verantwortlicher in der Gemeindedisziplin als Garant der göttlichen Weisung erwies, und wie er dabei zugleich den Essenern nebenan zeigte: Als Jesusanhänger gestattete man sich keine faulen Kompromisse, sondern man war eher noch strenger als die gestrengen Ultraorthodoxen der „Jachad". Ein Ereignis wie der Tod von Hananias und Sapphira kam in der Urkirche kein zweites Mal vor. Die Lektion wurde gelernt, und wie wir aus der späteren Geschichte der jüdisch-christlichen Gemeinschaft bis zur Zerstörung des Tempels wissen, hatte Petrus nicht zuletzt bei diesem Geschehen die Aufmerkamkeit der Essener geweckt, die sich nun in der Gemeindedisziplin noch übertroffen sahen. Und Petrus zeigte, daß er die Vollmacht des Bindens und Lösens tatsächlich besaß. Er und die anderen sahen aber auch, wie das letzte Wort bei Gott bleibt.

Zweifellos sprach sich ein solches Ereignis schnell herum, nicht nur unter den Essenern. Als dann auch noch weitere wundersame Krankenheilungen dazukamen, war der Sanhedrin, der Hohe Rat, verständlicherweise in Alarmzustand. Die Apostel wurden erneut verhaftet, entkamen jedoch mit Hilfe eines Boten Gottes, predigten im Tempel und ließen sich erst von dort freiwillig zu einem neuerlichen Verhör führen. Liest man solch einen Abschnitt der Apostelgeschichte aus der Perspektive christlicher Bewunderung für die Urkirche in Jerusalem, dann bringt man wohl kaum Verständnis für die völlig überforderten Mitglieder des Sanhedrins auf. Sicher konnten auch diese Männer sich an die eine oder andere Bibelstelle erinnern, die mit den Taten des Petrus und der anderen in Beziehung zu bringen war – aber mußte da nicht ein riesiges Mißverständnis vorliegen? Es handelte sich doch um die Anhänger eines von den Römern mit amtlich-jüdischer Befürwortung hingerichteteten Messias-Prätendenten. Wie konnten diese Leute nun so überzeugend auf das leere Grab dieses Gekreuzigten zeigen und so machtvoll lehren, heilen, immer neue Mitglieder ihrer Bewegung gewinnen? Der Sanhedrin hätte sich und der Öffentlichkeit eingestehen müssen, an einem Justizmord mitgewirkt zu haben. Aber hatte man angesichts der Umstände damals, am Freitag, den 7. April des Jahres 30, überhaupt anders handeln können? Es war eine verfahrene Situation, und in solchen Augenblicken neigten Autoritäten schon immer dazu, ihre Macht auszuspielen.

Nach der Bußrede des Petrus, in der gleich zu Beginn der Gehorsam gegenüber Gott eingefordert wurde, einem Gott, der „unser Vater" ist – das heißt hier, die Apostel wollten Juden sein, nicht Angehörige einer neuen Religion –, und in der kein geringerer als der Heilige Geist, der (hebräisch eigentlich: „die") „Ruach ha-kodesch", als Zeuge genannt wurde, wollten der Hohepriester und die Ratsmitglieder zu Mördern werden. Denn legal durften die Juden zu dieser Zeit unter römischer Verwaltung keine Todesstrafe vollstrecken; es blieb ihnen nur die später auch an Stephanus vollzogene, illegale Steinigung, der knapp drei Jahrzehnte später noch Jakobus zum Opfer fiel. Hier aber meldete sich ein Mitglied des Hohen Rates zu Wort, das Petrus sehr genau zugehört und die vergangenen Handlungen dieses Mannes und der anderen Apostel sorgfältig überdacht hatte. Es war ein Mann, mit dem die große Welt des erfahrenen Judentums in die kleine, auf sich selbst bezogene Welt des Hohen Rates eintrat: Gamaliel. Er gehörte – wie Paulus, dessen Lehrer er war (Apostelgeschichte 22,3) – zu den Pharisäern, stammte aus der rabbinischen Schule des großen Hillel, dessen Enkel er einer Überlieferung zufolge war, und genoß so großes Ansehen, daß die Juden ihn „Rabban" nannten, „unser Lehrer" (so die Mischna Sota 9,15) – eine Bestätigung der Einschätzung durch Lukas, der ihn „einen beim ganzen Volk angesehenen Gesetzeslehrer" nennt (Apostelgeschichte 5,34). Dieser Gamaliel stand nun auf und sagte etwas, das wie ein Motto über den kommenden Jahren und Jahrzehnten der Urkirche stehen sollte: „Laßt von diesen Männern ab, und gebt sie frei; denn wenn dieses Vorhaben oder dieses Werk von Menschen stammt, wird es zerstört werden; stammt es aber von Gott, so könnt ihr sie nicht vernichten; sonst werdet ihr noch als Kämpfer gegen

Gott dastehen." Sicher hat Gamaliel hier keinen Freibrief schreiben wollen. Es ging um die aktuelle Situation, in der zuerst einmal ein Mord an zwölf Männern verhindert werden mußte. Innerhalb des Sanhedrin setzte er sich wohl auch unter der unausgesprochenen Voraussetzung, daß man eine hier nicht genannte Frist setzen würde, ohne Widerspruch durch. Immer wieder sehen wir, daß man es mit unterschiedlichen Flügeln in der jüdischen Hierarchie zu tun hatte. Denn schon einige Zeit später zieht der Hohepriester eine neue Mehrheit auf seine Seite, die der Steinigung des Stephanus zustimmt, und der Pharisäer Paulus, auch er ein Hillel-Schüler, war nicht nur mit diesem Mord einverstanden (Apostelgeschichte 8,1), sondern nahm aktiv an der anschließenden Christenverfolgung teil. Aufschlußreich ist immerhin, daß diese Verfolgung den engeren Kreis um Petrus und die anderen Apostel verschonte: Gut möglich, daß hier doch noch der mäßigende Einfluß des Gamaliel nachwirkte.

Wer von Gamaliel berichten konnte, fand überall im Judentum jener Zeit Gehör. Der Toleranzspruch des „Rabban" war zitierenswert, wohin auch immer die Apostel nun gingen, auch außerhalb Jerusalems und auch außerhalb des Heiligen Landes. Die vorübergehende Auflösung der Jerusalemer Gemeinde – sie war ebenso wenig von Dauer wie gut drei Jahrzehnte später im Jahre 66 n.Chr., zu Beginn der Revolte gegen die Römer, der Weggang nach Pella in Transjordanien – hätte zwar die Apostel nicht betreffen müssen, aber es war ein Anstoß, nach einigen Jahren der Aufbauarbeit in der Stadt des Tempels nun auch ins Land hineinzugehen. Man gewinnt den Eindruck eines strategischen Übergangs: Jerusalem blieb zwar das Hauptquartier, aber Petrus kehrte nur noch sporadisch dorthin zurück. Mit Johannes ging er zuerst nach Samaria, und zwar auf gemeinsamen Beschluß aller Apostel (Apostelgeschichte 8,14). Die beiden bildeten gewissermaßen die Speerspitze der apostolischen Mission außerhalb Jerusalems. Philippus, einer der sieben Leiter der griechischsprachigen Gruppe, deren gewählter Leiter Stephanus gerade erst getötet worden war, hatte in Samaria den Boden bereitet, nun war es an der Zeit, apostolische Autorität hinzuzufügen. Es ist eine Strategie, die später auch in anderen großen Städten des Römischen Reichs angewandt wurde. So missionierte Barnabas in Antiochia, ehe Petrus und Paulus dort auftraten, und in Rom erschien erst Petrus, später auch Paulus, nachdem dort bereits von namentlich unbekannten römischen Männern und Frauen – möglicherweise solchen, die der Pfingstpredigt des Petrus zugehört hatten (Apostelgeschichte 2,10!), der Gemeindeaufbau initiiert worden war.

Auch in Samaria ist Rom nicht mehr weit. Petrus begegnet dem Zauberer („Magier") Simon. Von Philippus getauft, ist er doch nicht wirklich gläubig – er folgt den Strömungen, die ihm eigenen Erfolg versprechen, und das von Petrus und Johannes im Gebet bewirkte Herabkommen des Heiligen Geistes auf die Gläubigen in Samaria macht ihn gierig. Mit Silber will er von den beiden Aposteln die Gabe erkaufen, den Heiligen Geist durch Handauflegen vermitteln zu können. Petrus durchschaut ihn. „Dein Silber fahre mit dir ins Verderben, wenn du meinst, die Gabe Gottes lasse sich für Geld kaufen. Du hast weder einen Anteil daran noch ein Recht darauf, denn dein Herz ist nicht aufrichtig vor Gott." Und er fügt hinzu: „Wende dich von deiner Bosheit ab, und bitte den Herrn; vielleicht wird dir dein Ansinnen vergeben." Wie es scheint, unterwirft sich Simon: „Betet ihr für mich zum Herrn, damit nichts von dem zutrifft, was ihr gesagt habt" (Apostelgeschichte 8,24). Damit endet die Erzählung in der Apostelgeschichte, und es bleibt offen, ob dieser Simon dann noch den Heiligen Geist empfing. Wahrscheinlich nicht – denn Simon ist noch nicht einmal zur persönlichen Buße bereit. „Betet ihr für mich", sagt er, und das klingt auf den ersten Blick gut, aber er selbst sagt kein Wort über sein Schuldbewußtsein und die Bereitschaft, auch selbst um Vergebung zu beten. Für Lukas, der ohnehin immer nur das Notwendigste schreibt, reicht das völlig aus. Simon, der Magier, bleibt ein frühes Beispiel für die Randsiedler, für jene, die mit Irrlehren und faulen, verführerischen Tricks vom Erfolg der christlichen Mission profitieren wollen. Lesen wir den zweiten Petrusbrief, dann erkennen wir die Spuren dieser Auseinandersetzung: Simon hatte sich, Petrus zufolge, in Samaria das Verderben eingehandelt, griechisch die „apôleia“. Es ist ein Wort, das Petrus zuerst auf aramäisch von Jesus gehört hatte, nämlich in der Bergpredigt (Matthäus 7,13). Im ganzen Neuen Testament ist es nun Petrus, der es am häufigsten verwendet, gleich viermal in seinem zweiten Brief (2. Petrus 2,1; 2,3; 3,7; 3,16). Vor allem die zweite dieser Stellen klingt wie eine Erinnerung an die Auseinandersetzung mit dem Zauberer Simon: „In ihrer Habgier werden sie [die Irrlehrer] euch mit verlogenen Worten zu kaufen versuchen; aber das Gericht bereitet sich schon seit langem vor, und das Verderben, das ihnen droht, schläft nicht.“ Dieser Satz des zweiten Briefes, der in Rom geschrieben wurde, läßt sich vor einem solchen Hintergrund gut genug verstehen. Aber wir können auch nicht ausschließen, daß Petrus und Simon sich in Rom noch einmal begegneten – genau dies nämlich behauptet zumindest ein um 180 n. Chr. entstandener historischer Roman, die „Acta Petri“.

Es ist eine unterhaltsame Geschichte, auch wenn unklar bleibt, wieviel davon auf konkrete historische Informationen zurückgeht. Schon Justin, der um 165 n. Chr. in Rom als Märtyrer starb, aber wie Simon aus Samaria stammte, und zwar aus Sichem, dem heutigen Nablus, erwähnt in seiner für Kaiser Antoninus Pius geschriebenen ersten Apologie, daß Simon zur Zeit von Kaiser Claudius nach Rom kam und dort von vielen als großer Christ verehrt wurde (Apologie I, 26,1–3). Weder Justin noch einer der späteren Kirchenautoren, die über Simon berichten, halten ihn jedoch für einen vertrauenswürdigen Mann. Es kursierte offenbar sogar die Meinung, Simon habe sich schließlich zu einer Art Gottheit ausrufen lassen. Justin jedenfalls erwähnt einen Altar auf einer Tiberinsel, den der Senat zu seinen Ehren errichtet habe. Einen so verstandenen Altar muß es tatsächlich gegeben haben, denn in seiner zweiten Apologie fordert Justin den Senat auf, sich von den offenbar in Rom noch immer verbreiteten betrügerischen Lehren Simons und seiner Nachfolger zu distanzieren (II,15). Als 1574 auf der Tiberinsel San Sebastiano ein antiker Altar gefunden wurde, schien sich das Bild zu klären. Plötzlich war verständlich, wie dieser Simon „Magus“ schon zu Zeiten des Petrus und noch über einhundert

Jahre später aus den Seiten der Apostelgeschichte und aus Samaria bis nach Rom wirkte und dort von den Christen um Petrus, später um Justin, als eine Bedrohung verstanden werden konnte. Denn auf diesem Altar steht in lateinischer Sprache: „Semoni Sanco Deo [Fideo Sacrum?] – Dem Semo Sancus, Gott [der Eide]". Das letzte Stück ist abgebrochen, doch Althistoriker wissen, daß damit eine bekannte Gottheit der Sabiner gemeint war, die man bereits im 5. vorchristlichen Jahrhundert verehrte, nämlich der Eidgott Semo Sancus. Da weist erst einmal nichts auf einen Simon und einen Heiligen (Sanctus) hin. Aber so einfach ist es nicht mit der lateinischen Sprache, vor allem nicht zu den Lebzeiten des Petrus und dieses Zauberers, als zwar ein solcher Altar noch stehengeblieben war, der Kult der Sabiner aber bestenfalls noch antiquarisches Interesse weckte. Denn schon der Dichter Properz schrieb den Namen um 20 v. Chr. „Sanctus" (Elegien 4,9,71–74). Unter dem Beinamen „Sancus" konnte er sich bereits nichts mehr vorstellen. Man dachte sich ein t dazu, um ein verständliches Wort zu erzielen. Und da man zu jener Zeit das e und das i meist identisch aussprach und daher die Buchstaben auch beim Schreiben austauschen konnte (wir wissen das auch von Tacitus, der die Christusanhänger zwar „Chrestiani" nennt, Christus selbst aber mit i schrieb (Annalen 15,44), hatten die Anhänger des samaritanischen Zauberers Simon in Rom leichtes Spiel. „Semoni Sanco" auf dem Altarstein konnte mühelos als „Simoni Sancto" interpretiert werden, „dem heiligen Simon". Und der „Gott", der auch noch auf dem Altarstein steht – nun, davon war unter den Anhängern dieses Simon bereits in Samaria die Rede gewesen: „Dieser ist die Kraft Gottes, die man die Große nennt" (Apostelgeschichte 8,10). Irenäus von Lyon, auch er ein Kenner Roms, berichtet in seiner Schrift gegen die Häresien von den Irrlehrern der Simon-Bewegung und wird später wiederum zustimmend vom Kirchenhistoriker Euseb zitiert (Kirchengeschichte II, 13,1–15,1). Noch um 197 n. Chr. weiß Tertullian, der jahrelang in Rom gelebt hatte, von der fortdauernden Verehrung des Altarsteins (Apologeticum 13,9). Das ist der Hintergrund einer der zahlreichen Kontroversen, mit denen sich das frühe Christentum auseinanderzusetzen hatte. Die

Rolle des Petrus wird dabei nun wiederum von Euseb hervorgehoben, der am Ende seines Berichts über den Zauberer Simon erwähnt, wie Gottes Vorsehung „den gewaltigen und großen unter den Aposteln“ zur Zeit des Kaisers Claudius nach Rom führte (eine präzise Datierung also auf die Zeit zwischen frühestens 41 n. Chr. und spätestens 54 n. Chr.), und wie Petrus als „ein tapferer Feldherr Gottes, ausgerüstet mit göttlichen Waffen“ gegen die Irrlehre vorging. In seiner Begeisterung über den Erfolg des Petrus gegen Simon spielt Euseb allerdings die zumindest bis zum Ende des 2. Jahrhunderts andauernden Umtriebe der Simon-Anhänger herunter: „Als sich nun unter ihnen [in Rom] das göttliche Wort ausbreitete, wurde die Macht des Simon ausgelöscht und ging mit dem Mann selbst sofort unter“ (Kirchengeschichte II,15,1). Aber was Euseb hier nur andeutet, nämlich das Verschwinden der Person des Magiers Simon, das wird in den „Acta Petri“ ausgemalt:

Die in den Kapiteln 23 bis 28 dieser „Petrusakten“ beschriebenen Auseinandersetzungen zwischen Petrus und Simon kulminieren in einer abenteuerlichen Szene, die sicher den damaligen Lesern wohlige Schauer den Rücken herunterlaufen ließ. In Gegenwart des Präfekten Agrippa führt Simon seine zauberhaften Flugkünste über dem Forum Romanum vor. Bis zum Vater, so prahlt er, wird er hinauffliegen. Nun ist Petrus gefordert. Aber es kommt zu keiner Flugshow. Statt die Lufthoheit über Rom zu erringen, betet Petrus um ein Zeichen: Simon möge abstürzen und sich dreimal das Bein brechen. Er fällt tatsächlich vom Himmel und wird mit gebrochenen Beinen von den Zuschauern gesteinigt. Doch er entkommt lebend und flieht ins Exil, wo er schließlich stirbt. Petrus geht als Sieger vom Platz – und doch legt die stadtrömische Legende großen Wert darauf, ihn nicht aus eigener Kraft triumphieren zu lassen. Es war das Gebet, das ihn siegen ließ. Zur Erinnerung daran ist noch heute an einer Wand in der Kirche Santa Francesca Romana auf dem Forum Romanum ein Stein mit zwei knieförmigen Vertiefungen zu sehen. Es sollen die Abdrücke der Knie des Petrus sein, die Folge seines leidenschaftlichen Betens. Ein wenig erinnert das an den Beinamen des Jakobus, der sich einer späteren Überlieferung zufolge den Beinamen „Kamelknie“ erwarb, da er bis zu seiner Ermordung 62 n. Chr. täglich so intensiv im Jerusalemer Tempel betete, daß sich an seinen Knien die dicke Hornhaut von Kamelen gebildet hatte.

Stellt schon die Begegnung mit Simon dem Zauberer in Samaria eine Verbindung mit Petrus in Rom her, so gilt das mit wohl noch wichtigeren Konsequenzen für die Begegnung mit dem römischen Centurio Cornelius in Caesarea. Nach der Rückkehr aus Samaria und dem ersten Zusammentreffen mit Paulus, auf Wunsch des bekehrten ehemaligen Christenverfolgers, der sich zwei Wochen lang über den ihm unbekannten irdischen Jesus und die Lebensformen der Jerusalemer Urgemeinde informieren lassen mußte (Galater 1,18–19; Apostelgeschichte 9,26–30), hatte Petrus Jerusalem wieder verlassen, um nach Westen in Richtung Mittelmeerküste zu ziehen. Hier ging er zuerst in die Scharon-Ebene mit der Ortschaft Lydda, dem heutigen Lod. Das war alles andere als ein Zufall. Denn dieses Gebiet war schon seit langer Zeit hellenistisch, also griechisch beeinflußt. Juden, die hier lebten, waren mit griechischer Sprache und Kultur in Berührung gekommen, und so konnte Petrus mit seinem Wirken gerade in dieser Gegend so kurz nach der Begegnung mit Paulus einmal mehr zeigen, daß auch er, der Leiter der Urgemeinde und Fels der jungen Kirche, für die Arbeit unter international geprägten Menschen vorbereitet war. Es paßt dazu, daß der Gelähmte, den er heilte, den Namen Äneas trug. Das war ein völker- und kulturenverbindender Name. Einer der Helden der „Ilias“ Homers hieß so, und in der „Aeneis“ des römischen Nationaldichters Vergil wurde er zum Ahnherrn des römischen Volkes. Auch im Judentum und seinem Umfeld gab es Träger dieses griechischen Namens – Äneas, den Sohn des Antipater, von dem Josephus berichtet (Jüdische Altertümer 14,248) und ein anderer Äneas, der unter dem Namen Aretas König von Petra wurde (Jüdische Altertümer 16,294). Die Heilung selbst verlief dann, wie es sich für den von Jesus bevollmächtigten Hirten gebührte, nach dem Vorbild der Heilung des Gelähmten in Kapernaum (Lukas 5,18–25) und unter ausdrücklicher Berufung auf den Herrn Jesus Christus (Apostelgeschichte 9,34).

Noch eine weitere charakteristische Zwischenstufe gibt es, ehe Petrus auf den ersten nicht-jüdischen Römer in Caesarea stößt: die Auferweckung der Tabita in Jafo/Joppe. Auch diese Stadt, heute ein Vorort von Tel Aviv und einer der wenigen Orte in Israel, in denen eine gemischt jüdisch-arabische Bevölkerung friedlich miteinander lebt, war damals schon weltoffener, als es die strenge jüdische Orthodoxie Jerusalems für angemessen hielt. Mag heute die Nähe zu Tel Aviv eine Rolle spielen, so war es damals die große Bedeutung als Hafenstadt. Juden und Nichtjuden lebten dort, Fromme und Heiden, Liberale und Orthodoxe, Griechisch war allgemeine Verständigungssprache. Und wieder setzt Petrus ein Zeichen. Gerade in diese Stadt läßt er sich aus Lydda rufen, um im Hause einer offenbar traditionell frommen jüdischen, zugleich jesusgläubigen Familie eine Frau aufzuerwecken, die, wie es jüdische Art war, viele gute Werke tat, Almosen gab, Röcke und Mäntel für Witwen machte und nun im Obergemach – seit dem letzten Mahl mit Jesus überall der traditionelle Raum für die Gemeindetreffen in der Urkirche – tot aufgebahrt lag. Der Berichterstatter Lukas betont das Jüdische gerade dadurch, daß er den rein jüdischen Namen der Frau stehen läßt und für seine griechischsprachigen Leser übersetzt: „Dorkás“, Gazelle. Mindestens eine Totenauferweckung hatte Petrus als Augenzeuge miterlebt – jene der Tochter des Jairus, bei der er ausdrücklich genannt wird (Lukas 8,51). Mit einfachsten Gesten und Worten, vor allem mit dem Gebet, bewirkt er die Rückkehr Tabitas ins Leben. Und die Worte, die er gebraucht, entsprechen jenen, mit denen Jesus die Tochter des Jairus auferweckt hatte. Das Vertrauen der Familie in die Vollmacht des Petrus ist auffällig; vermutlich hatte sich längst herumgesprochen, daß dieser Apostel sich auch bei Wundern als wahrer Nachfolger des Messias Jesus erweist. Auffällig ist aber auch, wie Petrus in Lydda und Joppe die Balance zwischen den Bevölkerungsgruppen wahrt. In zwei mehrsprachigen, kulturell gemischten Städten wirkt er zuerst in einem allem Anschein nach hellenisierten Haus, dann in einem traditionell jüdischen – die beiden Namen Äneas und Tabita machen das deutlich. Auch wenn da noch nichts von der später in Antiochia auftretenden

Kontroverse über die Tischgemeinschaft mit heidenchristlichen und judenchristlichen Hausgruppen zu spüren ist, können wir bereits hier die herausragende strategische Führungsqualität des Petrus erkennen. Er ist von keiner Seite zu vereinnahmen. Will er das ihm von Jesus anvertraute Amt ausüben, dann muß er für alle da sein, für hellenistische Juden-Christen und für traditionell hebräisch-aramäisch geprägte, für Männer und Frauen, für das offene Wort vor einem Gamaliel ebenso wie für die Gemeinschaft mit einem an den Rand der Gesellschaft gedrängten Gerber Simon, in dessen Haus er nun in Joppe Quartier nimmt, ehe er auch die nächste Brücke baut, die zwischen den Beschnittenen und Unbeschnittenen, den koscher lebenden Juden und den nach heidnischer Sitte essenden Römern und Griechen.

Jesus hatte keine Berührungsängste vor Unreinen, Ausgestoßenen. Anders als die anderen Juden, Rabbis und Priester seiner Zeit wich er ihnen nicht aus, sondern heilte sogar Aussätzige, und damit ging er noch über das hinaus, was seit den prophetischen Schriften des Alten Testaments und in den Schriftrollen von Qumran vom Messias erwartet wurde. Eine solche Herausforderung stellte sich für Petrus nicht, doch die Frage der kultischen, gesetzestreuen Reinheit war ihm gut vertraut, seit er an der Seite Jesu gelernt hatte. Ein Zeichen eigener Art setzt er nun in Joppe, als er einem Gerber, der nach Levitikus 11,39–40 in den Kreisen der orthodoxen Gläubigen wegen seiner Berührung von Tierkadavern von Berufs wegen als unrein galt, nicht aus dem Weg geht, sondern sogar bei ihm wohnt. In gewisser Weise tastet Petrus sich Schritt für Schritt vor. Er weiß, was Jesus von ihm erwartet, er weiß aber auch, daß er diplomatische Rücksicht auf die Empfindlichkeiten in der Urgemeinde nehmen muß. Nach wie vor, wie schon zu Jüngerszeiten, ist er ein Mann schneller Entschlüsse – denken wir an die gerade erst berichtete spontane Reise nach Joppe, um Tabita aufzuerwecken. Aber er will prüfen, worauf er sich einläßt. Als er zum traditionellen Mittagsgebet allein auf dem Flachdach des Hauses seines Gastgebers ist und schon die Gerüche des Mittagessens nach oben dringen, betet Petrus so intensiv, daß er in „Verzückung“ gerät

(Apostelgeschichte 10,10 – griechisch „ékstasis“, der Ursprung unseres Wortes „Ekstase“). Ist das, was er da sieht und hört, das vom Himmel herabgelassene Tuch mit den zum Teil unreinen Tieren und die Stimme, die ihn auffordert: „Steh auf, Petrus, schlachte und iß!“, eine Versuchung, eine Erprobung seiner Standfestigkeit, oder einfach nur der Anflug eines Hitzschlags in der Mittagssonne? Petrus muß sich auch darüber Gewißheit verschaffen, ob er mit seiner bisherigen Strategie der Offenheit nicht schon zu weit gegangen war. „Auf keinen Fall, Herr! Noch nie habe ich etwas Unheiliges und Unreines gegessen.“ So antwortet ein Mann, der weiß, daß er an einem Wendepunkt der frühchristlichen Mission angekommen ist, in der allzu schnelles Handeln negative Folgen haben kann. Soll er weitergehen, dann darf er sich nicht Illusionen und Visionen hingeben. Ist das Zeichen wirklich vom Herrn Jesus Christus? Seine sehr jüdische und gerade darin auch bekenntnishafte Antwort hat das erhoffte Ergebnis: Das Tuch mit den Tieren und die Stimme waren keine Halluzination. Denn nun, hellwach, sieht er es erneut, dreimal, und dreimal hört er: „Was Gott für rein erklärt, nenne du nicht unrein.“

Hier, nicht erst auf dem „Apostelkonzil“, von dem Lukas in Kapitel 15 berichtet, entscheidet sich die Entwicklung der Kirche Jesu von einer noch immer bewußt jüdischen Bewegung, die das Gesetz der Torah bis zu diesem Zeitpunkt schon anderthalb Jahrtausende lang auch um der eigenen Identität willen unverändert bewahrt hatte, zu einer Bewegung, die ganz neu anwendet, was Jesus in der Bergpredigt meinte, als er sagte, daß er nicht gekommen war, um das Gesetz aufzulösen, sondern um es zu erfüllen (Matthäus 5,17). Man muß das so deutlich sehen: Es ging auch hier in Joppe nicht um eine Loslösung vom Judentum, sondern um die Verwirklichung der jüdischen Gottesbotschaft für die ganze Welt. Die Tatsache, daß die Mehrheit der Juden damals wie heute diese Sicht ablehnen, kann nichts daran ändern, daß es ausschließlich Juden waren, von Jesus selbst angefangen, über Petrus, später Paulus, und die anderen der ersten Generation, die so dachten und handelten. Als Petrus hört, was die Stimme zu ihm auf dem Dach des Gerbers Simon sagt, weiß er jedenfalls, daß sich ein Kreis geschlossen hat zu der Szene am See Genezareth, als Jesus es seinen Zuhörern geradezu emphatisch erkärt hatte: „Hört mir alle zu und begreift, was ich sage: Nicht, was von außen in den Menschen hineinkommt, kann ihn unrein machen, sondern was aus dem Menschen herauskommt, das macht ihn unrein." Und Petrus weiß, daß die Belehrung der Jünger, die sich an diese Szene anschloß, nun endgültig in praktisches Handeln umzusetzen ist: „Er [Jesus] verließ die Menge und ging in ein Haus. Da fragten ihn die Jünger nach dem Sinn dieses rätselhaften Wortes. Er antwortete ihnen: ‚Begreift auch ihr nicht? Seht ihr nicht ein, daß das, was von außen in den Menschen hineinkommt, ihn nicht unrein machen kann? Denn es gelangt ja nicht in sein Herz, sondern in den Magen und wird wieder ausgeschieden.' Damit erklärte Jesus alle Speisen für rein" (Markus 7,14–19).

Was als eine Lehre innerhalb des Judentums begann, öffnet nun die Tür zur „Heidenmission". Philippus hatte auf der Straße bei Gaza den Finanzverwalter der nubischen Königinmutter, der „Kandake", getauft, aber er hatte nicht mit ihm zusammen gegessen. Paulus hatte seine umfassende Tätigkeit unter unbeschnittenen Griechen und Römern noch nicht aufgenommen. Es ist Petrus, der sich als erster auf diesem Feld bewährt, unmittelbar nach dem Ereignis auf dem Dach in Joppe.

Die bisherigen Reisen des Petrus waren keine Privatangelegenheit. Man kann sie als Inspektionsreisen bezeichnen, als eine „Visitation" in Gegenden, die bereits von einzelnen Jesusgläubigen bewohnt waren. Wie schon in Samaria ist Petrus auch in der Scharon-Ebene derjenige, der nicht als erster auftritt, sondern mit apostolischer Autorität – zu der auch Wunder gehören konnten – vertieft und absichert, was die Menschen gehört und gesehen hatten. So tritt auch da, wo Petrus seine Taten in kleinem Kreis, hinter verschlossenen Türen vollbringt, die öffentliche Wirkung ein, mit einer größeren oder kleineren Bekehrung unter den neugierig gewordenen Menschen der Gegend (Apostelgeschichte 9,35; 9,42). Es sollte jedoch nicht der Eindruck entstehen, daß jeder Auftritt des Petrus zu Massenbekehrungen führte, und daß dies sogar der Hauptzweck seines Wirkens gewesen sein könnte – das wäre ein keineswegs gerechtfertigter Eindruck, der schon durch die vorsichtigen Zahlenangaben zu Pfingsten korrigiert wurde: erst dreitausend, dann noch weitere zweitausend Bekehrte (Apostelgeschichte 2,41; 4,4) unter hunderttausenden Pilgern und Einwohnern. Das Wachstum der Gemeinden ist kontinuierlich, nicht gering, aber stets überschaubar. Die internen Debatten über die Art und Weise einer Öffnung gegenüber Außenseitern und Nichtjuden wird nicht zuletzt von Petrus in diese Richtung gesteuert: Es darf nicht zu Wildwuchs kommen, zu unautorisierten Aufbrüchen, oder, um es moderner zu sagen, zu Großevangelisationen ohne individuelle Nacharbeit. So ist denn auch die Folge der bestätigten und bestätigenden Vision auf dem Dach in Joppe nicht eine überfallartige, von nicht-koscherem Essen und Trinken begleitete Bekehrungsaktion unter Heiden, sondern eine Kombination verschiedener Faktoren, durch die Bewährtes mit Neuem weitblickend zusammengeführt wird.

Der Hauptschauplatz und der Ablauf der nächsten Tage ist in wenigen Strichen nachzuzeichnen: von Jafo/Joppe, der südlichen Hafenstadt, die Jerusalem mit dem Mittelmeer verband, wird Petrus nach Caesarea am Meer eingeladen. Dieses Caesarea Maritima war mit rund 50 000 Einwohnern eine der bedeutendsten Seestädte in der Levante, hier lebten Juden, Römer, Griechen miteinander, es lag an der bedeutenden Hauptverkehrsader, der „Via Maris", die Petrus schon aus Betsaida und Kapernaum vertraut war, und war der Haupthafen für den Seehandel und Personenverkehr in das östliche und nördliche Mittelmeer, vor allem aber nach Rom. Auch aus diesem Grund war es seit 6 v. Chr. der Amtssitz der römischen Präfekten und Prokuratoren von Judäa. Das Prätorium, in dem Paulus mehrfach von den Prokuratoren Felix und Festus und dem jüdischen König Herodes Agrippa II. verhört wurde, konnte erst vor kurzem wiederentdeckt werden. Der von Herodes dem Großen gebaute Hafen liegt heute unter Wasser, kann aber aus der Luft als Beispiel modernster antiker Hafenbaukunst bewundert werden In Caesarea waren auch erhebliche römische Truppenkontingente stationiert, darunter auch fünf Kohorten, deren eine zu dieser Zeit die (Zweite) Italische Auxiliarkohorte war. Wie alle römischen Truppenteile wurde sie immer wieder einmal verlegt; zur Zeit Neros lag sie im benachbarten Syrien und ging von dort nach Österreich, wo eine ihrer Inschriften gefunden wurde. Zu ihr gehörte laut Auskunft des Lukas ein Hauptmann namens Cornelius, der um den Besuch des Petrus bat. Daß Lukas den Cornelius mit einer in Caesarea stationierten Kohorte namentlich in Verbindung bringt, hilft uns auch, das Ereignis zu datieren. Denn unter Herodes Agrippa I., der im Frühjahr 41 n.Chr. seine Herrschaft antrat, waren in Judäa wohl vorübergehend keine römischen Einheiten stationiert. So stimmt die Erwähnung einer aktiv diensttuenden Kohorte mit der Chronologie der Apostelgeschichte überein: 41 n.Chr. wurden Jakobus und Petrus von diesem Agrippa in Jerusalem verhaftet, das Geschehen in Caesarea liegt also auch aus diesem Grund früher und stimmt mit den erhaltenen Informationen über römische Truppenbewegungen überein. Als Centurio war Cornelius kaum der Oberkommandierende des Großstandortes Caesarea, aber da sich zu dieser Zeit keine ganze Legion in der Stadt befand, sondern nur fünf Kohorten aus sechs Zenturien und eine aus Sebaste rekrutierte Schwadron, war er zumindest einer der einunddreißig ranghöchsten Offiziere. Den Rang eines Centurio erreichte man in der Regel als Mittdreißiger. Vermutlich war Cornelius bereits einige Zeit lang in dieser Position am Standort, denn wir erfahren, daß er auch unter der jüdischen Bevölkerung der Stadt hohes Ansehen genoß (Apostelgeschichte 10,22). Seine Verbindung mit Rom bestand allerdings nicht nur aus seinem Dienstgrad in der römischen Armee: Auch sein Name verrät uns, daß er beste Beziehungen in den römischen Adel hinein besaß. Cornelius ist kein Vorname, sondern der Sippenname des größten und bedeutendsten römischen Patriziergeschlechts. Da Lukas keinen weiteren Namen nennt, können wir nicht wissen, welchem Zweig der Familie er angehörte (Lentulus, Nepos, Scipio, Sulla usw.). Es ist aber eine der amüsanten Aspekte der Geschichte, daß auch jener berühmte römische Historiker, der von Pontius Pilatus, der Kreuzigung Jesu und der neronischen Christenverfolgung berichtete, und der 15 Jahre nach der Begegnung in Caesarea geboren wurde, dieser Familie angehörte: *Cornelius* Tacitus.

Der Hauptmann Cornelius war ein sogenannter Gottesfürchtiger (Apostelgeschichte 10,2;22). Damit bezeichnen Autoren wie Lukas und Flavius Josephus Heiden, die sich dem Gott der Juden zuwandten, die Synagoge besuchten und weitgehend jüdische Lebensnormen einhielten, aber nicht formell konvertierten, sich also als Männer auch nicht beschneiden ließen. Vor allem unter hochrangigen Römern war das eine beliebte Form der Religionsausübung. Neros Frau Poppaea war allgemein als eine solche „Gottesfürchtige“ bekannt, und gegen Ende des 1. Jahrhunderts war daraus fast eine Mode geworden, über die der Satiriker Juvenal in einem seiner Gedichte spottet (Satiren 14,96–106). Doch nicht alle frommen Juden trauten den Gottesfürchtigen. Lebten sie wirklich strikt nach den 613 Gesetzen der Torah? Warum konvertierten sie nicht mit allen Konsequenzen? Diese Skepsis hilft uns, die kritische Reaktion der Jerusalemer Urgemeinde auf die Nachricht von der Bekehrung des Cornelius und seines Haushalts zu verstehen. Wir verstehen so aber auch, warum Petrus sich erst einmal an die Situation herantastet, nachdem er die Einladung des Cornelius, aus Joppe zu ihm zu kommen, angenommen hatte. Er betont ausdrücklich, daß er als Jude eigentlich nicht in einem nichtjüdischen Haus zu Gast sein dürfe, aber von Gott die Freiheit des Umgangs mit allen Menschen erhalten hatte. Cornelius seinerseits baut gleich zu Beginn des Treffens eine charakteristisch römische Hürde auf, die noch einmal sehr anschaulich macht, daß nicht alle kulturellen Schranken von heute auf morgen verschwinden: er fällt vor Petrus anbetend auf die Füße. So verehrte man in der griechisch-römischen Welt einen „theios anêr“, einen „göttlichen Mann“ – und als einen solchen ordnet Cornelius den Petrus aus seiner Sicht nicht zu Unrecht ein. Gottesfürchtig wie er in jüdischem Sinne ist, bleibt Cornelius doch noch geradezu reflexartig den alten Gewohnheiten verpflichtet. Barnabas und Paulus werden später in Lystra noch eine Steigerung dieser Verehrung ihrer Vollmacht erfahren (Apostelgeschichte 14,11–15). „Steh auf! Auch ich bin nur ein Mensch“, sagt Petrus.

Strategisch betrachtet, nicht zuletzt mit Blick auf seine kommenden Reisen, ist das vielleicht eines der wichtigsten Petrus-Worte. Hier wird nicht ein Kult verkündet, der von der Macht göttlicher Männer lebt und dessen Priester und Missionare heilige Überlegenheit vor dem gemeinen Volk beanspruchen (vgl. 1. Petrus 5,2–4!), sondern hier geht es um den Dienst am Wort des einen und einzigen Gottes, den Petrus immer wieder in seiner dreifachen Gestalt verkündet, als den Gott, der jeden aus jedem Volk willkommen heißt, der ihn fürchtet (hier: 10,35–36; vgl. 1. Petrus 1,17; 2. Petrus 3,9), als Jesus Christus, den Herrn über alle (10,36; vgl. 1. Petrus 4,11; 2. Petrus 1,3) und als den Heiligen Geist (10,38;44–47; vgl. 1. Petrus 4,14; 2. Petrus 1,21). Als Mensch unter Menschen kann Petrus nun im Hause des Cornelius den Weg zur Taufe vorbereiten. Was Lukas berichtet, ist sicher nur eine Kurzfassung des Lehrvortrags, den der Apostel hält. Angesichts der hohen Wertschätzung, die Petrus bei Cornelius genießt, liegt immerhin die Vermutung nahe, daß einer seiner Schreiber mitstenographierte. Der Charakter des mündlichen Vortrags ist auf jeden Fall noch zu spüren. Ungeglättet enthält die Rede alle Elemente, die die künftigen Missionspredigten des frühen Christentums überall im Römischen Reich bestimmen: Als Voraussetzung zuerst Gottes Einladung an alle Völker, verbunden mit der Priorität der Botschaft an das Volk Israel, dem Jesus Christus, der Herr, zuerst gesandt wurde. Dann der historische Kern des Lebens Jesu von der Taufe durch Johannes und der Salbung Jesu, mit bewußten Anspielungen auf prophetische Worte des Alten Testaments wie Jesaja 61,1 (vgl. die Predigt Jesu in der Synagoe von Nazareth, Lukas 4,18), über die Wunderheilungen und Dämonenaustreibungen vor Augenzeugen, bis zur Tötung am Kreuz, der Auferstehung und den Erscheinungen eines wirklichen, leiblichen Christus, der keine körperlose Einbildung ist, sondern mit den Auferstehungszeugen essen und trinken kann und seinen Jüngern einen Missionsauftrag erteilt, der ihn selbst verkündet, den von allen Propheten angekündigten Richter der Lebenden und der Toten, durch den alle, die an ihn glauben, Vergebung der Sünden empfangen sollen. Knapper und zugleich präziser kann es nicht gesagt werden. Daß in diesem Augenblick der Heilige Geist auf die Zuhörenden fällt, ist ebenso konsequent wie die Verblüffung der mit Petrus angereisten Judenchristen, die wohl jetzt erst richtig begreifen, daß Gott keinen Unterschied mehr macht zwischen Juden und Heiden, sofern sie sich zu ihm in seinem Sohn bekennen. Hatten früher noch, bei den Handlungen des Philippus auf der Straße nach Gaza und in Samaria, die Taufen an erster Stelle gestanden, so ist nun die Reihenfolge umgekehrt. Es ist der Heilige Geist selbst, der die Handlung des Petrus und die Aufrichtigkeit des Cornelius mit seinen Angehörigen, Untergebenen und Bediensteten bestätigt. Da muß nun die Taufe folgen, obwohl ganz offensichtlich keiner der Römer beschnitten ist. Radikaler kann ein Einschnitt in klassisch-jüdisches Denken kaum vorgenommen werden als hier. Sehr wahrscheinlich ist im übrigen auch, daß Petrus hier die erste Kindertaufe vornimmt, denn ein ganzer Hausstand, wie er in dieser Versammlung zusammen ist und geschlossen getauft wird, umfaßt selbstverständlich auch Kinder.

Mit Cornelius gewinnt Petrus nicht nur einen Freund, sondern auch einen Berater und Kontaktmann für alle weiteren Berührungen mit Römern. Auch wenn er es in diesem Augenblick wohl noch nicht einmal ahnt, daß er schon wenige Zeit später nach Rom reisen wird, sind hier die Weichen gestellt. Es ist kaum daran zu zweifeln, daß er seine erste und zweite Romreise über den Hafen von Caesarea Maritima antritt, und dann vor der Abfahrt des Schiffes im Hause des Cornelius alle praktischen Informationen erhält, die er in Rom gebrauchen kann.

Die Jerusalemer Urgemeinde wartet geduldig, bis Petrus zurückkommt, dann will sie sich von ihm die missionarische Revolution erklären lassen. Offensichtlich genießt Lukas diese Chance, das für seine Leser dramatische Geschehen nun noch einmal darzustellen, aus leicht veränderter Perspektive – denn jetzt ist ja allein Petrus der Sprecher. Bei einer anderen „Revolution“ innerhalb der Urkirche macht er es ähnlich: Das Damaskus-Erlebnis des Paulus wird gleich dreimal berichtet, erst aus der Perspektive des Lukas (9,1–19), dann aus der des Paulus vor jüdischen Zuhörern (22,4–16) und schließlich noch einmal aus der Sicht des Paulus, aber vor dem römischen Prokurator Festus und dem jüdischen König Herodes Agrippa I. (22,11–20). An Umfang und Ausführlichkeit aber übertrifft der Bericht über das Ereignis in Caesarea und dessen methodische Rechtfertigung alles andere. Es ist, als wollte Lukas auch dem letzten Leser klarmachen, wie sehr das Wirken des Petrus am Verwaltungssitz der Römer neue Maßstäbe setzt. Caesarea, das „kleine Rom" in Judäa, signalisiert bereits den Durchbruch der christlichen Botschaft im ganzen Römischen Reich, noch ehe Petrus und Jahre später Paulus selbst dort eintreffen. Die Jerusalemer Judenchristen lassen sich überzeugen: Die Gabe des Heiligen Geistes, der auf die Heiden in Caesarea herniederkommt, entspricht der Gabe, die sie selbst zu Pfingsten erhalten hatten (Apostelgeschichte 11,17). Auch die unbeschnittenen Nichtjuden haben nun ihr Pfingsten. Dieser Auslegung des Petrus stimmen sie alle zu: „Als sie das hörten, beruhigten sie sich, priesen Gott und sagten: ‚Gott hat also auch den Heiden die Umkehr zum Leben geschenkt.'"

Nur wenige Monate nach Caesarea will der frisch eingesetzte König Agrippa der jüdischen Hierarchie beweisen, daß er mit ihr gemeinsame Sache macht. Die Probleme mit der neuen, so überaus erfolgreichen messianischen Bewegung, der man in Antiochia gerade erst den Namen „Christen" gegeben hatte (Apostelgeschichte 11,26), waren mit der Ermordung des Stephanus und der ersten Christenverfolgung nicht verschwunden – nun hatte sich auch ein führender Pharisäer namens Sha'ul, Saulus/Paulus, auf ihre Seite geschlagen, und sogar römische Offiziersfamilien machten in Judäa gemeinsame Sache mit ihnen. Agrippa verhaftet Jakobus und läßt ihn hinrichten. Da hat er zwar den Falschen getroffen, denn er wollte kaum den eher im zweiten Glied wirkenden Bruder des Johannes töten, sondern den gleichnamigen Mitverantwortlichen der Urgemeinde, aber die Maßnahme kommt bei der jüdischen Hierarchie dennoch gut an, und so läßt er nun den eigentlichen Leiter der Jerusalemer Kirche inhaftieren, Petrus selbst. Um diese Gefangennahme, die sicher zur Hinrichtung führen sollte, auch noch symbolisch zu unterstreichen, findet sie während der Passah-

Zeit statt, den Festtagen der Ungesäuerten Brote. Petrus entkommt aus dem gut bewachten Gefängnis mit Hilfe eines Gottesboten – das griechische Wort „ángelos“, vom dem „Engel“ abgeleitet ist, läßt immer dann, wenn es nicht ausdrücklich gesagt wird, offen, ob ein himmlischer Bote gemeint ist (wie z.B. in Lukas 1,26), oder ein Mensch, den Gott sendet. Der „ángelos“, der hier eingreift, besitzt jedenfalls hervorragende Ortskenntnisse und kann den schlaftrunkenen Petrus, der erst gar nicht merkt, wie ihm geschieht, aus dem Gefängnistrakt herausführen. Möglicherweise handelt es sich sogar um einen Mann aus dem Umkreis des Agrippa, der Sympathien für die Jesusbewegung hatte und einen zweiten Mord verhindern wollte. Wer diese Geschichte in den Bereich frommer Legenden oder als Kopie hellenistischer Romanerzählungen hinein- und mißdeutet, geht sicher an den tatsächlichen Verhältnissen vorbei. Lukas, der sich eines Kommentars enthält, benutzt gerade nicht die üblichen Modelle antiker Wundererzählungen, sondern bleibt bei seinen genauen Detailangaben, bis hin zu Personenzahlen, Treppenstufen und Torbeschreibungen, die eine zuverlässige Quelle erkennen lassen. Wichtig ist nicht, wie es im einzelnen geschah, sondern daß es überhaupt geschah. Mit aller Nüchternheit notiert Lukas, daß Agrippa die Wachen ergebnislos verhört und abführen läßt. Mehr als eine milde Disziplinarstrafe hatten sie daraufhin nicht zu befürchten, und Agrippa vergreift sich später nie wieder an Mitgliedern der Urgemeinde.

Petrus hat sich allerdings juristisch schuldig gemacht, denn er ist aus einem staatlichen Gefängnis geflohen. Er weiß, daß er nicht mehr in der Stadt bleiben kann. Schnell regelt er seine Angelegenheiten. Lukas folgt weiterhin seiner Augenzeugenquelle und läßt sich die durchaus unterhaltsamen Details bis zum Einlaß des Petrus in das Haus der Mutter des Markus, offenbar dem Quartier des Petrus in Jerusalem, nicht entgehen. Das ist für uns nicht nur deswegen wichtig, weil es gut geschriebene historische Literatur ist. Diese Ausführlichkeit erfüllt noch einen weiteren Zweck: Sie hebt den Kontrast zur nächsten, höchst sparsamen Information hervor. Kaum hat Petrus veranlaßt, daß der zweite Gemeindeleiter, nämlich Jakobus, der sich zu dieser Zeit in einem der anderen Häuser aufhielt, von dem aus er seinen Zuständigkeitsbereich der inzwischen auf über 5000 Mitglieder angewachsenen Urgemeinde leitete, vom Sachverhalt informiert wird, heißt es nur noch karg und knapp: „Dann verließ er sie und ging an einen anderen Ort" (12,17). Nach elf Jahren Leitertätigkeit übergibt Petrus die Hauptverantwortung an einen anderen. Auch der steht nicht allein; Paulus erwähnt für diese Zeit noch eine dritte „Säule", den Johannes. Petrus aber kehrt erst gut sieben Jahre später nach Jerusalem zurück. Wäre Lukas nicht ein so sorgfältiger Historiker, und sähe man nicht, in welchem bewußten Kontrast diese Aussage zur voraufgegangenen Liebe noch für das kleinste Detail steht, dann könnte man sich der eher naiven Auffassung eines großen Teils der Forschung anschließen: Lukas wußte es einfach nicht besser. Es braucht allerdings keine große Phantasie, sondern nur die Genauigkeit des Hinsehens, um zu verstehen, daß Lukas sehr wohl wußte, wohin Petrus ging, und daß er es uns sogar sagt.

„Und ging an einen anderen Ort" – stets dann, wenn wir diese Formulierung im Neuen Testament lesen, wird wenig später erklärt, wo man sich anschließend befindet. Hier nicht. Dies ist das erste Verdachtsmoment dafür, daß Lukas uns einen Hinweis geben will. Es muß ein Ort sein, dessen Nennung er vermeiden will. Schon früher in diesem Buch sahen wir, daß es immer wieder einmal gute Gründe gab, etwas nicht zu sagen, das der Autor zweifellos wußte. Meist hatte das mit Petrus zu tun, der zur Abfassung der Evangelien und der Apostelgeschichte allgemein als Fels der Kirche und erster Leiter der Jerusalemer Urgemeinde bekannt war. Wir hatten gesehen, daß gerade Lukas darauf achtet, seinen Widmungsempfänger, den hochrangigen römischen Beamten Theophilus, nicht mit allzu vielen Details über die Widerstandsaktionen des Petrus gegen die Staatsgewalt zu beunruhigen. Das war schon im Evangelium so. Und es scheint, daß sowohl Lukas als auch Theophilus mit dieser Taktik zufrieden waren, denn Theophilus läßt sich auch die Fortsetzung widmen, die Apostelgeschichte. Ein Buch, das nicht zuletzt dank des Einflusses dieses Theophilus weite Leserkreise auch unter

Römern erreichen würde, mußte ja nicht unbedingt ausdrücklich sagen, wohin Petrus nach seiner Flucht aus dem königlichen Gefängnis ging – vor allem dann nicht, wenn er dort sieben Jahre lang, bis zu seiner Rückkehr nach Jerusalem, mehr oder weniger öffentlich wirkte. Aber einen kleinen „Insidertip", den durfte Lukas natürlich geben. In der antiken Literatur benutzte man für solche verschlüsselte, nicht für alle gedachte Hinweise die Technik des Kryptogramms: Ein anderer, verborgener bzw. verbergender Name wurde an die Stelle des eigentlich gemeinten gesetzt. Im Neuen Testament ist das bekannteste Beispiel dafür „Babylon", das für „Rom" steht (1. Petrus 5,13; Offenbarung 14,8 u. ö.).

Die Christen hatten das nicht erfunden. Schon seit vorchristlicher Zeit wurde in der Antike der dekadente Luxus des verfallenen Babylon mit Rom gleichgesetzt, fast immer kritisch und warnend, oder in satirischem Vergleich. Es überrascht nicht, daß vor allem Komödiendichter wie Terenz und Plautus im 2. vorchristlichen Jahrhundert so verfuhren, oder der Satiriker Petron, ein exakter Zeitgenosse des Petrus. Auch einem Philosophen wie Lukrez galt im 1. Jahrhundert v. Chr. das alte, längst untergegangene Babylon als warnendes Beispiel für seine Stadt Rom, die schließlich vom Apokalyptiker Johannes als „Hure" bezeichnet wird. Juden hatten keine Mühe, auch ohne die Hilfe solcher antiker Autoren und schon vor den Juden Petrus und Johannes, das für sie sehr reale Rom mit dem Babylon ihrer eigenen Geschichte gleichzusetzen. Die Unterdrückung durch die Babylonier, das Babylonische Exil – das waren unvergessene Geschehnisse, und wenn auch die Diaspora der Juden Roms nicht mit einer Gefangenschaft gleichgesetzt wurde, so war es eben doch das Leben in der „Zerstreuung" (was Diaspora wörtlich heißt), während in Jerusalem und im ganzen Heiligen Land die Römer von vielen Juden, nicht nur den Essenern, als gotteslästerliche und freiheitsberaubende Besatzungsmacht angesehen wurden. Prophetenstellen wie Micha 4,10 oder Jesaja 13 und 14 und Jeremia 51,1–58 waren jedem Juden gegenwärtig. Rom war an die Stelle Babylons getreten. Auch außerhalb des Neuen Testaments finden wir zu dieser Zeit jüdische Schriften, die diese

Gleichung voraussetzen, z.B. die Apokalypse des Baruch 11,1 und die christlich noch nicht beeinflußten Teile der sogenannten Sibyllinischen Orakel 5,143. Kein Leser des 1. Petrusbriefes konnte mißverstehen, was der Autor meinte, wenn er mit Markus zusammen aus „Babylon“ grüßt. Die antike Stadt gab es nicht mehr, das römische Militärlager Babylon Fossatum, an der Stelle des heutigen Kairo, konnte nun wirklich nicht gemeint sein. Vor dem Hintergrund der damaligen Erfahrung und der erhaltenen Quellen war ein Irrtum ausgeschlossen: „Babylon“ hieß Rom.

Hilft uns dieses wohl berühmteste Beispiel für ein Kryptogramm weiter? In Apostelgeschichte 12,17 ist unübersehbar die Technik der verschlüsselten Information angewandt, aber ein Ortsname wird nicht genannt. Das kann einen damaligen Leser, der es wissen wollte, nicht abgehalten haben. Es ging nun nur darum, die auffällige griechische Formulierung für „an einen anderen Ort“, also „eis héteron tópon“, in einer bekannten, zugänglichen Schrift da wiederzufinden, wo sie mit einer Ortsangabe entschlüsselt wird. Ist man als Leser erst einmal so weit gekommen, ist der Rest geradezu ein detektivisches Kinderspiel. Die ersten Judenchristen, nahezu alle Heidenchristen, aber auch viele Juden und Nichtjuden außerhalb des Heiligen Landes, lasen das Alte Testament nicht mehr hebräisch, sondern in der aus dem 3./2. vorchristlichen Jahrhundert stammenden griechischen Übersetzung, der Septuaginta. Der griechisch schreibende Lukas gebraucht eine Formel, die es auf griechisch wiederzufinden gilt. Und im neben Jesaja gerade für die frühchristlichen Verkündigung wichtigsten Propheten, Ezechiel, finden wir sie (12,1–13). Ezechiel erhält von Gott den Auftrag, sich auf eine Reise vorzubereiten und von seinem Ort – Jerusalem – „an einen anderen Ort“ zu gehen. Mitten in der Nacht, wie auch Petrus, verläßt er seine Stadt. Wohin? Als auch der Fürst Jerusalems die Stadt verläßt, wird das Geheimnis gelöst: Beide gehen nach Babylon. So schließt sich der Kreis. Für den aufmerksamen Lukas-Leser, der gemerkt hatte, daß die Zielangabe in der Formulierung versteckt ist, war klar geworden, daß Petrus noch mitten in der Nacht nach Rom ging, denn zur Zeit der Veröffentlichung der Apostelgeschichte gab es keinen Zweifel daran, daß „Babylon“ Rom meinte. Der Weggang nach Rom war mit Sicherheit kein Entschluß, der aus der Notsituation der Flucht geboren wurde. Seit der ersten Begegnung mit Römern schon zu Pfingsten, spätesten seit den Tagen, die er mit Cornelius verbrachte, wußte Petrus, wie wichtig es war, mit seiner Autorität auch in Rom zu wirken. Claudius war als Nachfolger Caligulas gerade erst Kaiser geworden, es war eine Zeit des Umbruchs – günstiger konnte der Zeitpunkt kaum sein.

Kenner der Kirchengeschichte wußten natürlich schon immer, daß Petrus 41 n.Chr. zum ersten Mal nach Rom reiste und nach Zwischenstationen 42 n.Chr. dort ankam. Die alten Autoren Papias, Klemens von Alexandria, Irenäus, Euseb und Hieronymus waren sich von Anfang an darin einig. Gerade die Information des Papias, die Euseb zitiert, hat Gewicht, denn dieser Bischof von Hierapolis bezog seine Informationsquelle vor allem vom Presbyter Johannes, einen Mann der ersten apostolischen Generation, den er persönlich kannte. Wenn wir den Konsens dieser Autoren des 1. bis 4. Jahrhunderts zusammennehmen, ergibt sich folgendes Gesamtbild: Petrus trifft während des zweiten Regierungsjahres des Kaisers Claudius, also zwischen dem 25. Januar 42 und dem 24. Januar 43 in Rom ein. Auf dem Hinweg besucht er Antiochia und die Gemeinden in Pontus, Galatia, Kappadozien, die Provinz Asia und Bithynien. Von einem längeren Aufenthalt in Antiochia berichtet auch Euseb in seiner Chronik. Die anderen Gegenden, von denen dann zusätzlich Hieronymus schreibt, entsprechen den Adressaten des 1. Petrusbriefes. Das ist schlüssig, denn Menschen aus diesen Provinzen waren schon unter den Hörern der Pfingstpredigt des Petrus, gehörten also zu den ersten, die die Jesus-Botschaft aus Jerusalem in die Diaspora mitnahmen. Es lag auf der Hand, daß Petrus von Antiochia aus nördlich dorthin reiste, zumal wir ohne weiteres annehmen können, daß die Christen dort geradezu um seinen Besuch baten, als sie erfuhren, daß er sich schon längere Zeit in Antiochia aufhielt. Nimmt man die aufgelisteten Landschaften im Sinne einer Reiseroute, dann schließen sie wie auf einer Rundreise einen Kreis (Pontus und Bithynien sind benachbart und bildeten damals eine Provinz). Vom Süden aus gesehen, also aus der Reiserichtung des Petrus, wäre sie allerdings unlogisch, denn da käme Kappadozien zuerst, während aus der Sicht Roms, wo Petrus seinen ersten Brief schrieb, Asia an erster Stelle stehen müßte. Es ging also nicht um eine präzise Beschreibung der Route bzw. später der Reihenfolge der Briefempfänger, sondern um eine idealtypische Angabe: Petrus hatte, von Süden kommend, alle kleinasiatischen Gemeinden besucht und neue gegründet, und die Vollendung dieses missionarischen Kreises wird mit der im Norden beginnenden Zirkelziehung ausgedrückt.

Weiter westlich, nun wieder in Richtung Rom, sucht Petrus eine Stadt auf, die nicht mehr in Kleinasien liegt: Korinth, in Achaia. Wir sahen schon früher in diesem Buch, daß auch Paulus einen aktiven Korinth-Aufenthalt des Petrus voraussetzt, bei dem es offenbar auch zu Taufen kam (1 Korinther 1,12). Da der 1. Korintherbrief spätestens Anfang 55 n. Chr. geschrieben wurde, kann es sich nur um die erste Romreise handeln. Ob Petrus auf dem Hinweg, dem Rückweg oder beide Male dort war, läßt sich nicht mehr feststellen. In Korinth konnte man noch gut einhundertdreißig Jahre später stolz darauf hinweisen, daß sowohl Petrus als auch später Paulus in dieser Stadt gewirkt hatten. So schreibt es Bischof Dionysius von Korinth um 170 n. Chr. an die Gemeinde von Rom. Erheblich spätere Traditionen berichten dann noch davon, daß Petrus nicht wie später Paulus über Rhegion und Puteoli nach Rom reiste, sondern von der südöstlichen Küste aus, von Brindisi über Bari, und daß er in Orten wie Canosa, Gallipoli, Leuca, Otranto und Venosa, die sich heute noch auf ihn beziehen, Gemeinden gründete oder stärkte.

Dann, wohl noch vor Beginn des Winters 42, ist Petrus endlich in Rom. Bei Euseb und Hieronymus findet sich an dieser Stelle noch ein weiterer aufschlußreicher Hinweis. Es heißt bei diesen beiden Autoren, Petrus sei fünfundzwanzig Jahre lang „epískopos“, Bischof von Rom gewesen. Ob wir das Wort hier bereits im mittelalterlichen, kirchenamtlichen Sinn verstehen dürfen, im Blick auf die Machtfülle eines Orts-, Metropolitan-

oder Diözesanbischofs, ist eher unwahrscheinlich, da es diese Strukturen damals natürlich noch gar nicht gab. Das ändert nichts daran, daß wir dieses Wort mit dem deutschen Wort „Bischof“ übersetzen müssen. Was es bedeutete, war damals allen klar: Es bezeichnete das Amt eines Aufsehers über eine Gemeinde oder Gemeinschaft, wie man es auch im Judentum kannte. So gab es bei den Essenern den „Mebaqqer“, der im „Qahal“ eine ähnliche Funktion ausübte wie der „Epískopos“ in der christlichen „Ekklêsia“. Schon zu Anfang dieses Buches hatten wir ja gesehen, daß es zu nichts führt, wenn wir darauf verzichten, das griechische Wort „Ekklêsia“ und dessen hebräische Entsprechung „Qahal“ nicht mit „Kirche“ zu übersetzen, nur weil der Begriff heute meist anders verstanden wird als damals. Und so sollten wir auch ohne falsche Scheu davon sprechen, daß Petrus der erste uns namentlich bekannte Bischof von Rom war. Eigenartiger sind die fünfundzwanzig Dienstjahre, von denen Euseb und Hieronymus sprechen. Denn beide wissen selbstverständlich, daß Petrus keine ununterbrochenen fünfundzwanzig Jahre in Rom gewesen sein kann; schließlich berichtet die Apostelgeschichte unmißverständlich, wie er spätestens zu Beginn des „Apostelkonzils“, also um 48 n. Chr., wieder in Jerusalem ist und erst nach der Abfassung des Paulus-Briefes an die Römer, in dessen Grußliste er nicht vorkommt – d. h. nach 57 n. Chr. –, zum zweiten Mal in der Hauptstadt eingetroffen sein kann. Die Lösung dieses scheinbaren Rätsels liegt nahe. Er war ein Aufseher nicht mit der Alltagsverantwortung für den Diözesanbetrieb, sondern so, wie die Kirche Roms noch heute ihre Titularbischöfe einsetzt und in den Listen führt. Rom konnte ihn ebenso wenig halten wie Antiochia, und als er nach dem Tod Herodes Agrippas I., 44 n. Chr., wieder frei war, nach Jerusalem zurückzukehren, wird ihn die römische Gemeinde, nicht wissend, ob er noch einmal zurückkommen könnte, vielleicht darum gebeten haben, auch aus der Ferne die Aufsicht zu üben – ganz so, wie es auch heute noch ein Titularbischof tut, der in Köln sitzt, oder in Paderborn, oder anderswo in Deutschland, und doch dieses Amt für eine römische Gemeinde ausübt. Kurz, wenn Euseb und Hieronymus von fünfundzwanzig Bischofsjahren sprechen, sagen sie nichts, was den historischen Möglichkeiten widerspricht. In der Tat wissen sie ja längst, als sie schreiben, daß Petrus dann doch noch einmal nach Rom zurückkehrte, und daß er dort starb.

Die fünfundzwanzig Jahre, eine Zahl, der nichts Symbolisches anhaftet, helfen uns, das Todesdatum des Petrus zu berechnen: Zur Jahreszahl der ersten Ankunft in Rom addiert, 42 n. Chr., ergibt sich daraus 67 n. Chr. Euseb schreibt in seiner Chronik, daß Petrus im 14. Jahr der Herrschaft Kaiser Neros getötet wurde. Das ergibt den Zeitraum zwischen dem 13. Oktober 67 und dem 9. Juni 68 (dem Tag des Selbstmords Neros). Bleiben wir bei der Vorgabe der 25 Jahre, dann können wir den Tod des Petrus damit ohne Mühe in Einklang bringen. Da keine der alten Quellen behauptet, daß Petrus unmittelbar in der ersten Verfolgungswelle nach dem Brand Roms (in den frühen Morgenstunden des 19. Juli 64) hingerichtet wurde, folgen aus dieser Chronologie keine Widersprüche.

Doch vor dem Tod des Petrus, den wir berechnen können, liegt nun noch ein Vierteljahrhundert. Es ist auf den ersten Blick eine lange Zeit, aber mit Ausnahme weniger Höhepunkte – des Apostelkonzils in Jerusalem und der Auseinandersetzung mit Paulus in Antiochia sowie der Abfassung der beiden Briefe – erfahren wir aus den Quellen nur wenige, zum Teil legendenumwobene Dinge. Das gilt vor allem für den ersten Aufenthalt in Rom. Euseb legt in diese rund drei Jahre, während der Herrschaftszeit des Claudius, die Auseinandersetzung mit dem Zauberer Simon, anderes, von dem wir erfahren, ist nicht näher zu bestimmen oder dem zweiten, längeren Aufenthalt zuzuordnen. Was heutigen Lesern neuerer Geschichtswerke als lückenhafte Berichterstattung auffällt, entsprach durchaus antiker Historiographie. Wir sahen früher schon, daß Vollständigkeit keineswegs das Ziel antiker Berichterstatter war und von den damaligen Lesern auch nicht erwartet wurde. Daran, daß Petrus in Rom aktiv an der Gemeindearbeit mitwirkte, die dortige Kirche auf eine solide Grundlage stellte, wie Irenäus es nennt, und während seines Aufenthalts nicht nur Vorträge über den irdischen Jesus und den auferstandenen Christus hielt, sondern auch aufgrund seiner früheren Erfahrungen in Jerusalem, Judäa, in der Scharon-Ebene, in Joppe und Caesarea theologische Richtlinien weitergab, daran kann kein vernünftiger Zweifel bestehen. Der Normalfall aber bedarf nicht der wiederholten Darstellung. Erst wenn es Neues, Wegweisendes gibt, das dem nun ja durchaus bekannten Charakter des Petrus und seinen Fähigkeiten im Hinblick auf die Entwicklung der Kirche etwas hinzufügt, greift der Historiker den Faden erneut auf. Lukas tut dies im 15. Kapitel seiner Apostelgeschichte.

Krisen und ihre Lösung

Jerusalem, Antiochia und zwei Briefe aus Rom

Zwei Bilder vom Leben der frühen Christen haben die meisten vor Augen: Sie waren „ein Herz und eine Seele" (Apostelgeschichte 4,32), oder aber es entstand „ein heftiger Streit" (15,7). Waren diese Menschen nach innen und außen geeint, oder war die Vorstellung von einmütig missionierenden Aposteln und anderen Mitgliedern der Urkirche immer nur eine Fiktion? Die herzliche, ungetrübte Gemeinschaft der Anfangszeit verschwand in späteren Jahren keineswegs. Aber mit geschwisterlicher Liebe allein wären dann, wenn sie zum Übertünchen von konkreten Problemen führte, die realen Herausforderungen von innen und außen auf Dauer nicht zu lösen. Auch Jesus selbst war nicht davor zurückgeschreckt, harte, fast überdeutliche Kritik auszuprechen, an Petrus, an anderen Jüngern – nicht, um sie niederzumachen, sondern um sie zu stärken. Daran waren auch die Konflikte in der Urkirche zu messen: Sonderten sie aus, schufen sie innere Feindbilder, Trennungen und Parteien, oder bauten sie das eine Haus des Vaters auf, in dem es viele Wohnungen gibt? Die Apostelgeschichte, aber auch Paulus in seinen Briefen, machen kein Geheimnis daraus, daß gelegentlich sehr heftig gestritten wurde. Vergessen wir hier nicht, daß jüdische Streitkultur damals etwas ganz anderes war, als sich der postmoderne Christ des 21. Jahrhunderts das Ausdiskutieren eines Problems vorstellt. Da ging es es hart zur Sache, zugespitzt, polemisch und sehr persönlich. War das Problem gelöst, konnte man sich wieder umarmen. Der Weg dorthin aber war rauh und wirkt auf uns heute oft verletztend.

Auch in der Frage, die 48 n.Chr. zum Jerusalemer Apostelkonzil führt, schien ein Kompromiß kaum möglich. Denn der Eindruck war entstanden, daß die gesamte Identität der Jesus-Bewegung auf dem Spiel stand, seit Paulus mit seinem Team im Norden ungehemmt, wie es schien, unter Heiden missionierte, ohne ihnen das Jüdische des Christusglaubens deutlich genug zu machen. Und jüdisch, das hieß für den harten Kern der Urgemeinde: Das gesamte Gesetz des Mose, einschließlich des äußeren Zeichens der Beschneidung, war unverzichtbar für Nichtjuden, die dem Juden Jesus, dem wahren Sohn Gottes und Messias, nachfolgen wollten. Mit einem Wort: Die Mitglieder der einflußreichen Gruppe um den Herrenbruder Jakobus den Gerechten und um ehemalige Pharisäer, die sich der Urgemeinde angeschlossen hatten, wollten Juden bleiben. Schließlich hatte Jesus auch nie aufgehört, Jude zu sein, und er hatte deutlich genug gesagt, daß er das Gesetz erfüllen und nicht etwa auflösen wollte. Hätte sich dieser mächtige Flügel durchgesetzt, wäre das Christentum eine kleine Sekte innerhalb des Judentums geblieben – das ist ein Argument, das an dieser Stelle oft zu hören ist. Aber ein wirkliches Argument ist das nicht. Die Essener zum Beispiel hatte es auch nicht gestört, daß sie die kleinste der wichtigen jüdischen Bewegungen jener Zeit waren, sie sahen ihren missionarischen Auftrag innerhalb des Judentums und wären vor dem Gedanken, unter Römern nach Proselyten Ausschau zu halten, entsetzt zurückgeschreckt. Sie sahen sich von Gott dahin gestellt, wo sie wirkten und schrieben, im Lande ihre Gemeindezellen (in den Schriftrollen heißen sie „Lager") einrichteten und ihre Schriften verbreiteten. Sollten die ersten Christen nun tatsächlich über das Judentum hinausreichen, dann war das neu und provozierend. Das klassische Judentum hatte nur sporadisch Chancen zu aktiver Mission genutzt – die wachsende Zahl der „Gottesfürchtigen" war in der Regel aus eigenem Antrieb gekommen. Wenn nun eine Bewegung die Überzeugungsarbeit unter den Mitjuden und die zur Konversion führende Mission unter Nichtjuden zur offiziellen Strategie machte, dann konnte das zu einem unkontrollierbaren Dammbruch werden.

Anders gesagt: Nicht die konservativen Kräfte sind als zurückgebliebene Orthodoxe zu kritisieren, es ist eher so, daß die neuen Kräfte, die Heidenmissionare, ihre Taktik zu rechtfertigen und als Willen Gottes zu begründen hatten. Die Gefahr war deutlich genug: Durften aus Ausnahmen die Regel werden, und falls ja, hieß das dann nicht, daß das Christentum früher oder später ohne seine jüdischen, ureigenen Wurzeln dastehen würde? Ein Jakobus oder ein Paulus, die beiden Wortführer der gegensätzlichen Positionen, konnten kaum als Schiedsrichter in eigener Sache benannt werden. So traf es sich gut, daß zu dieser Zeit Petrus aus Rom zurückkam. Reich an neuen Erfahrungen aus der Hauptstadt und den Städten seiner Hin- und Rückreisen, überall, nicht nur in Jerusalem, geachtet als unverrückbarer Fels des Glaubens, und selbst ausgewiesen als einer, der in einem gottesfürchtigen Haus auch Unbeschnittene getauft hatte, war er der einzige, dem man eine Lösung des Konflikts zutrauen durfte. Lukas betont, daß die Apostel und Presbyter zusammenkamen (15,6). Man kann das nicht so verstehen, als ob nur jene gemeint seien, die sich in Jerusalem aufhielten. Zumindest auch die Presbyter aus Antiochia müssen wir uns dazudenken, und es spricht nichts dagegen, daß „die Apostel" auch wirklich alle Apostel meint. Es ist jedenfalls die erste Vollversammlung der Kirche in Jerusalem, und sie wird, nach heftigem Wortgeplänkel in den Reihen, von Petrus eröffnet. Es ist eine brillante Rede. Wie es sich gehört, bestätigt Petrus eingangs seine Autorität in der Sachfrage. Er, kein anderer, hatte im Auftrag Gottes mit der Heidenmission begonnen. Die Urgemeinde und er selbst haben sich das nicht eingebildet: Das unbestrittene Herabkommen des Heiligen Geistes war die sichtbare, spürbare Bestätigung. Mit diesem Hinweis hatte Petrus bereits nach der Bekehrung des Cornelius die Gemeinde von Jerusalem – einschließlich des Jakobus – überzeugt. Wie sich gleich noch zeigen wird, ist es gar nicht Jakobus, der die Schwierigkeiten macht. Seine eigene, auf Petrus folgende Rede, die bereits vieles von dem Gedankengut aufweist, das auch in seinem Brief enthalten ist, läßt daran keinen Zweifel. Es sind – wie später in Antiochia – Leute, die meinen, sich auf Jakobus berufen zu dürfen, weil sie in ihm den Garanten der „unverfälschten" Lehre sehen. Anders als Jakobus und Paulus war Petrus dabei gewesen, als Jesus in Galiläa den Missionsauftrag an alle Völker aussprach (Matthäus 28,16–20) und ihn in Jerusalem kurz vor der Himmelfahrt wiederholte (Lukas 24,47–48; Apostelgeschichte 1,8). Anders als Jakobus und Paulus hatte er in der Vision auf dem Dach des Gerbers Simon in Joppe unmittelbar vom Herrn selbst gehört, daß die mosaischen Gesetze nicht dadurch gottgefällig erfüllt werden, daß man sie bis über die Grenzen der praktischen Möglichkeit hinaus zu befolgen versucht, sondern dadurch, daß man von innen heraus rein und gesetzestreu lebt. Gerade Jakobus bringt das in seinem Brief auf die großartige Formel des „Gesetzes der Freiheit" (Jakobus 1,25; 2,12).

Gott macht keinen Unterschied zwischen Heiden und Juden, sagt Petrus, „denn er hat ihre Herzen durch den Glauben gereinigt". Das ist diese Reinheit von Innen heraus, die Jesus betont hatte und die Petrus noch einmal mit aller Intensität auf dem Dach in Joppe begriffen hat. Das Angebot dieser Freiheit von einem allzu eng drückenden Joch auf dem Nacken (15,10) gilt allen: Die Heidenchristen werden nun nicht etwa zu einer privilegierten Gruppe, die auf dem bequemen Weg zu Christus kommt, während Juden sich weiter strikt an alle 613 Gesetze und an die Beschneidung halten müssen. „Wir glauben im Gegenteil, durch die Gnade Jesu, des Herrn, gerettet zu werden, auf die gleiche Weise wie jene" (15,11). Damit ist das entscheidende Wort gesprochen. Kein Zweiklassen-Christentum soll es geben, sondern eine einzige „Ekklêsía", eine Kirche für Juden und Heiden. Wer sehen will, wie das in der spätantiken Kirche gut verstanden wurde, sollte sich das um 430 entstandene Stiftermosaik über dem Ausgangsportal der Kirche Santa Sabina auf dem Aventin in Rom ansehen: Da ist links die „Ecclesia ex circumcisione" dargestellt, die Kirche aus der Beschneidung, und rechts von der Inschrift die „Ecclesia ex gentibus", die Kirche aus den Heidenvölkern. Es sind zwei Frauengestalten, die dem Typus der römischen Matrone entsprechen, beide mit der aufgeschlagenen Bibel in der Hand und durch kein Klischee, kein bildhaftes Vorurteil, voneinander zu unterscheiden. Ohne den Text unter den Frauen wüßte man nicht, wer wer ist. So sollte es sein: Es war die eine Kirche, um die es ging, unter dem Wort Gottes, auf zwei Wurzeln. Dem späteren Mittelalter blieb es vorbehalten, die Synagoge als Frau mit verbundenen Augen und gesenktem Haupt darzustellen. Nur eines war auch schon zur Zeit der Erbauer von Santa Sabina Programm geworden, und es deutete sich mit der Rede des Petrus ebenso an, wie mit seiner missionarischen Tätigkeit, die von Paulus und anderen weiterentwickelt wurde: Früher oder später würde das Christentum sich nicht mehr nur auf die eine Wurzel beziehen, auf die jüdische, sondern auf zwei. Und die Gleichberechtigung der beiden Frauen auf dem Stiftermosaik von Santa Sabina muß daher eigentlich schon ein wenig anders verstanden werden: Nicht dem Judentum wird hier die Ehre zuteil, der Kirche aus dem Heidentum (noch) gleichberechtigt zu sein, sondern umgekehrt ist die Kirche aus dem Heidentum nun bereits so mächtig, daß der jüdische Ursprung nicht mehr den historisch angemessenen Vorrang hat, sondern gerade noch gleichberechtigt ist.

Die Jerusalemer Versammlung schweigt und ist bereit, dem Erfolgsbericht von Petrus und Barnabas zuzuhören. Anschließend bringt Jakobus, von dem man den Part des mosaisch-orthodoxen Bedenkenträgers erwartet hatte, alle Fäden zusammen, indem er verschiedene Prophetenworte zitiert, die bereits die Verkündigung des Gotteswortes für alle Völker forderten. Auch Jakobus ist inzwischen ein erfahrener Gemeindeleiter. Ganz im Sinne des Petrus unterstreicht er, daß man nun nicht ins andere Extrem abkippen dürfe. Denn noch immer gehört die Mission unter den Mitjuden zu den vorrangigen Tätigkeiten der Urkirche, und mit einer radikalen Loslösung vom Gesetz würde man das Tischtuch zerschneiden. Oder, mit den Worten des Jakobus: „Denn Mose hat seit ältesten Zeiten in jeder Stadt seine Verkündiger, da er in den Synagogen an jedem Sabbat verlesen wird" - diese Konkurrenz und diese Zielgruppe darf nicht vergessen werden. So wird auch den Heiden ein Mindestmaß an koscherer Lebensweise abverlangt (15,19-21). Das meiste davon betrifft, wenn man so will, ethische und moralische Selbstverständlichkeiten in diesem Kulturkreis - der Verzicht auf Opferfleisch, das von heidnischen Kulten übriggeblieben war und auf den Märkten billig gekauft werden konnte, und die Ablehnung jeder Form von Unzucht, also der lockeren Sexualpraktiken, die ein römisch-griechisches Umfeld so verführerisch vorlebte. In einem Punkt aber müssen sie sich sogar Mühe geben: Die Verpflichtung, nur koscheres, geschächtetes Fleisch zu essen, verlangte die Anstrengung, nur bei besonderen Fleischverkäufern im Umfeld der Synagogen einzukaufen – eine sichtbare Solidarität mit den Juden und Judenchristen. Gerade diese den Alltag erschwerende Vorschrift war es, die noch jahrhundertelang von den christlichen Gemeinden praktiziert wurde.

Paulus und Barnabas werden weitere Mitarbeiter an die Seite gestellt, und es wird ihnen ein Sendschreiben mitgegeben, das den Beschluß der Apostelversammlung zusammenfaßt. Es ist ein kurzer Brief; um so mehr fällt auf, daß eine Formel daraus sowohl im Brief des Jakobus als auch bei Petrus wieder auftaucht: „Ihr tut gut daran", heißt es, die Vorgaben der Beschlüsse zu befolgen. Griechisch „Eu práxete" und das gleichbedeutende „kalôs poieîte", „ihr tut gut daran", lesen wir in Jakobus 2,8 und 2. Petrus 1,19.

Mit dem Apostelkonzil beendet Lukas seine Berichterstattung über das Wirken des Petrus mit einem Höhepunkt. Es ist in der Tat unwahrscheinlich, daß der für alle zufriedenstellende, einstimmige Beschluß ohne die Eröffnungsrede des Petrus möglich gewesen wäre. Petrus weiß die Heidenmission nun in guten Händen, und er weiß sie geschützt durch jene Umzäunung des Gesetzes, das eine entstellende Beschädigung des Jüdischen am Christentum verhindert. So kann er sich wieder vermehrt den Mitjuden zuwenden. Paulus hat nicht unrecht, wenn er später betont, daß ihm das Evangelium an die Heiden anvertraut war (Galater 2,7), aber das gilt zweifellos erst seit jenem Tag in Jerusalem und sicher auch nur an den Orten, an denen beide gleichzeitig auftraten. Weder er noch Petrus hatten den Konflikt beabsichtigt, zu dem es ein gutes Jahr später in Antiochia kommt, als auch Petrus dort eintrifft und die Frage der Richtlinienkompetenz auf ungeahnte Weise aufwirft.

Auf die Auseinandersetzung der beiden waren wir in diesem Buch schon früher gestoßen. An dieser Stelle der kirchengeschichtlichen Entwicklung können wir sie nun für beide Seiten gerecht einordnen. Wieder kommt der Anstoß von außen, von Leuten aus dem Umfeld des Jakobus (Galater 2,12). Paulus unterstellt keineswegs, daß Jakobus sie geschickt hatte. Selbst aus der Perspektive des Paulus, die allein steht, da die Darstellung des Petrus nicht überliefert ist, kann man den nüchternen Sachverhalt kaum mißverstehen. Petrus ist in einer Stadt eingetroffen, die er bereits kennt. Es ist eine Stadt mit blühenden christlichen Gemeinden, die teils judenchristlich sind, teils heidenchristlich. Eine Mischung hat noch nicht stattgefunden, und es wird auch lange dauern, bis das gelingt: Paulus selbst grüßt noch später, am Ende seines Römerbriefs, erkennbar die Leiter von getrennten Hauskirchen. Dieses Antiochia war eine ausgeprägt internationale Stadt, durchzogen von griechischer Kultur, aber auch von Einflüssen aus dem lateinischsprachigen Westen, den Petrus anders als Paulus dank seines Romaufenthalts bereits kannte. Ein kleiner Hinweis auf „westlichen" Einfluß findet sich in der erstmals in Antiochia geprägten Bezeichnung für die Jesusanhänger, „Christanoi", also „dem Christus Zugehörige". Die Endung „-anus", im Plural „-ani", ist zweifellos lateinischen Ursprungs, erst gräzisiert wird sie zu „-anoi". Petrus nimmt die Gastfreundschaft heidenchristlicher Gruppen an und setzt damit fort, was er in Caesarea Maritima begonnen hatte. Schon das kann Paulus nicht so recht gefallen haben, fühlte er sich doch nach dem „Apostelkonzil" für die Heiden zuständig. Nun wird es spannend. Die Männer aus dem Umkreis des Jakobus treffen ein. Was sagen sie zu Petrus, zu Barnabas, zu Paulus oder einem der anderen? Wir erfahren von Paulus nur, daß Petrus sich von den Heidenchristen absonderte, „weil er die aus der Beschneidung (d.h. die Judenchristen) fürchtete" (2,12). Eine solche Formulierung entspricht ganz der überzogenen Sprache, die, wie wir weiter oben schon sahen, zur jüdischen Art der Auseinandersetzung untereinander gehörte. Wer das auf die Goldwaage legt, hat es schon mißverstanden. Natürlich weiß auch Paulus, daß Petrus sich vor nichts und niemandem fürchtete. Was ist gemeint? Die Leute aus dem Jakobus-Umfeld haben etwas sehr Richtiges bemerkt: Beide Apostel, Paulus und Petrus, und sicher auch Barnabas, kümmern sich ausschließlich um die Heidenchristen. Daran ist an und für sich nichts falsch, denn die bahnbrechenden Beschlüsse des Apostelkonzils boten Chancen, die mit allen Kräften zu nutzen waren. Aber das Risiko, das man bereits in Jerusalem erkannt hatte, drohte nun, Realität zu werden: Die Judenchristen, das „Stammpublikum" sozusagen, wurden allein gelassen. Das also werden die Besucher gesagt haben: „Drei verantwortliche Antiochia-Kenner, und keiner ißt mit den Judenchristen. Ihr merkt das vielleicht gar nicht, aber die Judenchristen merken es." Es ist gut möglich, daß Petrus ohnehin vorgehabt hatte, nach einer gewissen Zeit zu den anderen zu gehen; nun geben ihm die Jakobus-Leute den eigentlich willkommenen Anstoß. Eigentlich dürfte Paulus nun zufrieden sein, denn die strikte Aufgabenteilung Petrus = Judenchristen, Paulus = Heidenchristen entsprach seiner Vorstellung. Aber nun paßt ihm das nicht, weil er meint, Petrus habe unter Druck von außen gehandelt und die Heidenchristen einfach im Stich gelassen. Für Petrus ist es das, was man heute umgangssprachlich eine „no win"-Situation nennt: Was er auch tut, aus der Sicht des Paulus kann er in Antiochia nicht gewinnen. Zu seiner Verärgerung stellt sich auch noch Barnabas, der erste und beste aller Antiochia-Kenner, auf die Seite des Petrus. Er hatte die Sachlage durchschaut und wußte, daß schon aus Gründen angewandter Diplomatie die Position des Petrus die richtige war. Petrus wird wieder zu den Heidenchristen zurückkehren, und er ist sicher nicht von ihnen weggegangen, ohne ihnen die Gründe zu erklären. So lange die volle Tischgemeinschaft zwischen weiterhin strikt koscher essenden Judenchristen und nur noch eingeschränkt die „Kaschrut"-Regeln befolgenden Heidenchristen nicht möglich war, mußten die Apostel deutlich machen, daß sie für beide Gruppen da sind. So jedenfalls versteht es Barnabas, der bei anderer Gelegenheit mit viel Mut die Position des Paulus vertreten hatte (Apostelgeschichte 9,27), und so handelt Petrus. Paulus jedoch sieht seine Autorität als Heidenapostel in Frage gestellt. Noch einige Zeit später, als er den Galaterbrief schreibt, hat er nicht den inneren Abstand zu den Ereignissen gewonnen – was auch daran gelegen haben mag, daß die ausgewogene Diplomatie des Petrus offenbar bei allen Christen, denen aus dem Judentum und denen aus dem Heidentum, als richtig akzeptiert wurde. Paulus nämlich verließ kurz nach diesem Zwischenfall die Stadt, Petrus dagegen blieb lange, späten Quellen zufolge bis zu sieben Jahre. Bei Origenes lesen wir, daß einer ihm bekannten alten Ortstradition zufolge Petrus in Antiochia zum „epískopos", zum Bischof, gewählt wurde. Johannes Chrysostomos, der aus Antiochia stammte, bestätigt das später ebenso wie Hieronymus.

Paulus merkt vielleicht noch nicht einmal, daß er sich widerspricht: Erst heißt es, Petrus habe sich abgesondert, also im Alleingang eine Trennung von den Heidenchristen vollzogen, dann aber, zwei Verse später, wirft Paulus ihm vor, er hätte „die Heiden gezwungen, jüdisch zu leben". Davon kann keine Rede sein, wie auch Paulus selbst genau weiß. Mit welcher Lehrautorität und auf welcher Lehrgrundlage hätte Petrus das tun können oder sollen? Allenfalls wäre denkbar, daß Petrus die Gelegenheit nutzte, ein paar der Heidenchristen einzuladen, mit ihm zusammen an judenchristlichen Mahlzeiten teilzunehmen. Anders als freiwillig hätte das gar nicht gehen können, und wenn man diese Situation überhaupt nutzen wollte, um eine wirkliche Tischgemeinschaft wenigstens auszuprobieren, dann ging es vorerst nur in diese eine Richtung: Heidenchristen, die bereit waren, noch strikter koscher zu essen, als das Apostelkonzil ihnen auferlegt hatte, konnten sich an den Tisch von Judenchristen strengster Observanz begeben. Umgekehrt wäre es angesichts der Umstände kaum denkbar gewesen.

Alles in allem also erkennen wir, daß Petrus strategisch brillant, überlegt und mit großer Übersicht handelte, dabei von Barnabas unterstützt wurde, mit ihm gemeinsam eine potentiell heikle Situation entschärfte, allen Extremen die Spitze nahm und dabei auf einen Paulus stieß, der seine bis dahin ungefährdete Richtlinienkompetenz gegenüber den Heidenchristen gefährdet sah. Liest man den Galaterbrief aufmerksam, dann merkt man, wie er den Zwischenfall in Antiochia benutzt, um den Lesern seines Briefes die Kompromißlosigkeit des eigenen Weges zu verdeutlichen. Es ist Paulus, der sich rechtfertigt. Aber es ist auch Paulus, der lernt und wächst. War der Zwischenfall in Antiochia eine Niederlage für ihn, so zog er daraus eine Konsequenz, die von frühen Kirchenautoren wie Tertullian mit Bewunderung kommentiert wurde. Einige Zeit nach dem Brief an die Galater schreibt Paulus den 1. Korintherbrief, und darin heißt es: „Den Juden bin ich ein Jude geworden, um Juden zu gewinnen ... denen, die ohne (das jüdische) Gesetz sind, bin ich wie einer ohne Gesetz geworden ... damit ich die, die ohne Gesetz sind, gewinne ... Allen bin ich alles geworden, um auf jeden Fall einige zu retten" (1. Korinther 9,20–22). Das ist, nunmehr mit den Worten des Paulus, die Strategie des Petrus, die er in Antiochia kennengelernt hatte. Der bedeutende Apologet und Theologe Tertullian schreibt um 190 davon, wie Paulus in dieser Aussage seinen persönlichen Reifeprozeß zum Abschluß bringt, und er meint es nicht abschätzig, sondern als eine Reverenz vor der Größe dieses Heidenapostels, der es nicht unter seiner Würde fand, sich selbst zu korrigieren. Wichtig ist auch, daß Tertullian das nicht an irgendeiner beliebigen Stelle kommentiert, sondern in seiner Streitschrift gegen einen Häretiker (Gegen Marcion 1,20). Paulus ist zum Vorbild geworden. Ihm, der als Christenverfolger begonnen hatte und zum glühenden Apostel wurde, gelang dank Petrus ein zweiter Lernprozeß. Es ist verständlich, daß die frühe Kirche angesichts solcher Männer keine große Geduld mit Häretikern hatte, die sich von der apostolischen Verkündigung abgekehrt hatten.

Einigkeit herrscht in der frühen Kirchengeschichtsschreibung darüber, daß Petrus in Rom starb. Wann er das zweite Mal in Rom eintraf, ist weniger klar, und auch über seine Reiseroute gibt es keine genauen Auskünfte. Es ist denkbar, daß die spät in der Überlieferung auftauchenden Stationen in Südostitalien, von denen wir bei der ersten Reise hörten, erst jetzt auf dem Weg des Petrus lagen, auch, daß er noch einmal nach Korinth kam. Ein Datum nennt uns immerhin Laktanz, der als Erzieher eines Sohnes des Kaisers Konstantin auf die Quellen im kaiserlichen Archiv zurückgreifen konnte. Er schreibt, daß Nero bereits Kaiser war, als Petrus in Rom ankam. Er kann also nicht vor dem 13. Oktober 54 eingetroffen sein. Nehmen wir hinzu, was wir weiter oben schon notierten, daß Petrus offensichtlich noch nicht in Rom ist, als Paulus um 57 seinen Brief an die Römer schreibt – denn in der Grußliste kommt er nicht vor –, oder daß Petrus gerade erst eingetroffen war und Paulus davon noch nichts wußte, dann können wir nicht vor ca. 57 zurückgehen. Mit aller Vorsicht können wir also vermuten, daß Petrus rund zehn Jahre nach dem „Apostelkonzil“ und rund vierzehn Jahre nach dem Ende seines ersten Aufenthalts wieder in Rom eintraf. Große Ereignisse waren nicht zu erwarten, die Kirche Roms war längst fest etabliert, sie wuchs stetig, in noch getrennten Hauskirchen, und hatte nach der Vertreibung ihrer Leiter unter Kaiser Claudius (49 n. Chr.; vgl. Apostelgeschichte 18,2), die mit dem Tod des Kaisers im Herbst 54 n. Chr. automatisch endete, offenbar kompetente Presbyter gefunden. Wachstum und Konsolidierung unter der Autorität des Apostels waren zu diesem Zeitpunkt wichtiger als alles andere; auch Paulus erlebt es ein paar Jahre später nicht anders – die Apostelgeschichte endet mit einer sehr nüchternen, sehr sachlichen Feststellung, der alles Triumphalistische fehlt: „Die einen ließen sich durch seine Worte überzeugen,“ heißt es erst (28,24), „die andern blieben ungläubig“. Und dann der Schluß: „Er verkündete das Reich Gottes und trug ungehindert und mit allem Freimut die Lehre über Jesus Christus, den Herrn, vor“ (28,31). Die Bedeutung Roms lag also nicht in der Arbeit für die Hauptstadt, sondern in einer erneut strategischen Erwägung: Was aus der Reichshauptstadt kam, hatte im gesamten Römischen Reich eine ganz andere Wirkung als das, was aus Jerusalem oder Antiochia kam. Noch einmal in Rom zu wirken und von hier aus Akzente zu setzen, war folglich ein logischer Schritt. Der ältesten Tradition zufolge hatte Markus, der Petrus-Begleiter, nach der ersten Abreise des Petrus aus Rom auf Bitten der Gemeinde sein Evangelium geschrieben, als ein literarisch großartiges Werk, mit dem die mündliche Augenzeugen-Verkündigung des Petrus zu schriftlicher Historie wurde. Nun, während des zweiten Aufenthalts, wird Petrus selbst zum Autor. Hier entstehen seine beiden Briefe.

Zu den großen Rätseln der neutestamentlichen Forschung gehört es, daß die erdrückende Mehrheit zu dem Ergebnis gekommen ist, Petrus habe seine beiden Briefe nicht geschrieben. Den ersten vielleicht gerade noch so, mit fremder Hilfe, den zweiten aber auf keinen Fall. Wir haben in diesem Buch immer wieder gesehen, wie konsequent beide Briefe zum historischen Petrus passen, wie Fäden aufgenommen und Gedanken vertieft werden, wir haben, anders gesagt, beide Briefe immer wieder als typisch petrinisch erkannt. Worum es in beiden geht, und wie eng sie beide, trotz aller zweckdienlichen Unterschiede, mit der Lehre Jesu verknüpft sind, haben wir verschiedentlich gesehen. Auch die Frage der „Abhängigkeit" des Judasbriefes vom 2. Petrusbrief – oder umgekehrt –, die vielen Forschern schwer zu schaffen macht, hat sich durch den genauen Blick auf die Zeitformen bereits zugunsten der Priorität des 2. Petrusbriefs lösen lassen. Wer bis hierher gekommen ist und einen zusammenhängenden Eindruck von der historischen Person des Petrus gewonnen hat, steht eher ratlos vor der Frage, warum diesem Mann seine beiden Briefe so leidenschaftlich abgesprochen werden. Nun ist dies nicht das Buch für die detaillierte Diskussion solcher „einleitungswissenschaftlicher" Probleme. Es können hier nur einige Beobachtungen zusammengetragen werden, wie sie dem Philologen und Historiker auffallen. Die erste, und vielleicht schon wichtigste: In den ersten drei Jahrhunderten entstand eine große Zahl von Schriften, die sich der Namen von Aposteln bedienten, um Anerkennung zu finden. Es gibt keinen Apostel, dem nicht ein Evangelium oder eine evangeliumsähnliche Schrift zugeschrieben wurde. Auch mit Petrus wurde eine lange Liste von Schriften in Verbindung gebracht. Anders, als heute immer noch fälschlich behauptet wird, tolerierte die alte Kirche solche unzutreffenden Verfasserangaben jedoch nicht. Wurde jemand als Fälscher eines apostolischen Verfasseranspruchs entlarvt, folgte der Ausstoß aus der Gemeinde. Es wurde keineswegs als Ehrbezeugung verstanden, wenn jemand unter dem Namen eines Apostels einen Brief, eine Lehrschrift oder ein „Evangelium" verfaßte, sondern schlicht als Betrug. Mochte man anderswo in der Spätantike solche „Pseudepigraphen" schätzen, für das frühe Christentum war das kein Modell, sondern ein abschreckendes Beispiel. Noch auf den Seiten des Neuen Testaments wird die Warnung ausgesprochen: „Laßt euch nicht so schnell aus der Fassung bringen und in Schrecken jagen, wenn in einem prophetischen Wort oder einer Rede oder in einem Brief, *der angeblich von uns stammt,* behauptet wird, der Tag des Herrn sei schon da" (2. Thessalonicher 2,2).

Auch im zeitgenössischen Judentum wurden solche Schriften keineswegs als amtliche Lehrschreiben akzeptiert: Selbst der pseudepigraphe Brief des Jeremia (Baruch 6), der in 2 Makkabäer 2,2 vorkommt und in einem winzigen Fragment, 7Q2, der in der siebten Höhle von Qumran entdeckt wurde, gelangte nur mit Mühe in die griechische Bibelausgabe, die „Septuaginta", trotz seines hebräischen Ursprungs jedoch nie auch nur in die Nähe des eigentlichen, des hebräischen Kanons. Schon das Gebot gegen die Lüge stand gegen das wissentliche Akzeptieren gefälschter Verfasserangaben. Es ist auch eine unbestreitbare Tatsache, daß gerade die Notwendigkeit, Schriften mit falscher Verfasserangabe aus den offiziell im Gottesdienst zur Lesung genehmigten Schriften auszuschließen, zur Bildung eines neutestamentlichen Kanons führte.

Ist erst einmal die Irreführung vom Tisch, die frühe Kirche hätte sich an unzutreffenden Verfasserangaben gar nicht gestört, dann bleibt nur eine Frage: Wurden die Petrusbriefe von den kritisch bestens geschulten Philologen der frühen Kirche aus dem Kanon ausgeschlossen oder nicht? Wir alle kennen die Antwort: Zahlreiche sogenannte Petrus-Schriften, das „Petrusevangelium", der „Brief des Petrus an Philippus", das „Kerygma Petri", die „Petrusakten", die „Apokalypse des Petrus" – sie alle wurden als Fälschungen entlarvt und nicht in den Kanon aufgenommen. Die beiden Briefe aber überstanden sämtliche Tests. Und das fiel ihnen nicht leicht – denn natürlich hatten auch die Fachleute der frühen Kirche gemerkt, daß sie sich in Stil und Gestalt voneinander unterschieden, und daß vor allem der in einer sehr spezifischen Situation verfaßte zweite Brief nicht überall in den Gemeinden bekannt geworden war. Euseb schreibt in seiner Kirchengeschichte ausdrücklich von den Zweifeln, die viele diesem Brief gegenüber hatten. Wäre es da nicht gleich einfacher gewesen, ihn wie die vielen anderen Pseudo-Schriften, die unter dem Namen des Petrus kursierten, abzulehnen? Die Philologen setzten sich schließlich durch, und sicher hatte Origenes, von dem alle wußten, daß er die größte literarkritische Kompetenz unter den Fachleuten der alten Kirche hatte, keinen geringen Anteil daran. Sein zusammenfassendes Urteil brachte er auf die schöne Formel, daß Petrus auf den zwei Trompeten seiner beiden Briefe blies (Homilia in Librum Jesu Nave VII,1).

Was heute an Fragen übriggeblieben oder wiederaufgekommen ist, hält der kritischen Überprüfung gleichfalls nicht stand. Das vergleichsweise elegante Griechisch des 1. Briefes ist nicht erst heute befriedigend durch den namentlich erwähnten Silvanus geklärt, den Petrus bereits seit dem Apostelkonzil kannte (Apostelgeschichte 15,22;27 – Silas/Silvanus sind der gleiche Name) und der sich vor dem Eintreffen in Rom als Mitarbeiter des Paulus bestens bewährt hatte. Auch Paulus bedient sich verschiedener Mitarbeiter, die nicht völlige Freiheit hatten, aber die sprachliche Endgestalt eines Briefes durchaus beeinflussen konnten. Mit etwas Ironie könnte man hier anmerken, daß noch niemand auf den Gedanken gekommen ist, der Römerbrief sei gar nicht von Paulus, obwohl doch gerade in diesem Brief ausdrücklich erwähnt wird, daß Paulus ihn nicht geschrieben hat („Ich, Tertius, der ich diesen Brief geschrieben habe“, Römer 16,22). In gleichem Maße ist das sehr viel stärker jüdisch-aramäisch geprägte Griechisch des 2. Briefes, in dem es sich der Verfasser dann auch gleich noch gönnt, einen gegenüber dem 1. Brief jüdischeren Einstieg zu wählen – wir stießen in einem früheren Kapitel bereits darauf –, kein Argument für die Unvereinbarkeit beider Briefe, sondern für einen persönlicheren Einfluß auf die sprachliche Gestalt des Briefes, in Abwesenheit des Silvanus. Die vielen falschen Behauptungen, die noch immer durch die Forschung geistern, wie jenes, daß die Aussagen über die verzögerte Wiederkehr des Herrn Jesus Christus die Probleme einer sehr viel späteren Zeit seien, sind schon früher entlarvt worden. Man fragt sich gelegentlich, ob manche Interpreten von vornherein gar nichts anderes wollen, als die Echtheit der beiden Briefe, vor allem des zweiten, abzulehnen und dann nicht mehr genau hinsehen, was wirklich im Text steht. Ausnahmslos jedes Argument, das gegen die petrinische Verfasserschaft der beiden Briefe vorgebracht wird, erweist sich bei genauem Hinsehen als Luftblase. Man muß das so deutlich sagen. Im Grunde genommen ist es einfach ärgerlich, daß gegen alle philologische Genauigkeit und historische Gewissenhaftigkeit noch immer am Mythos der Pseudepigraphie dieser Briefe festgehalten wird.

Konstruktiv können wir versuchen, beide Schreiben zu datieren. Der erste Brief muß vor der neronischen Verfolgung nach dem Brand Roms im Sommer 64 geschrieben worden sein. Nach der Tötung so vieler Christen ist ein staatstragend positiver, zur Ehrung des Königs aufrufender Abschnitt wie 2,13–17 nicht mehr denkbar. Er wurde sicher auch vor der Ermordung des Herrenbruders Jakobus des Gerechten im Jahre 62 geschrieben. Der Satz in 3,13–14, „Und wer wird euch Böses zufügen, wenn ihr euch voll Eifer um das Gute bemüht? Aber auch, wenn ihr um der Gerechtigkeit willen leiden müßt, seid ihr selig zu preisen“, setzt zwar persönliches Ungemach voraus und wird in 4,12–16 noch einmal gesteigert, konnte aber so nicht mehr formuliert werden, nachdem der von allen als gut und gerecht geschätzte Jakobus ermordet worden war. Da der 1. Petrusbrief in Rom verfaßt wurde (5,13 – siehe oben), kann er natürlich auch nicht vor der Ankunft des Petrus in der Stadt entstanden sein. Das gibt uns den Maximalrahmen von ca. 58 bis ca. 62. Sehr behutsam könnten wir noch einen weiteren Schritt wagen: Da der Brief ohne die Aufnahme des Paulus in die römische Gemeindegrußliste endet, wäre denkbar, daß er noch nicht in Rom war. Nimmt man Anfang 60 als wahrscheinlichsten Zeitpunkt für das Eintreffen des Paulus an, kämen wir auf ein Entstehungsdatum gegen Ende 59. Doch das Fehlen des Paulus fällt hier erheblich weniger ins Gewicht, als es umgekehrt das Fehlen des Petrus in der umfassenden Liste aller römischen Verantwortungsträger am Ende des Römerbriefs des Paulus tat. Wir müssen also sehen, ob uns die Datierung des 2. Briefes rückwirkend hilft, den ersten genauer einzuordnen.

Ob der zweite Brief einen großen Abstand zum ersten voraussetzt, ist nicht sicher. Der Rückbezug auf den ersten (2. Petrus 3,1) bedingt das ebenso wenig wie das Gefühl eines eher nahen Todes (1,14). Es ist logisch, daß er in Rom entstand, da Petrus nach seinem zweiten Eintreffen und folglich auch nach der Abfassung des ersten Briefes die Stadt nicht mehr verließ. Ebenso logisch ist, daß er nicht nach dem Tod des Petrus verfaßt sein kann – das Problem der angeblichen Pseudepigraphe lange nach dem Tod des Apostels, meist noch mit absurd späten Daten im ersten Viertel des 2. Jahrhunderts verbunden, als man nachweislich weder so dachte noch so schrieb, ist vom Tisch. So haben wir den ersten Rahmen: Frühestens nach dem ersten Brief (59, spätestens kurz vor 62), spätestens 67. In 3,4 spricht der Verfasser davon, daß bereits „Väter" verstorben seien. Wenn wir hier nicht ganz direkt an Väter der Briefempfänger denken, sondern an „Väter" des Urchristentums, also Männer der ersten Generation, dann würden zwar die beiden aus der Apostelgeschichte namentlich bekannten Stephanus und der Johannes-Bruder Jakobus für den Plural völlig ausreichen, aber die Mehrzahl wirkt beeindruckender, wenn wir noch den dritten hinzunehmen, Jakobus den Gerechten. Der zweite Petrusbrief ist längst nicht mehr so positiv gegenüber den Autoritäten eingestellt wie der erste; es wäre durchaus möglich, daß Petrus inzwischen von dieser Ermordung erfahren hat. Gehen wir aber noch weiter ins Detail: Nehmen wir mit wachsenden Stimmen der Forschung an, daß der Judasbrief tatsächlich vom Bruder des Jakobus stammt, wie er es selbst im ersten Vers sagt, dann fällt auf, daß dieser Jakobus offenbar noch lebt. Das würde den Judasbrief vor 62 datieren. Da wir keine plausiblen Gründe dafür erkennen können, daß der Judasbrief älter ist als der 2. Petrusbrief, ließe sich eine Datierung des 2. Petrusbriefes auf kurz vor 62 ableiten. Daraus würde wiederum folgen, daß die oben vorgeschlagene Datierung des 1. Briefs auf 59 an Wahrscheinlichkeit gewinnt.

Es ist insgesamt eine Indizienkette, die keine Beweiskraft haben kann – dafür fehlen uns einfach zu viele Informationen. Nur der Ort und der Rahmen für beide Briefe ist sicher: Rom, zwischen 58 und 67 n.Chr. Gerade der so häufig geringgeschätzte zweite Brief, der sich mit dem beeindruckend dramatischen, keineswegs nur abhängigen Judasbrief gut ergänzt zu einer nach wie vor hochaktuellen Warnung vor falschen Lehren und Lebensweisen, zeigt uns den Apostel Petrus ganz unverstellt, als Seelsorger, Mahner, Warner in deutlichster Sprache, und schließlich als Boten der guten Nachricht, daß Gott seine Schöpfung nicht im Stich lassen wird. Was wäre aktueller? Vielleicht könnte es nichts schaden, beide Petrusbriefe einmal ganz anders neu zu übersetzen, ganz petrinisch, sehr genau auf die charakteristischen Zwischentöne achtend. Vielleicht kann man es sich dann sogar erlauben zu schmunzeln, bei der Aussage über die zwei oder drei Paulusbriefe, an die Petrus in 2. Petrus 3,16 themenbedingt denkt (es ist einer dieser zahllosen Forschungsmythen, daß der Brief hier schon eine vollständige Paulus-Briefsammlung voraussetzt), in denen „manches schwer zu verstehen" ist. Lebt nicht eine ganze Auslegungsindustrie bis heute von der Richtigkeit dieser Beobachtung, die keine Kritik ist – sonst käme die anschließende Warnung vor dem Verdrehen nicht –, sondern einfach nur das freundlich lächelnde Mitempfinden des Petrus mit allen, die den geschätzten Kollegen Paulus nicht immer gleich richtig verstehen? Lassen wir Petrus seine beiden Briefe und verstehen wir sie richtig als Teil seiner Persönlichkeit.

Manche Erzählungen späterer Generationen wollen sich nicht damit zufrieden geben, daß Petrus in Rom war, Briefe schrieb und in den verschiedenen Hauskirchen koordinierende, bestärkende Aufsicht ausübte. Sie wollen ihn mit bestimmten Personen und Ereignissen zusammenbringen. Die schon einmal erwähnten „Acta Petri" lassen ihn im Haus eines Senators Marcelus auftauchen, wo er dem Vorleser die Schriftrolle des Markus-Evangeliums aus der Hand nimmt und die Begebenheit, von der man gerade hörte, selbst zu Ende erzählt. Ein anderer Senator, Pudens, und seine beiden Töchter Praxedis und Pudentiana, erscheinen als Gastgeber des Petrus. Die Kirche Santa Pudenziana (nicht, wie man gelegentlich noch meint, nach der Tochter benannt, sondern nach dem Vater: die „pudentianische" Kirche) an der Via Urbana enthält nicht nur eines der bedeutendsten Apsismosaiken der frühchristlichen Kunst – es zeigt das tatsächliche Jerusalem vom Ende des 4. Jahrhunderts und den thronenden Christus mit den Aposteln, zwei Frauen, die

Kirche aus dem Judentum und die Kirche aus dem Heidentum, stehen hinter Petrus und Paulus. Die Kirche steht auch tatsächlich über einem Patrizierhaus, das in der spätrepublikanischen Epoche gebaut wurde und zur Zeit des Petrus mit Sicherheit bewohnt war.

Doch dies ist wahrlich ein weites Feld: Ortstraditionen sind in Rom an vielen Stellen zu finden, auch für Paulus, dessen „Lehrhaus“ in und unter der heutigen Kirche San Paolo alla Regola unweit des Tibers gezeigt wird. Sicher ist, daß Petrus nicht im Feldbett auf einer Wiese übernachtete, während er in Rom war. Lebte er im Haus des Pudens? Lebte er anderswo? Die Traditionen des 2. bis 6. Jahrhunderts lassen sich nicht mehr überprüfen. Wer die Treppen unter der Kirche Santa Pudenziana hinuntersteigt und, mit hohen Stiefeln gegen das Wasser geschützt, durch die Räume des Hauses aus der Petruszeit geht, kann mit Sicherheit so viel sagen: Wenn nicht hier, dann in einem Haus wie diesem, verkehrte Petrus in den Jahren vor seinem Tod in Rom.

Epilog

Mit dem Tod des Petrus konnte man einst den Nobelpreis für Literatur gewinnen. Dem Polen Henryk Sienkiewicz gelang das 1905 mit seinem Roman „Quo vadis?". Der lateinische Titel ist den schon erwähnten „Acta Petri" entnommen, den „Petrusakten" von ca. 180 n. Chr. Auf Drängen der römischen Gemeinde verläßt der Apostel die Stadt. Es ist ein höchst seltsamer Vorfall: Die Predigten des Petrus hatten offenbar viele Frauen zum christlichen Glauben bekehrt. Aus nicht näher genannten Gründen weigerten sich diese Frauen nun, weiterhin mit ihren Männern das Bett zu teilen. Auch der Präfekt Agrippa muß erleben, wie sich seine Konkubinen von ihm zurückziehen. Die wütenden Männer beschließen, Petrus zu töten. Eine der Frauen aber verrät Petrus den Plan. Sie, der christliche Senator Marcellus und andere überreden ihn, aus Rom zu fliehen. Er weigert sich zuerst, wird aber davon überzeugt, daß er lebend der Christenheit mehr dienen kann als tot, und verläßt in Verkleidung die Stadt. Außerhalb der Stadtmauern sieht er Jesus auf sich zukommen. „Herr, wohin gehst du hier?", fragt er – lateinisch „Domine, quo vadis?". Und Jesus antwortet: „Ich gehe nach Rom, um (erneut) gekreuzigt zu werden." Petrus versteht, sieht noch, wie der Herr wieder in den Himmel auffährt, und kehrt sofort nach Rom zurück. Noch immer will die Gemeinde sich nicht darin fügen. „Wir bitten dich, Petrus," rufen sie aus, „denk doch an uns, die Jüngeren!" Aber dieses Mal bleibt er unbeirrt, erklärt den anderen, warum der Wille des Herrn geschehen muß. Er macht ihnen Mut, sagt, daß der Herr sie im Glauben an ihn stärken und ihre Gemeinde wachsen lassen wird. „Alle Brüder weinen", lesen wir, und schon kommen die Soldaten des Präfekten Agrippa, um ihn abzuführen. Petrus wird gekreuzigt, auf eigenen Wunsch mit dem Kopf nach unten, hält eine lange Rede, in der er die Theologie des Kreuzes begründet, und stirbt. Marcellus nimmt ihn vom Kreuz, badet und salbt den Leichnam und bestattet ihn in dem schon für ihn selbst gebauten Grabmal.

Nachts erscheint Petrus dem Marcellus im Schlaf, dankt ihm und gibt ihm die Kraft, am nächsten Tag mit der ermutigenden Botschaft dieser Erscheinung die ganze Gemeinde zu stärken „bis zum Wiedereintreffen des Paulus in Rom“. Erst später erfährt Kaiser Nero davon und tadelt Agrippa, ohne kaiserliches Einvernehmen gehandelt zu haben – er hatte Petrus vor der Hinrichtung nämlich noch härter bestrafen wollen. Doch wenig später hört Nero im Schlaf eine Stimme, die ihm befiehlt, die Christen in Ruhe zu lassen. Aus Furcht läßt der Kaiser von der Verfolgung der römischen Christen ab, zumindest vorübergehend. Damit enden die „Petrusakten“, aus denen sich Henryk Sienkiewicz für seinen Roman großzügig bediente.

Was wir hier lesen, steht quer zu allen anderen Informationen über den Tod des Petrus. Behauptet wird von den „Petrusakten“ ein Tod vor der eigentlichen neronischen Christenverfolgung im Anschluß an den Brand Roms, der im antiken Roman gar nicht vorkommt. Behauptet wird, daß Nero von den Maßnahmen gegen Petrus gar nichts wußte. Behauptet wird, daß ein Streit um die christliche Enthaltsamkeit in der Ehe (hier konkret: mit nichtchristlichen Männern) ursächlich zum Tod des Petrus führte. Und behauptet wird schließlich auch, daß Paulus nicht in Rom war, als dies alles geschah, sondern die Stadt verlassen hatte, aber zurückerwartet wurde, was ein Datum um 62/63 n. Chr. voraussetzen würde. Nun wird man von einem Roman nicht erwarten, daß er auf historische Genauigkeit Wert legt. Dem Verfasser ging es um ganz andere Dinge – zum Beispiel um die Vollmacht, den Kampf gegen satanische Kräfte (wie sie der Magier Simon verkörperte) siegreich zu bestehen, und ganz besonders um die Enthaltsamkeit in der Ehe als einer Bedingung für das reine Leben auf dem Weg zum Heil. Anders gesagt: Der historische Petrus der Apostelgeschichte ist hier nur noch ein willkommenes Mittel zum Zweck; man spürt die Sonderlehren einer Volksfrömmigkeit in bedrohlicher Zeit. Mit dem Petrus des Neuen Testaments, mit dem klar denkenden, mutigen und unbeirrbar den Weg Christi gehenden Felsen, den wir in der Apostelgeschichte erkennen, hat dieser „Quo vadis?“-Petrus schon nichts mehr zu tun, und seine Reden sind unendlich weit von denen entfernt, die wir bei Lukas lesen. Das heißt dann auch, daß der Autor der „Petrusakten" noch nicht einmal den Versuch unternimmt, den tatsächlichen Petrus des Neuen Testaments anders zu deuten. Er gestaltet ihn ganz einfach neu. Ähnlich verfahren auch andere Geschichtenerzähler der nachfolgenden Jahrhunderte. Petrus, wie dann auch Paulus, wurde ein Mittel zum Zweck. Heißt das, wir könnten hinter diese Phase nicht mehr zurück? Was sind die Anhaltspunkte für eine Rekonstruktion der Ereignisse rund um den Tod des Petrus?

Auf den Seiten des Neuen Testaments lesen wir nichts davon. Ob in Johannes 21,19 schon auf den Kreuzigungstod des Apostels angespielt wird, ist eher unwahrscheinlich. Die Apostelgeschichte endet vor dem Tod von Jakobus, Petrus und Paulus. In den Jahren und Jahrzehnten danach sind die Gemeinden im Osten und Westen ohne apostolische Leitung. Dabei sind sie zwar keineswegs führungslos, denn die innerkirchliche Ämterstruktur war bereits gut entwickelt, aber es fehlten vorerst die herausragenden Gestalten, denen man die Autorität zugestanden hätte, Lehrtexte oder Sendschreiben zu verfassen. Wenn in der Forschung neuerdings sogar die Offenbarung des Johannes in die Zeit um 68 n. Chr datiert werden kann, dann paßt das gut in dieses Bild einer ersten großen, prägenden Schriftphase, die in den vierziger Jahren begann und die um den Tod Neros 68 n. Chr. im Westen und vor der Zerstörung Jerusalems und des Tempels 70 n. Chr. im Osten ausklang. Wann die zweite Phase begann, in der dann auf das Wirken der Gründergeneration zurückgeblickt wurde, ist nach wie vor umstritten. Der erste, den man mit diesem Neubeginn in Verbindung bringt, ist Clemens von Rom. Nach den ältesten erhalten Listen der römischen Bischöfe steht er an vierter Stelle nach Petrus, Linus und Anaklet. Irenäus von Lyon weiß um 180 n. Chr. wenigstens so viel, daß Clemens mit Petrus und Paulus persönlich bekannt war. Tertullian um 200 und Hieronymus um 390 n. Chr. berichten, daß dieser Clemens noch von Petrus selbst in sein Amt eingeführt wurde. Origenes ist um 250 n. Chr. ebenso wie später Euseb und Hieronymus davon überzeugt, daß Clemens mit dem im Brief des Paulus an die Philipper (4,3) genannten Mitarbeiter identisch ist. Man hat auch versucht, ihn mit dem Römer Titus Flavius Clemens zu identifizieren, einem Vetter des Kaisers Domitian, der 95 n. Chr. als Christ wegen des Verdachts des Verrats am Kaiserkult hingerichtet wurde. Daran ist vieles äußerst unklar, auch wenn die Tradition, daß die Kirche San Clemente unweit des Kolosseums auf dem Haus des Clemens steht, archäologisch keineswegs unwahrscheinlich ist: Hier scheint eine beharrende, frühchristliche Ortstradition vorzuliegen, und das auch heute noch zu besichtigende Haus war zur Zeit Neros sicher bewohnt.

Mehr als Linus und Anaklet war dieser Clemens offensichtlich eine Persönlichkeit mit Breitenwirkung. Noch im 2. Jahrhundert kursierten zahlreiche, zum Teil erhaltene, unechte Schriften unter seinem Namen, darunter ein zweiter Brief. Echt ist jedoch der erste Brief, der sich an die Gemeinde von Korinth wendet. Und darin finden wir die älteste Auskunft über den Tod des Petrus. Wie nahe am Martyrium des Apostels der Brief geschrieben wurde, ist nun wiederum strittig. Heute wird meist ein Datum um 95/96 n. Chr. genannt, kurz vor dem Tod Kaiser Domitians. Dafür gibt es kaum überzeugende Gründe. Vor allem die Art der Aussage über den Tod von Petrus und Paulus spricht dagegen. Schon im ersten Vers schreibt der 1. Clemens-Brief von den „plötzlichen und Schlag auf Schlag über uns gekommenen Unglücken und Gefährdungen". Lange hat man gedacht, daß damit die Christenverfolgung Domitians gemeint ist, doch weiß man heute, daß es eine solche, die ganze Gemeinde Roms betreffende Verfolgung gar nicht gegeben hat. Es ist die Verfolgung unter Nero gemeint, die einzige, durch die das Gemeidewesen Roms bis in den Kern getroffen wurde. Dementsprechend heißt es dann in 5,1–4: „Laßt uns zu den Kämpfern der jüngsten Zeit [!] kommen, nehmen wir die edlen Beispiele unseres Geschlechts. Wegen Eifersucht und Neid wurden die großen und gerechtesten Säulen verfolgt und kämpften bis zum Tode. Halten wir uns die tapferen Apostel vor Augen: Petrus, der wegen unberechtigter Eifersucht nicht eine oder zwei, sondern viele Mühseligkeiten erduldete und so, nachdem er Zeugnis abgelegt hatte, an den gebührenden Ort der Herrlichkeit gelangte." Der Brief fährt mit dem Tod des Paulus und „einer großen Menge" anderer Frauen und Männer fort. Vor allem die Todesarten der Frauen werden so beschrieben, wie es auch Tacitus in seinen „Annalen" bei der Beschreibung der neronischen Verfolgung darstellt.

Clemens sagt nicht, daß Petrus und Paulus gleichzeitig umgebracht wurden, und er behauptet auch nicht, daß sie zu Beginn der Verfolgung starben. Der christliche Historiker Sulpicius Severus teilt um 400 n. Chr. in seiner Chronik mit, was schon der römische Historiker Sueton um 120 n. Chr. in seiner „Vita" Neros andeutet und Tertullian rund siebzig Jahre nach ihm mit anderen Worten in seiner Streitschrift gegen die Heiden unterstreicht: Die Verfolgung unter Nero war kein kurzfristiges Massaker, sondern dauerte lange, wohl bis zu seinem Tod, und griff auch über Rom hinaus. Clemens, der kurz nach dem Tod Neros schreibt, hat kein Interesse daran, die noch nicht aktiv gegen die Christen vorgehenden Nachfolgekaiser – es waren nicht weniger als vier zwischen 68 und 69 n. Chr. – zu provozieren. So nennt er die Staatsmacht nicht direkt als die mörderische Kraft, aber seine Hinweise sind eindeutig genug. Vom vernichtenden Vorgehen der Römer gegen Jerusalem und den Tempel weiß er noch nichts. Das wahrscheinlichste Datum seines Briefes, nahe am Tod des Petrus, eben im Rückblick auf die Martyrien „in jüngster Zeit", ist 69 n. Chr.

Besonders aufschlußreich ist die Parallele mit Tacitus in dessen „Annalen" (15,44): Die Details der Grausamkeiten Neros stimmen, wenn auch in anderen Formulierungen, mit denen bei Clemens überein. Und einen Grund für den Tod so vieler Christen nennen beide Autoren im Kern übereinstimmend: Es war Denunziation, Verrat also, der von zuerst Verhafteten an den anderen geübt wurde (so Tacitus), Eifersucht und Neid – also wiederum ein Vorgehen aus dem inneren Kreis der römischen Christen gegeneinander (so Clemens). Tacitus dürfte kam gewußt haben, was einem Clemens ebenso wie Petrus und Paulus in dieser Situation vor Augen stand: Hier ging eine Prophezeiung Jesu in Erfüllung. „Brüder werden einander dem Tod ausliefern und Väter ihre Kinder, und die Kinder werden sich gegen ihre Eltern auflehnen und sie in den Tod schicken" (Markus 13,12). Überraschend kam das nicht. Paulus hatte sich seit einiger Zeit mit bedrohlichen Entwicklungen an einigen Orten auseinandersetzen müssen. Fanatische Strömungen, anscheinend vorwiegend unter Judenchristen, gefährdeten seine Arbeit (Philipper 1,15–17; 3,2–5; Römer 16,17–20). Auch Petrus wußte von solchen Problemen, gerade da, wo sie den Drahtseilakt des Lebens in einer potentiell feindlichen Umwelt betrafen (1. Petrus 2,11–17; 3,13–17). Ein öffentliches Auftreten christlicher Gruppen, die dem Kommen der Endzeit durch agressives Reden nachhalfen, konnte nicht im Interesse dieser Apostel sein. Vor allem in der Hauptstadt Rom mußte eine Behinderung des Gemeindeaufbaus durch die Provokation der staatlichen Autorität verhindert werden. Möglicherweise war das Aufkommen zelotischer Kreise einer der Gründe, die Petrus dazu veranlaßten, unter Nero zum zweiten Mal nach Rom zu reisen. Zu dieser Zeit war Paulus noch in Haft, wußte, daß sogar im Umfeld des Kaisers Christen lebten (Philipper 1,13) und konnte schreiben, aber nicht persönlich auftreten.

Für die Zukunft der Kirche im Römischen Reich war es eine extrem kritische Phase. Als das Feuer in Rom ausbrach und große Teile der Hauptstadt zerstörte, wirkte das auf manche Christen wie ein Signal. „Babylon" lag in Schutt und Asche – die Endzeit war so nahe wie nie zuvor. Ob Nero das Feuer selbst legen ließ, um die lange geplante Neugestaltung der Stadt herbeizuführen, ob der Brand in den engen Gassen durch einen Zufall ausbrach und den Intentionen des Kaisers entgegenkam, ist an dieser Stelle zweitrangig. Immerhin half Nero sofort den betroffenen Bürgern und begann den Wiederaufbau mit beachtlicher Energie. Als Schuldige gesucht wurden und der Verdacht auf ihn fiel, war es vielleicht das laute Triumphieren der christlichen Fanatiker, die in der Katastrophe Roms ein Handeln Gottes sahen, das ihm den willkommenen Vorwand gab, die ohnehin als Außenseiter geltenden Christen zur Verantwortung zu ziehen. Nun kam alles zusammen: Die ersten Inhaftierten suchten ihre Rechtfertigung gerade bei den alten jüdischen Feuerprophezeiungen, einige kannten vielleicht sogar den 2. Petrusbrief, wo es ausdrücklich heißt: „Der jetzige Himmel aber und die jetzige Erde sind ... für das Feuer aufgespart worden: Sie werden bewahrt bis zum Tag des Gerichts, an dem die Gottlosen zugrunde gehen“ (3,7). Nichts bei Petrus und Paulus spricht dafür, daß sie solche Gedanken, die bis zu Deuteronomium 32,22, Jesaja 66,15–16 und Zefanja 1,18 zurückverfolgt werden können, in dieser unmittelbaren und lokalisierten Tagesaktualität verwirklicht sahen. Der Einspruch der Apostel gegen einen fanatischen Endzeittriumphalismus mitten im Rom wäre für deren Vertreter letztendlich Grund genug gewesen, sich der beiden zu entledigen - genau durch jene Form der eifersüchtigen Denunziation, die Clemens und Tacitus erwähnen.

Wie schon gezeigt, läßt sich das tatsächliche Todesjahr des Petrus auf das letzte, nicht mehr vollendete Amts- und Lebensjahr des Nero eingrenzen, zwischen dem 13. Oktober 67 und dem 9. Juni 68. Die alte Angabe über die 25 Jahre des nur am Beginn und am Ende in Rom ausgeübten Episkopats des Petrus macht ein Todesdatum gegen Ende 67 wahrscheinlich. Möglicherweise benutzten die „Petrusakten“ eine zuverlässige Information, wenn von einer Kreuzigung mit dem Kopf nach unten die Rede ist. In einer unabhängigen Formulierung berichteten das auch Origines in seinem Genesis-Kommentar und Hieronymus in seiner Schrift „Über berühmte Männer“. Laktanz, der Erzieher eines Sohnes Kaiser Konstantins, bestätigte seinerseits, daß Petrus in Rom gekreuzigt wurde, und daß Nero dafür ebenso die Verantwortung trug wie für die Hinrichtung des Paulus (Über die Todesarten der Verfolger 2,6). Laktanz veröffentlichte dieses Werk 314/315 n. Chr., noch ehe er von Konstantin an den Hof nach Trier berufen wurde. Von diesem Zeitpunkt an hatte er freien Zugang zu den heute nicht mehr erhaltenen reichsrömischen Archiven. Es ist nicht vorstellbar, daß diese Angabe über den Tod des Petrus, mit der eindeutigen Schuldzuweisung an Nero, unkorrigiert in späteren Auflagen stehengeblieben wäre, wenn sie sich als Irrtum herausgestellt hätte. Immerhin fällt auf, daß in der Frühzeit nur Tacitus die neronische Christenverfolgung direkt mit dem Brand Roms in Verbindung bringt. Liegen wir mit der Datierung des Todes auf Ende 67 richtig, dann ist das Schweigen aus der Perspektive christlicher Berichterstattung nur natürlich: Die alten Weltenbrandsthesen wurden ganz bewußt nicht mehr auf dieses Feuer angewandt, und drei Jahre zwischen Brand und Tod sind ein genügend großer Zeitraum, um die Behauptung eines Zusammenhangs zu vermeiden.

Wenn wir als legendär ausklammern, was die „Petrusakten" über die Prachtbestattung im Grabmal des Senators Marcellus erzählen, dann müssen wir doch zugleich festhalten, daß die Bestattung eines Gekreuzigten durch seine Angehörigen oder Freunde nach geltendem Recht möglich war, ohne daß dieser Personenkreis sich selbst gefährdete. Was Pilatus dem Joseph von Arimathäa mit dem Leichnam Jesu in Jerusalem gestattet hatte, wird dem engsten Kreis um Petrus in Rom kaum verwehrt worden sein. Ein großartiges Begräbnis ist dennoch nicht vorstellbar; die Schutzfrist während der Bestattungszeit war kurz, die Verfolgung ging weiter, und so war kaum mehr möglich als eine einfache Erdbestattung. Gräber dieser Art, markiert durch spitzdachförmig in die Erde gesteckte Ziegel, kann man noch heute auf dem römischen Friedhof von Ostia Antica sehen. Selbstverständlich merkte man sich den Ort und gab die Kenntnis an andere in der römischen Gemeinde weiter, in der Hoffnung auf bessere Zeiten. Spätestens um 160 n.Chr. existierte eine Grabmemorie, die 200 von einem gewissen Gaius als „Tropaion" bezeichnet wurde (Euseb, Kirchengeschichte 2,25–27). Dieses Grabmal wurde auf dem Vatikanischen Hügel, einem der sieben Hügel Roms, archäologisch gesichert und kann in den erhaltenen Teilen noch heute unter dem Petersdom aufgesucht werden. Die architektonischen Details sind umstritten, aber heute wissen wir, daß der kleine, noch immer bescheidene Bau weit in die Zeit vor die staatliche Tolerierung des Christentums durch den Mailänder Erlaß des Licinius und des Konstantin 313 n.Chr. zurückreicht. Einen Zweifel an der Zuverlässigkeit dieser Ortstradition hat es in den ersten Jahrhunderten nicht gegeben. Konstantin war sich seiner Sache so sicher, daß er den Unmut einiger nichtchristlicher Patrizierfamilien riskierte, als er Teile des Vatikanischen Hügels abtragen und mehrere alte Familiengräber zerstören ließ, um kurz nach 315, als seine Herrschaft noch keineswegs gesichert war, über diesem Grab den Bau der ersten Peterskirche zu beginnen.

Die 1952 erstmals dokumentierte Entdeckung einer Inschrift mit dem Text „Petr[os] eni" wird trotz gelegentlicher Widersprüche zu Recht als kurz vor dem Verschluß der Grabkammer angebrachte und auf beengtem Raum abgekürzt geschriebene Identifizierung „Petr[us] [ist hier] drinnen" verstanden. Ähnlich verfuhr man in Jerusalem, wie die Parallele der Inschrift auf dem Ossuar des Hohenpriesters Kaiaphas zeigt. Es ist, als hätte im Augenblick dieser Zweitbestattung im „Tropaion" die jüdische Begräbnistradition den Juden Petrus ein letztes Mal zu seinen Wurzeln zurückgeführt und als hätte man ihm, wie es Juden gebührte, die Bestattung der Knochen gewährt, die seit Hesekiel 37 den Glauben an die körperliche Auferstehung am Ende der Zeiten betonte. Ob die unter dem Petersdom gefundenen Knochen tatsächlich die des Petrus sind, läßt sich nicht beweisen; immerhin konnte eine biologisch-medizinische Analyse nachweisen, daß sie aus dem 1. Jahrhundert stammen und zu einem kräftigen Mann gegen Ende der Sechzig gehören. In der Kirche von San Giovanni in Laterano wird ein Kopfreliquiar des Petrus und des Paulus gezeigt. Erstaunlicherweise gibt es keine Überschneidungen: Die Skelettreste ergänzen sich, und wir stehen nicht, wie bei Johannes dem Täufer, vor legendenumwobenen zwei Köpfen an verschiedenen Stellen. Vermutlich ist es zu einer Aufteilung gekommen, als man wertvolle Besitztümer der Kirche während der Verfolgung unter Valerian (253–260) retten wollte, in San Sebastiano ad Catacumbas auslagerte (wo es noch heute Graffiti der Petrus- und Paulus-Verehrung aus dieser Zeit zu sehen gibt) und anschließend nicht mehr geschlossen auf den Vatikanischen Hügel zurückbrachte. Paulus hat seinen Begräbnisort bei der Straße nach Ostia – dort, wo seit Kaiser Konstantin eine Gedächtniskapelle stand, der erste Vorgängerbau der heutigen Kirche San Paolo fuori le Mura. Einen Grab- oder Reliquienkult gab es zu jener Zeit nicht, wohl aber das Interesse daran, sich der Ursprünge zu vergewissern. Die noch immer zu lesende Behauptung, Roms Christen hätten gar nicht gewußt, wo Petrus und Paulus verscharrt wurden, entbehrt jeder

Grundlage in der Wirklichkeit einer gemischt jüdischen und römisch-griechischen Welt.

Die Wirkungsgeschichte des Simon Bar Jona, genannt Kêphas, auch Symeon Petros, kurz Simon und Petrus, dauert bis heute an. Das Petrusamt des Bischofs von Rom ist nur eine der Auswirkungen. Das geduldige Zurückverfolgen der Quellen, die uns den historischen Menschen, den Jünger und Apostel Petrus näherbringen, zeigt uns eine Gestalt aus Fleisch und Blut, die erheblich vielschichtiger ist, als die traditionellen Petrusbilder es vermuten lassen. Viele Mosaiksteine sind verlorengegangen, nicht alles, was wir gerne wüßten, läßt sich heute noch ermitteln und rekonstruieren. Doch was wir haben, reicht, um zu verstehen, warum dieser Mann von Jesus zum Felsen der Kirche gemacht wurde und warum es ihm gelang, dieser Verantwortung gerecht zu werden, ohne sich zu einem übervorsichtigen Bürokraten oder einem unbedachten Draufgänger zu entwickeln. Das Vorbild Petrus bleibt für die heutige Kirche, für jeden einzelnen Christen, noch immer wiederzuentdecken.

Kurzgefaßte Bibliographie

Es werden nur ausgewählte Buchtitel genannt, vor allem neuere Arbeiten, die teilweise auch sehr unterschiedlich die Person des Petrus und die Quellen interpretieren.

PETER BERGLAR: Petrus. Vom Fischer zum Stellvertreter. München 1991.

Berglars Buch ist das eines gläubigen katholischen Historikers mit einem tiefen Verständnis für die Bedeutung, die Petrus in der frühen Kirche gewann. Wenige Bücher über Petrus vermitteln so kenntnisreich die Aktualität des Apostels für heutige Christen. Der Untertitel ist Programm.

CHRISTFRIED BÖTTRICH: Petrus. Fischer, Fels und Funktionär. Leipzig 2001.

Das aktuelle Buch eines evangelischen Theologen, weitgehend der traditionell liberalen Position verbunden, aber mit einigen mutigen Entscheidungen zugunsten einer glaubwürdigen Petrustradition in den biblischen Quellen, die Petrus auch aus dem Schatten des Paulus hervortreten lassen. In der Bewertung der Führungsposition des Petrus bleibt Böttrich hinter früheren protestantischen Arbeiten zurück. Leicht lesbar geschrieben und nützlich als Überblick über Entwicklungen der Forschung zum Neuen Testament.

RAYMOND E. BROWN, KARL P. DONFRIED, JOHN REUMANN: Das Petrusbild der Bibel. Eine ökumenische Untersuchung. Stuttgart 1976.

Die Übersetzung einer amerikanischen Arbeit von 1973, umfassend auf alle Aspekte des Petrusbildes eingehend und darum bemüht, die unterschiedlichen katholischen und evangelischen Sichtweisen zu erörtern. Nach wie vor als detaillierte Einführung nützlich, wenn auch manches – nicht nur in der Frage der beiden Petrusbriefe – überholt ist.

OSCAR CULLMANN: Petrus. Jünger – Apostel – Märtyrer. Das historische und das theologische Petrusproblem. Zürich, 3. Auflage 1985.

Der jüngst verstorbene Oscar Cullmann, evangelischer Teilnehmer am Zweiten Vatikanischen Konzil, setzte mit diesem erstmals 1952 erschienenen Buch die Maßstäbe für die moderne Petrus-Forschung. Fast die Hälfte des Buches ist einer bis heute im Kern nicht überholten Studie über die Einsetzungsworte Matthäus 16,17–19 gewidmet. Gegen auch heute noch anzutreffende Tendenzen wies Cullmann darauf hin, daß das Fehlen der „Felsenworte" in den anderen Evangelien nicht gegen ihre Echtheit spricht.

CHRISTIAN GRAPPE: Images de Pierre aux deux premiers siècles. Paris 1995.

Grappe hat in der evangelischen Forschung nach Cullmann besonders engagiert für ein historisch rekonstruierbares Petrusbild votiert. Sein erstes Petrus-Buch „D'un Temple à l'autre. Pierre et l'Église primitive de Jérusalem" (1992) ist allerdings noch einigen aus der liberalen Tradition stammenden, überzogenen Vorbehalten gegenüber der Echtheit von Jesus- und Petrusworten verpflichtet; das jüngere Buch ist eine nützliche Einführung in die Wirkungsgeschichte zur Zeit der frühen Kirche.

ROLAND MINNERATH: De Jérusalem à Rome. Pierre et l'unité de l'Église apostolique. Paris 1994.

Dem katholischen Professor an der Universität Straßburg gelang hier die wohl bedeutendste theologisch-historische Petrus-Studie neuerer Zeit. Unübertroffen kenntnisreich und detailliert, mit zum Teil originellen, auch kontroversen, aber stets nachvollziehbar begründeten Thesen, die der Gestalt des Petrus, seinen apostolischen Handlungen und seinen Briefen einen soliden historischen Boden geben. Ein unverzichtbares Standardwerk.

PHEME PERKINS: Peter. Apostle for the Whole Church. Edinburgh 2000.

Die Autorin, katholische Professorin für Neues Testament am Boston College, bringt keine neuen Thesen oder Ergebnisse, gibt aber einen guten Überblick über Ansätze der nicht-konservativen katholischen Forschung. Sachfehler beeinträchtigen die Benutzbarkeit, doch vor allem die Schlußkapitel über die außerbiblischen Traditionen und die heutige Debatte über die Rolle des Petrus für die ganze Kirche sind anregend.

RUDOLF PESCH: Simon-Petrus. Geschichte und geschichtliche Bedeutung des ersten Jüngers Jesu Christi. Stuttgart 1980.

Die umfassendste Untersuchung eines deutschen katholischen Neutestamentlers, nach wie vor hilfreich trotz gelegentlicher Vorbehalte gegenüber der Authentizität der Quellen über den historischen Petrus. Besonders wichtig ist die Ergänzung durch ein neues, kleineres Buch Peschs: Die biblischen Grundlagen des Primats, Freiburg-Basel-Wien 2001.

CARSTEN PETER THIEDE: Geheimakte Petrus. Auf den Spuren des Apostels. Stuttgart 2000.

Eine wissenschaftliche Studie, deren Bibliographie und Anmerkungen weiterführende Erläuterungen und Hinweise auch zur Forschungsliteratur in Büchern und Zeitschriften und zu den archäologischen und textkritischen Informationen des hier vorliegenden neuen Buches bieten.

C. BECKER/G. RIEDL/V. P. VOSS (HRSG.)

Hexentribunal

Beiträge zu einem historischen Phänomen zwischen Recht und Religion

Die Hexenverfolgung gehört zu den dunkelsten Kapiteln europäischer Geschichte. Studenten, Absolventen und Dozenten der Universität Augsburg, Juristen und Theologen, haben sich in einem umfangreichen Projekt mit der Geschichte der Hexenverfolgung und ihren religiösen, soziologischen und juristischen Hintergründen beschäftigt. In „Hexentribunal" sind die Ergebnisse dieser Studien erstmals für ein breiteres Publikum in einem Gesamtwerk zusammengestellt, das eine fundierte Auseinandersetzung mit Hexenwahn, Zauberei und Teufelsglaube, Inquisition und sozialem Umfeld eines historischen Phänomens erlaubt.

13,5 x 21,5 cm, Geb., 416 Seiten
ISBN 3-929246-68-6

Sankt Ulrich Verlag